やわらかアカデミズム・〈わかる〉シリーズ

よくわかる
特別支援教育

第2版

湯浅恭正 編

ミネルヴァ書房

はじめに

■よくわかる特別支援教育［第2版］

　2007（平成19）年に特別支援教育の制度がスタートして10年が過ぎました。この間，これまでの特別支援学校や学級の取り組みに加えて通常の学校での特別なニーズのある子どもへの対応が積極的に進められてきました。また2016年には「障害者差別禁止法」が制定され，障害児・者への「合理的配慮」のあり方が盛んに議論されるようになりました。そして，共生社会の実現をめぐってインクルーシブ教育の推進も重要な課題として浮き彫りにされてきています。こうした時代の大きな変化を視野に入れて，特別支援の教育実践をどう展開するのかが問われています。

　このテキストは，特別支援教育が開始された当時の2008年に刊行した『よくわかる特別支援教育』を改訂して，特別支援教育の制度や障害・発達の診断基準など，今日の時代に必要な情報を新たに盛り込んだものです。同時にこの10年の間に蓄積されてきた教育実践の成果も示しながら，これからの特別支援教育に必要な課題を述べています。

1．特別支援教育の実践——三つの柱

　特別支援教育の実践書は数多く刊行されていますが，このテキストは，主に小・中学校の特別支援教育を進めていくためには何が課題なのかを正面から取り上げています。2008年に刊行して以降，全国の多くの方々にお読みいただいてきたのもそのためだと考えています。

　その柱は，①学校づくり，②学級づくり，③授業づくりの三つです。

　発達障害のある子どもが大きく取り上げられてきた特別支援教育の10年間を経て，こうした子どもの発達と障害の理解は一定進んできています。しかし，未だにこうした子どもの「困った」行動の対策に追われる傾向は続いているのではないでしょうか。教育実践は，子どもへの対策に終わるものではなく，教職員・保護者，そして何よりも「困っている子ども」たちとともに，住み良い学校をつくり出す仕事です。本書は，細切れの対処法・対策的なテキストではなく，学校の日々の実践において特別支援教育をどうつくり出せばよいのかについて，総合的に理解するための理論と実践事例を載せています。

2．特別支援教育の専門性

　このテキストは，学校づくり・学級づくり・授業づくりの三つの柱に沿って特別支援教育に取り組むための教師の専門性とは何かについて考察しています。数多く示されている実践事例からは，通常の学校・学級においてどのように特

i

別支援の専門性を発揮し，実践の指針をつくればよいのか，そのための具体的なヒントを得ることができます。

　こうした教師の専門性を確かなものにし，裏づけるために「困っている子」の教育的理解をはじめとして，特別支援教育の体制の整備・地域資源の活用・家族支援の相談体制・思春期や青年期の課題について，最新の研究成果と情報を示しています。さらに特別支援教育の歴史的な背景を改めて理解し，さらに最新の教育制度の動向についてその基本を理解できるようにしています。

　特別支援教育は通常学校・学級とともに，特別支援学校・学級・通級教室などの実践をどう進めるかを課題にしてきました。このテキストでは，わが国で蓄積されてきた障害児教育の指導内容と指導方法のポイントを示しています。それは，通常学校・学級での障害児の指導においても参考にしていただけるものと思います。特別支援学校・学級・通級教室と通常の学級とが共同してこそ，特別支援教育をさらに発展させることができるからです。

3．参加と共同でつくる特別支援教育

　いじめ・不登校・虐待等の数多くの課題を抱えている現代の通常学校の場で，特別支援教育の実践が実を結ぶのは，障害のある子どもたちはもとより，生活基盤の困難さから生きづらさを抱える子どもたちに寄り添い，学校づくり・学級づくり・授業づくりが本格的にどう進むかにかかっています。そのためにも，通常学校での教職経験を特別支援という視点から問い直しながら，先生方が身につけてこられた専門性を発揮していくことが求められています。特別支援教育コーディネーターや学校内の校内委員会のなどの整備が進められてきましたが，子ども・保護者・教師・関係機関が実質的につながるための鍵になるものは何かを明らかにすることがこれからの特別支援教育にとって不可欠の課題です。支え合い，ともに参加し，共同に拓かれた学校・地域（インクルーシブ社会）をつくりだすことがますます求められていると考えるからです。

　本書の執筆は，授業研究・生活指導研究・発達研究を柱にして特別支援教育を考えてこられた方々にお願いしました。テキスト風にはなっていますが，10年を経た特別支援教育の実践論として，本書が，特別なニーズのある子どもと学校づくり・学級づくり・授業づくりに思いを寄せて取り組まれている先生方や，この分野の理論と実践を学ぼうとされている学生のみなさんの参考の一助になれば幸いです。最後に今回の改訂を含めてミネルヴァ書房の浅井久仁人氏には多岐にわたりご教示いただきました。深く感謝申し上げます。

2018年1月　　　湯浅恭正

もくじ

■よくわかる特別支援教育［第2版］

I 特別支援教育の登場

1 特殊教育から特別支援教育へ ……2

2 ノーマライゼーションと統合教育 ……4

3 サラマンカ声明とインクルージョン …6

4 海外の特別支援教育の現状 ………8

5 教育改革と特別支援教育 …………10

II 特別支援教育の制度と構造

1 学校教育法の中の特別支援教育 …12

2 校内体制づくりと特別支援教育コーディネーター ……………14

3 特別支援学校と特別支援学級 ……16

4 障害者基本計画と特別支援教育 …20

5 発達障害者支援法と特別支援教育 …22

III 特別支援教育の内容

1 学習指導要領と教育課程 …………26

2 障害児の国語・算数 ……………28
  実践例：「時間」を量として捉える指導…30

3 領域・教科を合わせた指導の実際 32
  実践例：自分で考え，判断し，行動する力を育てる作業学習…34

4 日常生活の指導の実際 …………36

実践例：写真カードを活用した日常生活の指導の実際…38

5 障害特性への配慮と自立活動 ……40
  実践例：スケジュール・ボードを活用した「予定の理解」…42

6 通級による指導の内容と対象児 …44

7 交流教育と障害理解教育 …………46

8 通常学級の特別支援教育 …………48

IV 発達障害児と「困っている」子の教育的理解

1 子ども観の転換──困った子は困っている子 ……………………50

2 学習障害（LD）とその支援 ………52

3 注意欠如・多動症（ADHD）とその支援 ……………………54

4 自閉スペクトラム症（ASD）とその支援 ……………………56

5 被虐待児の特徴と特別支援 ………58

6 発達障害と不登校 ………………60

7 外国籍児童・生徒への支援 ………62

V 特別支援教育と学校づくり

1 学校づくりの原則 ………………66

2 小学校の学校づくりの実際①
  ──校内支援体制の整備 …………68

もくじ

3 小学校の学校づくりの実際②
——特別支援教育コーディネーター（Co）の役割 ···*72*

4 小学校の学校づくりの実際③
——学級担任の役割と校内資源の活用 ······*76*

5 小学校の学校づくりの実際④
——生徒（児童）指導主任，養護教諭との連携と校内研修
·········*78*

6 小学校の学校づくりの実際⑤
——障害のある子どもの保護者への支援 ···*82*

7 中学校の学校づくりの実際①
——校内支援体制の整備 ·········*84*

8 中学校の学校づくりの実際②
——学年団を中心にした学級担任と教科担任の連携 ···*88*

VI 特別支援教育と学級経営・生活指導

---

1 学級経営・生活指導の原則 ·········*92*

2 小学校の生活支援と学級経営の実際①
——子どもの内面に寄り添い，共感的に受けとめる ···*94*

3 小学校の生活支援と学級経営の実際②
——障害・発達・生活の視点で子どもを捉える ······*98*

4 小学校の生活支援と学級経営の実際③
——子どもの声を深く聴きとることを通して，表現
する主体を育て，子どもどうしをつなぐ ·········*102*

5 小学校の生活支援と学級経営の実際④
——どの子にも安心と自由が保障される学級集団づくり
·········*106*

6 中学校の生活支援と学級経営の実際①
——「いじめ」を予防する学級づくり ···*110*

7 中学校の生活支援と学級経営の実際②
——他の子どもへの説明と障害告知 ······*114*

8 中学校の生活支援と学級経営の実際③
——非行・犯罪の予防と指導 ······*118*

9 中学校の生活支援と学級経営の実際④
——保護者への情報提供と進路指導 ······*122*

VII 特別支援教育と授業づくり

---

1 授業づくりの原則 ·········*128*

2 小学校の学習支援と授業づくり①
——「国語」のつまずきと学習支援 ······*130*

3 小学校の学習支援と授業づくり②
——「算数」のつまずきと学習支援 ······*134*

4 小学校の学習支援と授業づくり③
——技能教科における学習支援 ·········*138*

5 小学校の学習支援と授業づくり④
——特別支援教育の授業づくりをすすめるために ···*142*

6 中学校の学習支援と授業づくり①
——学習内容と環境の変化 ·········*146*

7 中学校の学習支援と授業づくり②
——学習における様々な配慮：見えない部分を
どう教えるか ·········*150*

8 中学校の学習支援と授業づくり③
——学習における様々な配慮：学習構造と環境
の工夫 ·········*154*

9 中学校の学習支援と授業づくり④
——教科担任の連携と複数教員の活用 ······*158*

10 中学校の学習支援と授業づくり⑤
——個別の評価とテストでの配慮 ·········*162*

VIII 特別支援教育の体制整備と地域資源

---

1 特別支援学校のセンター的機能 *164*

2 個別の支援計画と個別の指導計画 ···*166*

3 巡回相談員と専門家チーム ······*170*

もくじ

4　特別支援教育支援員の活用 ……*172*

5　医療情報をどのように活用するか？ *174*

6　発達障害児へのアセスメントの活用 *176*

7　相談機関の役割と活用 …………*178*

8　ST（言語聴覚士）の役割と活用 …*180*

IX　家庭支援と相談体制

1　相談を受けられる機関 …………*184*

2　就学相談と就学指導 ……………*186*

3　放課後における障害児支援
　　——放課後デイサービス，児童館を中心に *188*

4　発達障害児の地域活動 …………*190*

5　子育て支援とペアレント・トレーニング *192*

X　思春期・青年期と進路

1　思春期の発達障害児 ……………*194*

2　後期中等教育への移行 …………*196*

3　発達障害者への就労支援 ………*198*

4　福祉就労の場と仕事の内容 ……*200*

5　青年期の家庭生活と余暇支援 …*202*

XI　特別支援教育と教師

1　特別支援教育の専門性 …………*206*

2　特別支援教育の実践研究の方法 *208*

3　発達障害児のカリキュラム開発 *210*

4　一斉指導と個別指導の工夫 ……*212*

5　教材・教具の開発 ………………*214*

6　特別支援教育の教育相談の特徴 *216*

7　教師の自立とキャリア・アップ *218*

さくいん

コラム

1　クラスに落ち着かない子がいるんです …*24*

2　学校職員みんなで学習会をしましょう …*64*

3　保護者にどう話せばよいでしょうか？ …*126*

4　周りの子どもにどのように伝えたらよいでし
　　ょうか？ ………………………………*182*

5　「みんながクラスの一員です」…………*204*

v

やわらかアカデミズム・〈わかる〉シリーズ

よくわかる
特別支援教育
［第2版］

Ⅰ　特別支援教育の登場

 特殊教育から特別支援教育へ

1　特殊教育と障害児教育

　戦後のわが国の障害児教育は，1947（昭和22）年に制定された学校教育法の「特殊教育」と呼ばれて展開してきました。盲・聾・養護学校や特殊学級に在籍している児童・生徒を特殊教育の対象にした教育制度は，戦後一貫して続けられてきました。1963（昭和38）年に制定された知的障害児教育の学習指導要領でも特殊教育の名称が用いられ，それ以後の教育課程も，通常の教育とは別の特殊教育を原理にして編成されてきました。特殊教育学校の幼稚部も，就学前の子どもを対象にした特殊教育の機関です。

　戦前の障害児教育は，盲・聾教育の先駆的な取り組みから始まり，知的障害児や学習不振児への特別学級や補助学級の教育として展開し，肢体不自由児や病弱児の教育もすでに戦前から開始されていました。そこでは民間の施設での教育が重要な役割を果たしてきました。

　一方，戦前からの「異常児教育」や特殊教育の用語に対して，教育の目標・内容・方法は特殊ではなく，普遍的な原則に支えられるべきだという立場から，「障害児教育」の名称がよく使われてきました。特殊学級は，地域によっては「養護学級」と呼ばれ，障害のある子どもへの教育は特殊ではないとする考え方がとられてきました。

2　特別支援教育の対象と特別なニーズ教育

　2007（平成19）年に開始された特別支援教育の特徴は，第一にLD（学習障害），AD/HD（注意欠陥/多動性障害），高機能自閉症等の発達障害児を特別支援教育の対象に入れて，通常学級での教育も特別支援教育としたことです。そこでは通常の教育とは別の場に措置してきた教育を転換し，特別な支援を必要とする児童・生徒のニーズに即した教育を施すことを目的に掲げています。盲・聾・知的障害・肢体不自由・病虚弱・言語・情緒の障害に加えて，先に述べた発達障害児を対象にしたのです。これまでの特殊教育学校・特殊学級の名称は特別支援学校・特別支援学級に改定されました。

　第二は，医療や福祉・就労との連携を図り，乳幼児期から青年・成人期までを見通した支援体制の中に特別支援教育を位置づけたことです。児童・生徒の地域生活を計画する個別の教育支援計画の策定や，特別支援教育コーディネー

▷1　⇒Ⅱ-1 を参照

▷2　この歴史については，戸崎敬子『特別学級史研究』多賀出版，1993年を参照。

▷3　わが国の障害児教育の歴史については，中村満紀男・荒川智編『障害児教育の歴史』明石書店，2003年を参照のこと。

▷4　わが国では「発達障害者支援法」(2004)によって発達障害が規定されている。

▷5　特別支援学校・特別支援学級 Ⅱ-3 を参照

▷6　⇒Ⅷ-2 を参照

ターの設置など，学校内外との連携を推進する体制の整備が進められてきました。学校内では校内委員会の設置が連携をはかる体制として整備されてきています。

世界的な特別なニーズ教育は，1994年のサラマンカ声明をはじめとして，展開されてきました[8]。そこでは，特別なニーズ教育の対象は，いわゆる障害児だけではなく，多様な環境的な要因によって生活や学習に困難さをもつ子ども，被虐待児や不登校の子どもまでを含んでいます。わが国の特別支援教育は，障害のある子どもに限定し，図Ⅰ-1のように文部科学省の推計では，義務教育段階でおよそ10％以下の子ども

(平成27年5月1日現在)

義務教育段階の全児童生徒数　1009万人

特別支援学校
視覚障害　知的障害　病弱・身体虚弱　　0.69%
聴覚障害　肢体不自由　　　　　　　　　(約7万人)

小学校・中学校
　特別支援学級
　視覚障害　肢体不自由　自閉症・情緒障害　2.00%
　聴覚障害　病弱・身体虚弱　　　　　　　(約20万人1千人)
　知的障害　言語障害

　通常の学級
　通級による指導
　視覚障害　肢体不自由　自閉症　　　　　　　　0.89%
　聴覚障害　病弱・身体虚弱　学習障害 (LD)　(約9万人)
　言語障害　情緒障害　注意欠陥多動性障害 (ADHD)

3.58%
(約36万人2千人)

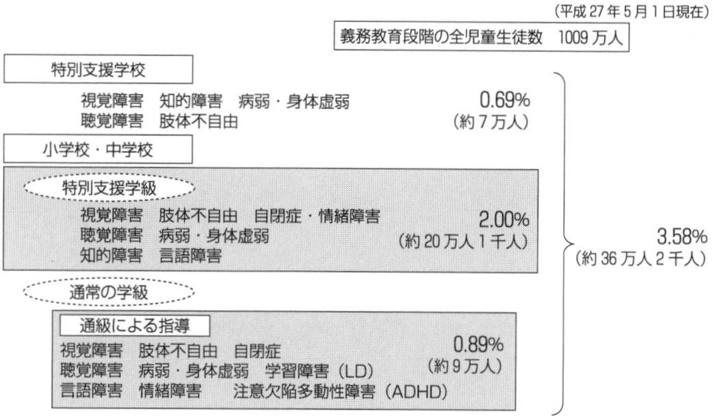

図Ⅰ-1　特別支援教育の対象の概念図

(注)　発達障害（LD・ADHD・高機能自閉症等）の可能性のある児童生徒：6.5％程度の在籍率
この数値は，平成24年に文部科学省が行った調査において，学級担任を含む複数の教員により判断された回答に基づくものであり，医師の診断によるものでない。

(出所)　文部科学省初等中等教育局特別支援教育課「特別支援教育について」(http://www.mext.go.jp/a_menu/shotou/tokubetu/_icsFiles/afieldfile/2017/02/21/1236746_01.pdf) より作成。

もが特別支援教育の対象にされています。これに対して，世界の特別なニーズ教育が対象としている子どもは，20％までの幅で広く捉えられています。

③ インクルーシブ教育と特別支援の場づくり

特別支援教育は，世界的な動向であるインクルーシブ教育の枠組みで捉えることができます。インクルーシブ教育は，特別なニーズをもつ子どもを通常学校・学級の世界に同化・適応させることではなく，多様な生活や学習の機会を保障しながら，通常学校の改革をめざしています。特別支援教育は，発達障害のある子どもが学校生活に能動的に参加し，仲間と共同の関係をつくり出すことを目的に展開されるものです。

なお，インクルーシブ教育は，通常学校でのサポート付き教育をめざしています。特別支援教育でも障害のある子どもへの特別なニーズに即した個別の支援を配慮したり，計画したりすることが必要です。しかし，個別に即した支援は教育の営みであり，支援者である教師と子どもとの人間的な関係や，支援が行われる場の雰囲気を考慮しなくてはなりません。また，特別な支援が必要な子どものニーズを見極めたり，サポートしたりする体制を学校全体でどのようにつくるのか，特別支援学級や通級教室・保健室との連携，保護者や専門機関との連携など，特別支援教育の場づくりが問われています。こうした共同の関係づくりがインクルーシブ教育の課題です。

（湯浅恭正）

▷7　⇒ Ⅴ-3 を参照

▷8　サラマンカ声明については，Ⅰ-3 および，特別なニーズ教育とインテグレーション学会『特別なニーズと教育改革』クリエイツかもがわ，2002年を参照のこと。

参考文献

冨永光昭・平賀健太郎編『特別支援教育の現状・課題・未来』ミネルヴァ書房，2009年。

インクルーシブ授業研究会編『インクルーシブ授業をつくる』ミネルヴァ書房，2015年。

I 特別支援教育の登場

ノーマライゼーションと統合教育

 ノーマライゼーションとは

　ノーマライゼーションという理念は，バンク－ミケルセン（N. E. Bank-Mikkelsen）によって1950年代にデンマークにおいて提唱されました。バンク－ミケルセンはノーマライゼーションを「知的障害者の生活を可能な限り通常の生活状態に近づけるようにすること」と定義しました。その後，ニィリエ（B. Nirje）やウォルフェンスバーガー（W. Wolfensberger）が理論化し，より具体的な目標や原理を提示しました。この後，この理念が北欧をはじめ全世界の福祉政策に大きな影響を与えていきます。

　このノーマライゼーションの考え方の基本は，障害があっても可能な限り普通に暮らすということです。普通に暮らすといっても特別な施設や学校をすべて否定するものではなく，障害のある人たちが障害からくる困難さに対して支援を受けつつも，可能な限り通常の生活を送るということであり，他の障害のない人たちと共に暮らしていくのがあたりまえの社会であるというものです。

　何をもって「普通」というのか，どの状態を「普通」というのかという問いはとても難しいものです。しかし，同じ時代の同じ文化の中で暮らしている同じような年齢の人の生活状態から考えたらよいとバンク－ミケルセンはいいます。

　「普通」をめざすからといって，障害からくる困難さに対するサービスを用意せず，ただ単に地域に戻したりすることはダンピング（投げ捨て）であるとされます。

　国連では1971年「知的障害者の権利宣言」，1975年の「障害者の権利宣言」，1980年の「国際障害者行動計画」1982年の「障害者に関する行動計画」，1989年の「子どもの権利条約」などにノーマライゼーションの考え方が盛り込まれていきました。日本の障害者福祉においても「国連・障害者の10年」をはじめとして，福祉関係の法改正や「障害者基本法」などにノーマライゼーションの理念が反映されてきています。

　このノーマライゼーションから，脱施設化，統合化，主流化，自立生活運動などのさまざまな運動が生まれていきました。また処遇の面でもQOLの進展に影響を与え，現在は障害者福祉に限らず，あらゆる福祉の基本的な理念として取り入れられており，生活，労働，教育，余暇などのさまざまな分野でノーマライゼーションの考え方が活かされています。

❷ 統合教育への志向

ノーマライゼーションは教育の世界にも影響を与えました。統合教育への志向です。すなわちノーマライゼーションの理念に基づけば，障害のある子どもたちと障害のない子どもたちが一緒に学ぶことが普通であるということです。

一般に障害のある子どもたちと障害のない子どもたちが同じ教育機会をもつことを統合教育といいます。広義には特別な学校や学級において障害のある子どもだけを集めて障害に応じた教育をする分離教育と対になっている概念です。

障害のある子どもたちの教育を保障していく動きはまず，通常の学校とは別の特別な学校や学級を整備していくことからはじまっていきましたが，障害の重い子どもたちも含めて就学の対象となっていくのは先進国においても1970年代からです。しかしこの時期からは分離された学校を増やしていくことだけでなく，ノーマライゼーションの影響を受けた統合化の動きとも同時に進んでいくのです。アメリカの全障害児教育法（1975年）やイギリスの「ウォーノックレポート」（1978年）に続く1981年法などはこの流れの中にあります。

日本でも1980年代から，分離教育を批判し，盲・聾・養護学校ではなく，地元の小・中学校へ就学させようという運動がありました。日本の特殊教育の制度では，障害のある子どもたちの教育は，盲・聾・養護学校もしくは特殊学級で行うものというのが原則であったため，通常学級における統合教育という発想には対応できず，就学指導委員会の結論に従おうとする教育委員会と保護者の意見との間に対立が見られることもありました。

しかし2006年に障害を理由とした差別を禁止する「障害者の権利に関する条約」が国連総会で採択され，日本は「障害者基本法」の改正（2011年），「障害を理由とする差別の解消の推進に関する法律」（2013年）の成立を経て，2014年1月にこれを批准しました。

この条約の第24条には「障害を理由として教育制度一般から排除されないこと」という文言があります。これについては中央教育審議会初等中等教育分科会に「特別支援教育の在り方に関する特別委員会」が設けられて検討され，2012年には「共生社会の形成に向けたインクルーシブ教育システム構築のための特別支援教育の推進（報告）」が出されました。

ここでは「特別支援教育は，共生社会の形成に向けてインクルーシブ教育システム構築のために必要不可欠なもの」という考えが示されています。これをうけて2013年には「学校教育法」が改正され，就学の在り方が見直されました。また「障害を理由とする差別の解消の推進に関する法律」によって，障害による差別の禁止と合理的配慮の提供が学校にも求められるようになりました。今後は教育における「合理的配慮」の具体的なあり方が蓄積されていく必要があります。

（小方朋子）

（参考文献）
花村春樹訳・著『「ノーマリゼーションの父」N・E・バンク－ミケルセン』ミネルヴァ書房，1994年。
文部科学省「共生社会の形成に向けたインクルーシブ教育システム構築のための特別支援教育の推進（報告）」2012年。

I 特別支援教育の登場

3 サラマンカ声明とインクルージョン

 特別ニーズ教育に関する世界大会

1994年にスペインのサラマンカにおいて，ユネスコとスペイン政府の共催で，「特別ニーズ教育に関する世界大会」が開かれました。その中で「特別なニーズ教育に関する原則，政策，実践に関するサラマンカ声明（The Salamanca Statement on Principles, Policy and Practice in Special Needs Education）」が採択されました。

この大会では「特別なニーズ教育」ということばを使って，新たな教育の在り方が提言されました。この声明の特徴は「特別な教育的ニーズを持つ子ども」という考え方を使って，従来からの特殊教育や障害児教育と呼ばれるものとは異なった教育対象の捉え方を示したことと，通常学校や通常学級全体を改革していこうという考え方にあります。

世界には学校に行けない子どもがたくさんいます。体に障害があることが理由であったり，国や地域によって紛争や貧困など様々な事情があったりしますが，ここではその学校に行けない子どもたちを「特別な教育的ニーズ（Special Educational Needs）」のある子どもという定義をしました。その子たちは障害のある子どもであり，ストリート・チルドレン，働かなければならない子ども，移動民や遊牧民の子ども，言語的・民族的・文化的マイノリティの子どもなどのことを指しています。この「特別な教育的ニーズ」という考え方がこの声明の特徴です。これはイギリスから始まり，1981年法に採用された考え方です。

「特別ニーズ教育」とは「特別な教育的ニーズ」に対応する教育であり，特別ニーズ教育を行うということは，対象を限定せず，学校は幅の広い様々なニーズを持つ子どもたちを受け入れて教育していくことになります。そこで，この声明ではインクルージョンという概念を提示し，インクルーシブな学校という形態が最も特別ニーズ教育にふさわしいものであり，今後推進されていくべき学校形態であるとしました。

 インクルージョン

インクルージョンというのはすでに存在している通常の学校に特別なニーズを持つ子どもたちを受け入れることであり，それができるように通常の学校の環

境を整備することであり，そういう社会を作り上げていこうとする考え方です。

インクルーシブな学校の基本原則は，子どもがもっている困難さや個々のニーズの違いにかかわらず，可能であればすべての子どもは一緒に学ぶべきであるということです。特別なニーズをもつ子どもも，その子の学習のために必要な支援は，このインクルーシブ校の中で受けるべきであるとしています。インクルーシブな学校は様々な個々の特別な教育的ニーズに応えなければなりません。

ノーマライゼーションの理念が福祉の場に広まって行くにつれ，教育の世界ではノーマライゼーションの具現化として統合教育が志向されてきました。インテグレーション（アメリカではメインストリーミング）やインクルージョンなどは，ただ単に通常教育の場へ入れるということではなく，その子のもつ教育的ニーズに応じた教育ができることを意味しています。

クラスにはいろいろな友だちがいてあたりまえで，その子たちに配慮ができる雰囲気があることと，教師には様々な特別な教育的ニーズに関する知識と技術が求められています。

2006年に障害を理由とした差別を禁止する「障害者の権利に関する条約」が国連総会で採択され，その後日本は「障害者基本法」の改正（2011年），「障害を理由とする差別の解消の推進に関する法律」（2013年）の成立を経て，2014年1月にこれを批准しました。「障害者の権利に関する条約」の第24条には，教育についての障害者の権利を認め，「あらゆる段階における障害者を包容する教育制度及び生涯学習を確保する。」とあり，かつ「個人に必要とされる合理的配慮が提供されること」とあります。

「「合理的配慮」とは，障害者が他の者と平等にすべての人権及び基本的自由を享有し，又は行使することを確保するための必要かつ適当な変更及び調整であって，特定の場合において必要とされるものであり，かつ，均衡を失した又は過度の負担を課さないものをいう。」と定義されています。多様な教育的ニーズを持つ子どもたちもみんな一緒に学ぶために必要な配慮です。

2012年に文科省は「共生社会の形成に向けたインクルーシブ教育システム構築のための特別支援教育の推進（報告）」において「共生社会の形成に向けて，障害者の権利に関する条約に基づくインクルーシブ教育システムの理念が重要であり，その構築のため，特別支援教育を着実に進めていく必要があると考える」とし，特別支援教育はインクルーシブ教育システムを構築していくことを目指すものだとしました。

そのために，小・中学校における通常の学級，通級による指導，特別支援学級，特別支援学校といった，連続性のある「多様な学びの場」を用意しておくことが必要であるとしています。

様々特別な教育的ニーズに対応できる柔軟で質の高い教育が求められています。
（小方朋子）

参考文献

日本 SNE 学会編『特別な教育的ニーズと教育改革』クリエイツかもがわ，2002年。

日本 SNE 学会編『特別支援教育の争点』文理閣，2004年。

文部科学省「共生社会の形成に向けたインクルーシブ教育システム構築のための特別支援教育の推進（報告）」2012年。

I 特別支援教育の登場

 海外の特別支援教育の現状

　1994年にユネスコとスペイン政府が共同して開催した会議において「サラマンカ宣言」が採択され，「万人のための教育」の実現へ向け，インクルーシブな学校こそインクルーシブな社会を築く上で重要であることが提起されました。さらに，障害者権利条約では，インクルーシブ教育制度の確立の重要性が謳われました。

　『発達障害研究』第32巻第2号において，「『世界の障害児教育の動向を探る』―サラマンカ声明以降のインクルーシブ教育の展開を中心として―」という特集が組まれ，10ヵ国の報告がなされました。これらの報告から読み取れることは，国により歴史や障害のある子どもたちへの教育の進展，社会的環境等が異なる中で，それぞれの国がインクルーシブ教育の実現を目指して模索し取り組んでいることです。ここでは，アメリカ合衆国とイギリスの障害のある子どもたちへの教育の状況について見てみましょう。

1 アメリカ合衆国

　今日のアメリカ合衆国の障害児教育の原点となる法律は，1975年に制定された「全障害児教育法（Education for All Handicapped Children Act, P.L. 94-142）」であり，現行法である2004年の「アメリカ障害者教育法（Individuals with Disabilities Education improvement Act, PL108-446）」に引き継がれています。6歳（現在は3歳）から18歳（現在は21歳）までの全ての障害のある子どもに対し，「最小制約環境（least restrict environment; LRE）」の下で「無償で適切な公教育（free appropriate public education）」を保障することが明記されています。そして，障害のある子ども一人ひとりに対する適切な教育を文書化したものとして個別指導計画（individualized education program; IEP）を作成することが義務付けられました。LREは障害のある子どもたちは，適切な限り最大限，障害のない子どもたちと一緒に教育しなければならないという原則です。さらに，障害のある子どもが障害のない同年齢の子どもと共に通常の教育カリキュラムにおいて学ぶことがより重視されるようになってきています。

　では，教育省の年次報告をもとに，アメリカ合衆国における特殊教育の実態を見てみましょう。全体像としては，6～17歳の児童生徒のうち，特殊教育の対象となる児童生徒の割合は，年度によって変動はあるものの，概ね11％程度と言えそうです[1]。2014年では，6～21歳の特殊教育サービスを受ける人たちの

[1] U.S. Department of Education (2016) 38th Annual Report to Congress on the Implementation of the *Individuals with Disabilities Education Act*.

[2] U.S. Department of Education (2016), p. 36.

障害種を見ると，最も多いのは特異的学習障害39.2%，言語障害17.6%，その他の健康障害14.4%，自閉症8.6%と続きます[3]。さらに，同じく2014年において6〜21歳の特殊教育サービスを受ける人たちの教育環境を見てみると，「1日のうち80%以上を通常学級で過ごす」62.6%，「1日のうち40〜49%を通常学級で過ごす」18.6%，「1日のうち40%未満を通常学級で過ごす」13.5%，「その他の教育環境」5.3%となっています[4]。

② イギリス

　イギリスは，世界で初めて特別なニーズ教育を法制化した国です。発端となったのは1978年のウォーノック委員会による調査報告です。このウォーノック報告では，障害カテゴリーに応じた特別な対応ではなく，子どもの「特別な教育的ニーズ（Special Educational Needs, SEN）」に基づき特別支援教育を提供する仕組みが提起されました。SEN をもつ子どもは全学齢児童生徒の20%とされ，そのうち約18%は通常学校に通う子どもであるとされました。ウォーノック報告は1981年教育法（Education Act 1981）に反映され[5]，この法理念は改善を加えながら現行法（Children and Families Act 2014）に引き継がれています。

　現行法では，SEN のある子どもの中でも，よりニーズの大きい場合には Education, Health and Care（EHC）Plan が作成されます。SEN 及び障害のある子ども及び青年は，EHC Plan に基づいて，誕生から25歳までの間，支援を得ることができることが明記されています。さらに，EHC プランの作成プロセスにおける参加，分かりやすい情報の提供についても規定されており，保護者及び本人の権利も強化されています。

　教育省の報告をもとに[6]，イギリスの SEN のある子どもの教育の現状を見てみましょう。SEN のある子どもは全体の14.4%です。このうち，EHC プラン及び EHC プランの前身である statement のある子どもは2.8%，こうしたプランのない SEN のある子どもは11.6%でした。

（石橋由紀子）

▷3　U. S. Department of Education（2016），p. 37.

▷4　U. S. Department of Education（2016），p. 47.

▷5　1981年教育法の特徴としては，以下の点が挙げられる。①障害種別のカテゴリーの撤廃と特別な教育的ニーズ概念の導入，②統合教育の原則の明確化，③保護者の権限の拡大，④特別な教育的ニーズの評価手続き。

▷6　Department for education（2017）Special educational needs in England: January 2017.（https://www.gov.uk/government/uploads/system/uploads/attachment_data/file/633031/SFR37_2017_Main_Text.pdf）.

Ⅰ 特別支援教育の登場

 教育改革と特別支援教育

▷1 新しい教育基本法は、多くの議論を残して改正されている（教育学関連15学会共同公開シンポジウム準備委員会編『教育基本法改正案を問う』学文社、2006年）。なお、新しい教育基本法では、第4条第2項「国及び地方公共団体は、障害のある者が、その障害の状態に応じ、十分な教育を受けられるよう、教育上必要な支援を講じなければならない」との規定が加えられた。

▷2 障害児教育の教育目標・教育評価については、三木裕和「特別支援学校における子ども理解と教育実践の課題」『教育』No. 837、国土社、2015年、三木裕和・越野和之・障害児教育の教育目標・教育評価研究会編著『障害のある子どもの教育目標・教育評価――重症児を中心に』クリエイツかもがわ、2014年などを参照。

▷3 障害者権利条約は、2006年12月13日の国連総会において採択され、2008年5月3日に発効された。日本では2007年9月28日に同条約に署名し、2014年1月20日に批准した。

▷4 例えば、2011年8月5日の障害者基本法の改正、2012年6月27日の障害者総合支援法の成立、2013年6月26日の障害者差別解消法の成立など整備が進められた。

1 教育改革の動向

戦後日本の教育の基本理念や原則を定めた教育基本法が、2006年に全面的に改正され、教育のしくみが大きく変わりました。新しい教育基本法には、教育の目的・目標が定められ、生涯学習の理念、大学、私立学校、家庭教育、幼児期の教育、学校・家庭及び地域住民等の相互の連携協力、教育振興基本計画などが加えられました。新しい教育基本法を受けて改正された学校教育法では、学校の目的・目標の見直しや副校長などの新しい職の創設が示されました。また教育職員免許法も改正され、教員免許更新制が定められました。

こうした教育改革の背景には、日本も世界的な産業構造の再編とグローバリゼーションの壁に直面し、各分野の構造改革が迫られていることがあげられます。PISA調査以降、今日ではグローバルな知識基盤社会の到来に伴い、コンピテンシーといった資質・能力が知識経済において求められています。それは、「何を知っているか」にとどまらず「何ができるようになるか」を問うものです。「学力低下」論争に端を発し、全国学力・学習状況調査の実施以降、競争がより強化されています。こうした情勢を背景に、目標準拠評価が強く要請されています。けれどもその実態は、学習の成果を性急に求めるものに変質しています。それゆえ、教育目標・教育評価についての議論が求められます。

このように、近年の教育改革の動向に見られる教育目標の管理・評価するシステムの問題は、日本の教育改革にも大きな影響を与えています。

2 特別支援教育を取り巻く改革動向

教育基本法の改正の頃、特殊教育から特別支援教育へと本格的に移行しました。この改革を取り巻く背景には、2006年12月に国連において採択された障害者権利条約があげられます。本条約第24条第2項では、「障害者が障害に基づいて一般的な教育制度から排除されないこと」が明記され、世界的にインクルーシブ教育の推進が検討されるようになりました。日本は2007年にこの条約に署名し、2014年に批准するまで、国内法令の整備を推進してきました。

こうした動向の中、2012年7月23日の中央教育審議会において、「共生社会の形成に向けたインクルーシブ教育システム構築のための特別支援教育の推進（報告）」が、初等中等教育分科会報告として出されました。同報告では、障害

者権利条約において組み入れた「合理的配慮」の概念について、次のように述べています。「合理的配慮」とは、「障害のある子どもが、他の子どもと平等に『教育を受ける権利』を享有・行使することを確保するために、学校の設置者及び学校が必要かつ適当な変更・調整を行うことであり、障害のある子どもに対し、その状況に応じて、学校教育を受ける場合に個別に必要とされるもの」と定義されています。また同報告は、「『合理的配慮』の否定は、障害を理由とする差別に含まれるとされていることに留意する必要がある」としています。

ただし同報告は、「共生社会の形成に向けて、障害者の権利に関する条約に基づくインクルーシブ教育システムの理念が重要であり、その構築のため、特別支援教育を着実に進めていく必要があると考える」としていますが、「特別支援教育」は障害児のみを対象としています。本来、インクルーシブ教育では、障害児に限らず特別な教育的ニーズのある子ども（例えば、優秀児、貧困児、言語的・文化的マイノリティの子どもなど）を対象にする必要があります。

このようにインクルーシブ教育の達成のためには、サラマンカ声明や障害者権利条約といった国際的なインクルーシブ教育の動向と関連させながら特別支援教育の法的な整備が求められます。

③ 教育改革と教師の専門性

2007年4月から特別支援教育がはじまり、通常学級では、LD、ADHD、高機能自閉症等の発達障害の子どもが注目されています。文部科学省が2012年に行った調査では、全国の公立小中学校の通常学級に通学する子どもの約6.5%に発達障害の可能性があると報告されました。こうした中、発達障害の子どもの支援方法を学級のすべての子どもに広げる試みとして、ユニバーサルデザインの授業づくりが議論さています。けれども、このような試みもまた、対象を障害児に限定しているため、教師の専門性には、特別な教育的ニーズのある子どもの存在を前提とした授業づくりが求められます。

このように教育の対象を障害児だけではなく、特別な教育的ニーズのある子どもを含むすべての子どもを対象にした通常教育の改革であるインクルーシブ教育は、障害児を通常学級に「同化」させることを主張しているわけではありません。サラマンカ声明において特別支援学級・学校の存在意義が確認されているように、多元的な学びの場づくりが求められています。

今日、教育改革において教育目標の管理・評価が強調され、客観的な事実や数字（エビデンス）が求められています。けれども、インクルーシブ教育においては、特別な教育的ニーズのある子どもの存在を前提にしつつ、教師の専門性として、子どもの行動上の問題をコントロールするなど、単に目に見える成果を求めるのではなく、子どもの内面を育てることが重要な課題になっています。

（吉田茂孝）

▷5　なお、障害者権利条約第24条第2項では、「合理的配慮」について記載されている。「合理的配慮」とは、「第二条　定義」において、「障害者が他の者との平等を基礎として全ての人権及び基本的自由を享有し、又は行使することを確保するための必要かつ適当な変更及び調整であって、特定の場合において必要とされるものであり、かつ、均衡を失した又は過度の負担を課さないものをいう。」と定義されている。

▷6　児嶋芳郎「インクルーシブ教育システム構築事業」玉村公二彦ほか編著『キーワードブック　特別支援教育』クリエイツかもがわ、2015年。

▷7　⇒ I-3 を参照

▷8　文部科学省初等中等教育局特別支援教育課「通常の学級に在籍する発達障害の可能性のある特別な教育的支援を必要とする児童生徒に関する調査結果について」2012年。

▷9　ユニバーサルデザインの授業づくりについては、小貫悟・桂聖『授業のユニバーサルデザイン入門』東洋館出版社、2014年、新井英靖『アクション・リサーチでつくるインクルーシブ授業』ミネルヴァ書房、2016年などを参照。

（参考文献）
　清水貞夫・西村修一『「合理的配慮」とは何か？』クリエイツかもがわ、2016年。
　湯浅恭正ほか編著『自立と希望をともにつくる』クリエイツかもがわ、2016年。

II 特別支援教育の制度と構造

学校教育法の中の特別支援教育

本節では，学校教育法及び学校教育法施行令おける特別支援教育の記述について，①特別支援学校，②幼稚園，小学校，中学校，義務教育学校，高等学校及び中等教育学校（以下，小学校等とする）に分けて確認します。

1 特別支援学校について

まず，特別支援学校についての規定を見てみましょう。

第72条において，「特別支援学校は，視覚障害者，聴覚障害者，知的障害者，肢体不自由者又は病弱者（身体虚弱者を含む。以下同じ。）に対して，幼稚園，小学校，中学校又は高等学校に準ずる教育を施すとともに，障害による学習上又は生活上の困難を克服し自立を図るために必要な知識技能を授けることを目的とする。」と記述されています。特別支援学校の目的は小学校等に「準ずる教育」を施すこと，自立に向けた知識技能の提供であること，及び特別支援学校の対象となる障害種が述べられています。特別支援学校の対象となる障害の程度は，学校教育法施行令第22条の3に別途示されています。

特別支援学校の役割として，第74条にも記述があります。「特別支援学校においては，第72条に規定する目的を実現するための教育を行うほか，幼稚園，小学校，中学校，義務教育学校，高等学校又は中等教育学校の要請に応じて，第81条第1項に規定する幼児，児童又は生徒の教育に関し必要な助言又は援助を行うよう努めるものとする。」ここでは，小学校等の要請に応じ，小学校等に在籍する障害のある子どもたちの教育に必要な助言を行うことが規定されて

表II-1　学校教育法施行令第22条の3に示されている障害の程度

区　分	障害の程度
視覚障害者	両眼の視力がおおむね〇・三未満のもの又は視力以外の視機能障害が高度のもののうち，拡大鏡等の使用によっても通常の文字，図形等の視覚による認識が不可能又は著しく困難な程度のもの
聴覚障害者	両耳の聴力レベルがおおむね六〇デシベル以上のもののうち，補聴器等の使用によつても通常の話声を解することが不可能又は著しく困難な程度のもの
知的障害者	一　知的発達の遅滞があり，他人との意思疎通が困難で日常生活を営むのに頻繁に援助を必要とする程度のもの 二　知的発達の遅滞の程度が前号に掲げる程度に達しないもののうち，社会生活への適応が著しく困難なもの
肢体不自由者	一　肢体不自由の状態が補装具の使用によっても歩行，筆記等日常生活における基本的な動作が不可能又は困難な程度のもの 二　肢体不自由の状態が前号に掲げる程度に達しないもののうち，常時の医学的観察指導を必要とする程度のもの
病弱者	一　慢性の呼吸器疾患，腎臓疾患及び神経疾患，悪性新生物その他の疾患の状態が継続して医療又は生活規制を必要とする程度のもの 二　身体虚弱の状態が継続して生活規制を必要とする程度のもの

備考：一　視力の測定は，万国式試視力表によるものとし，屈折異常があるものについては，矯正視力によって測定する。
　　　二　聴力の測定は，日本工業規格によるオージオメータによる。

います。

さらに，学部の設置（第76条），教育課程の編成（第77条），寄宿舎の設置（第78条，第79条），都道府県の学校設置義務（第80条）についても，その詳細については学校教育法施行令に記載することも含めて，規定されています。

特別支援学校への就学の決定については，学校教育法施行令第5条に「認定特別支援学校就学者」という用語を用いて詳しく述べられています。

つまり，特別支援学校には，障害の程度，必要な教育的支援，地域の体制整備等を考慮したうえで，市町村教育委員会が特別支援学校への就学が適当と判断した者（認定特別支援学校就学者）が就学するとされています。さらに，就学先の決定においては，「保護者及び教育学，医学，心理学その他の障害のある児童生徒等の就学に関する専門的知識を有する者の意見を聴く」（学校教育法施行令第18条の2）ことが明記され，障害の程度のみではなく，保護者の意向，専門家の意見，地域における体制整備の状況等を踏まえることとされています。

② 小学校等について

小学校等における障害のある子ども，及び特別な配慮を必要とする子どもについての規定を見てみましょう。

第81条においては，「幼稚園，小学校，中学校，義務教育学校，高等学校及び中等教育学校においては，次項各号のいずれかに該当する幼児，児童及び生徒その他教育上特別の支援を必要とする幼児，児童及び生徒に対し，文部科学大臣の定めるところにより，障害による学習上又は生活上の困難を克服するための教育を行うものとする。」とあります。ここで，「次項各号のいずれか」とは，①知的障害者，②肢体不自由者，③身体虚弱者，④弱視者，⑤難聴者，⑥その他障害のある者を指します（第2項）。したがって，これらの障害のある子ども及び「その他教育上特別の支援を必要とする幼児，児童及び生徒」に対する「障害による学習上又は生活上の困難を克服するための教育」を小学校等が行うことが明記されています。

また，先の①〜⑥の「いずれかに該当する児童及び生徒のために，特別支援学級を置くことができる」ことも規定され（第81条2項），さらに，3項には，疾病による療養中の児童生徒についての教育についても規定があります。

（石橋由紀子）

▷1 「認定特別支援学校就学者」とは，「視覚障害者，聴覚障害者，知的障害者，肢体不自由者又は病弱者（身体虚弱者を含む。）で，その障害が，第二十二条の三の表に規定する程度のもの（以下「視覚障害者等」という。）のうち，当該市町村の教育委員会が，その者の障害の状態，その者の教育上必要な支援の内容，地域における教育の体制の整備の状況その他の事情を勘案して，その住所の存する都道府県の設置する特別支援学校に就学させることが適当であると認める者」を指す。

Ⅱ　特別支援教育の制度と構造

校内体制づくりと特別支援教育コーディネーター

 校内体制づくりの必要性

　特別支援教育の構想においてとりわけ注目を集めたのは，通常学級におよそ6.3％の割合で在籍すると推定されるLD（学習障害），AD/HD（注意欠陥/多動性障害），高機能自閉症の児童生徒に対して適切に対応することが明記されたことでしょう。そのために，「学校においては，教職員全体の特別支援教育に対する理解の下に，学校内の協力体制を構築するだけでなく，学校外の関係機関との連携協力が不可欠である」とされ，校内においては特別支援教育に関する校内委員会を組織し，特別支援教育コーディネーターが指名されることとなりました。

　特別支援教育の校内体制の構築において重要なことは，支援を必要としている子どもに，必要な支援が提供されることです。特別支援教育コーディネーターは，校内委員会においてリーダーシップをとりながら，特別な教育的ニーズのある子どもたちに対して適切に支援することができるような仕組みを整えることが重要な役割となります。

支援に至るまでの流れ

　支援に至るまでの流れは，ガイドラインに示されています（図Ⅱ-1）。大まかには，①支援を必要とする子どもに気づくことから始まり，②学級担任・学年等による取り組みでは十分な成果が上がらない場合には，コーディネーターを通じて校内委員会において支援策を検討します。その際，必要に応じて③巡回相談員や専門家チームといった学外

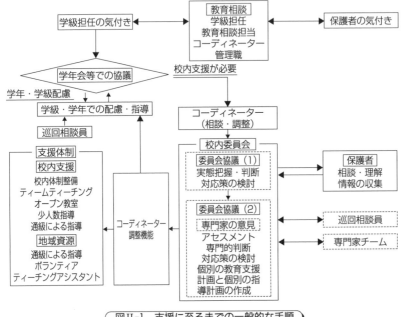

図Ⅱ-1　支援に至るまでの一般的な手順

出所：文部科学省初等中等教育局特別支援教育課『小・中学校におけるLD（学習障害），ADHD（注意欠陥／多動性障害），高機能自閉症の児童生徒への教育支援体制の整備のためのガイドライン（試案）』2004年。

のリソースを活用するという流れです。

校内体制構築のためにすべきこと

○ 年間計画の作成

年度当初に，昨年度の取り組みを踏まえた年間計画を作成することが求められます。図Ⅱ-2のように，各時期に，誰が，何をすべきかが明記されていると分かりやすいでしょう。

○ 実態把握の方法の提案

支援の出発点となるのは，

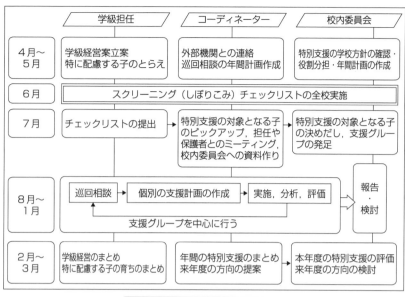

図 Ⅱ-2　校内支援体制の年間計画

出所：西澤直樹「支援グループを中心とした校内支援体制づくり」『発達の遅れと教育』566, 10-11, 2004年。

支援を必要としている子どもに気づくことです。そのためには教職員の意識の向上が必要であり，研修会の開催等が求められます。さらに，子どものニーズに気づくための方法を提案することが必要になってくるでしょう。具体的には，①教育委員会等から公表されているチェックリスト等を利用する，②気になる子どもを教師に挙げてもらうといった方法があります。

○ 支援の検討・実施

子どものニーズに応じて支援を展開するために，学年会において特別支援教育の話題を毎回話し合う仕組みにしている学校もありますが，子どもに関わるメンバーで，ケース会議を実施している学校もあります。いずれの方法にしても，支援の手立てを考え，実行し，それを評価し，さらなる支援を考えていくことが大切です。コーディネーターは会議に参加してアドバイスをしたり，会議が継続して開催されるよう支援することが求められます。また，支援の進捗状況について職員朝会や特別支援教育だより等において報告し，教職員の知識・意識の向上に生かすことも大切でしょう。

○ 支援・取り組みの引継ぎ

1年間の支援の経過と支援の手立てが次の担任になっても引き継がれるよう，個人ファイルを作成し資料をひとまとめにしたり，文書を残すことが求められます。

（石橋由紀子）

II　特別支援教育の制度と構造

特別支援学校と特別支援学級

　特別支援教育となるにあたって，特殊教育諸学校や特殊学級に期待される役割も変化しています。従来は障害の種類に応じた学校，学級があり，より重度の子どもが特殊教育諸学校へ，より軽度の障害のある子どもが特殊学級というのが文部科学省の考えでした。

　ところが，障害のある児童生徒をめぐる近年の動向として，障害の重度・重複化や多様化，学習障害（LD），注意欠如・多動性障害（ADHD）等の児童生徒への対応や，早期からの教育的対応に関する要望の高まり，高等部への進学率の上昇，卒業後の進路の多様化，ノーマライゼーションの進展などがみられることから，これらへ対応するための方針として，「今後の特別支援教育の在り方について（最終報告）」が2003（平成15）年に出されます。

　ここでは，一人一人の教育的ニーズに応じた教育を行うという理念が示されるとともに，「特別支援教育を推進する上での学校の在り方」として，盲・聾・養護学校と特殊学級が改編の対象となりました。その後，内容について検討が続けられ，2005（平成17）年には「特別支援教育を推進するための制度の在り方について（答申）」が中教審から出され（以下「答申」），2006（平成18）年には「学校教育法」が改正されました。

　では特別支援教育において盲・聾・養護学校と特殊学級はどのように構想されているのでしょうか。

　特別支援学校へ

　これまでは，盲学校・聾学校・養護学校（知的障害，肢体不自由，病弱）という障害種に対応して学校をつくっていましたが，特別支援教育へと移行した後は障害種にとらわれない「特別支援学校」となっていくことと，地域の特別支援教育のセンター的役割を担う学校となっていくことが提言されました。特別支援学校へ一本化していくかどうか，どのような形態をとるのかについては，それぞれの都道府県等における事情によるとされていますが，特別支援学校が，可能な限り複数の障害に対応できるようにするべきであるということと，障害のある幼児児童生徒が，できる限り地域の身近な場で教育を受けられるようにするべきであるというのがその一本化される理由となっています。

　それまでも，地域のニーズに従って，知的障害養護学校に肢体不自由児の受け入れがあるということはよくありましたが，この構想に従って，視覚障害や

聴覚障害をも総合的に受け入れる計画がある県もあります。

　しかしこの特別支援学校への一本化に対して問題点がいくつか指摘されています。一番の大きな問題点は，これまで蓄積されてきた専門性をどう保っていくのかということです。これまで一カ所に集中していたことで保たれてきた専門的な指導の技術の水準が，場所が分散してしまうことで低下し，技術の継承や情報の共有ができなくなるのではないかという危惧です。また，一つの学校に多様な障害のある子どもを受け入れること自体は可能かもしれないけれども，その結果何種類もの教育課程を用意し，運用していくことに無理はないのかという指摘です。

　もう一つ，特別支援教育を支えていく大きな役割としてあげられているのが，特別支援学校のセンター化です。センター的役割とは，近隣の小・中学校などに在籍する障害のある子どもやその保護者，またその学校の教師たちに，これまで蓄積してきた障害児教育のノウハウを使って相談にのるというものです。

　すでに学習指導要領にも明示されており，それぞれの学校においてこれまでも教育相談を受け付けるなど，センター的な役割は果たしてきたのですが，今後は，ますます地域における特別支援教育推進のために積極的な働きが求められています。「答申」ではセンター的役割の具体的内容として次の6つがあげられました。①小・中学校等の教員への支援機能，②特別支援教育等に関する相談・情報提供機能，③障害のある幼児児童生徒への指導・支援機能，④福祉，医療，労働などの関係機関等との連絡・調整機能，⑤小・中学校等の教員に対する研修協力機能，⑥障害のある幼児児童生徒への施設設備等の提供機能，です。

　すなわち，小・中学校の教員に対して指導に関する助言をしたり，相談にのったり，個別の教育支援計画を策定するお手伝いをすること，また地域の小・中学校等に在籍する幼児児童生徒や保護者の相談にのったり，いろいろな教育資源や障害児福祉などの情報を提供をしたりすることです。

　いずれにしても地域の小・中学校等と十分な連携をとりながら，今後取り組んでいくことが求められています。

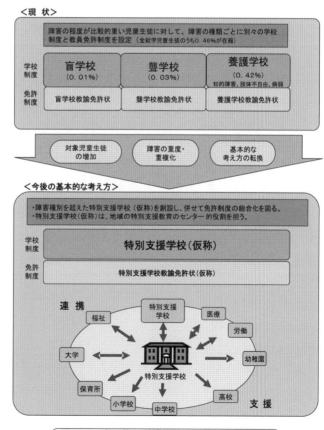

図II-3　盲・聾・養護学校から特別支援学校へ

出所：文部科学省HP。

II 特別支援教育の制度と構造

② 特別支援学級へ

2003（平成15）年の「今後の特別支援教育の在り方（最終報告）」において，特殊学級は制度的に大きく変化するという構想が打ち出されました。

> LD，AD/HD等を含めすべての障害のある子どもについて教育的支援の目標や基本的な内容等からなる「個別の教育支援計画」を策定すること，すべての学校に特別支援教育コーディネーターを置くことの必要性とともに，特殊学級や通級による指導の制度を，通常の学級に在籍した上での必要な時間のみ「特別支援教室（仮称)」の場で特別の指導を受けることを可能とする制度に一本化するための具体的な検討が必要。

すなわち，これまでの固定式の特殊学級を解体し，これまで固定式の特殊学級に在籍しながら通常の学級と交流するという形をやめ，すべて通級による指導に一本化しようとするものでした。

この構想が公表されると，学校にも保護者の間にもかなりの衝撃が走りました。特に従来の固定式の特殊学級に在籍している子どもたちと保護者の側からは不安の声が聞かれました。

しかし通常学級に約6％のLD，ADHD，高機能自閉症等の子どもたちの存在が明らかになり，すべての学校において一人一人の教育的ニーズに応じた教育を行う特別支援教育に移行するためには，新たなシステムが必要だと考えられたのです。

そこで着目されたのがこれまでの地域の小学校の中で障害児教育の実践がある特殊学級の実績であり，小・中学校の特殊学級の平均在籍者数が約2.8人（平成16年調査）という実態です。この資源を利用しながら特別支援教室という新たなシステムにおいて，より有効により柔軟に教室や特殊学級の担任を活用しようという構想でした。

すでにこれまでの特殊学級のあり方を見ても，交流教育という形で，子どもの教育的ニーズに応じた弾力的な運用をされている例は多く見られるため，その制度化を図ったものとも言えます。

しかし固定式の特殊学級をなくして「特別支援教室（仮称)」にするという構想が出されはしましたが，なかなか具体的な制度の内容が示されませんでした。

結局2005（平成17）年の「答申」では，「特別支援教室（仮称)」がめざす，LD・ADHD・高機能自閉症等の児童生徒も含め，障害のある児童生徒が，原則として通常の学級に在籍しながら，特別の場で適切な指導及び必要な支援を受けることができるような弾力的なシステムを構築することの意義を認めながらも，すぐに固定式の特殊学級を廃止して，「特別支援教室（仮称)」としてい

くのではなく，段階的に移行できる制度の見直しにかかるという方針が出されました。

2012（平成24）年度には「共生社会の形成に向けたインクルーシブ教育システム構築のための特別支援教育の推進（報告）」が出され，その中で，特別支援学校，特別支援学級，通級による指導を含めて，多様な学びの場の整備と学校間連携等の推進，という方向性が打ち出されました。「同じ場でともに学ぶことを追求するとともに，個別の教育的ニーズのある児童生徒に対して，自立と社会参加を見据えて，その時点で教育ニーズにもっとも的確に答える指導を提供できる，多用で柔軟な仕組みを整備すること」が目指されています。

学校や学級に加えて，特別支援教育支援員の充実，さらには，スクールカウンセラー，スクールソーシャルワーカー，ST（言語聴覚士），OT（作業療法士），PT（理学療法士）等の専門家の活用を図ることや，域内の教育資源の組合せ（スクールクラスター）により，域内のすべての子ども一人一人の教育的ニーズに応え，各地域におけるインクルーシブ教育システムを構築することが必要であるとされています。

今後インクルーシブ教育が進められていく上で，地域の実情に応じて柔軟な対応や弾力的な運用についての模索が続いていくことになります。これまで以上に特別支援学級や特別支援学校のコーディネート力が求められているといえます。

（小方朋子）

> **参考文献**
> 文部科学省「共生社会の形成に向けたインクルーシブ教育システム構築のための特別支援教育の推進（報告）」2012年。

> 同じ場で共に学ぶことを追求するとともに，個別の教育的ニーズのある児童生徒に対して，その時点で教育的ニーズに最も的確に応える指導を提供できる，多様で柔軟な仕組みを整備することが重要である。小・中学校における通常の学級，通級による指導，特別支援学級，特別支援学校といった，連続性のある「多様な学びの場」を用意しておくことが必要。

図II-4　日本の義務教育段階の多様な学びの場の連続性

出所：文部科学省HP。
http://www.mext.go.jp/component/b_menu/shingi/toushin/__icsFiles/afieldfile/2012/07/23/1321672_1.pdf

> 支援地域内の教育資源（幼，小，中，高，特別支援学校，特別支援学級，通級指導教室）それぞれの単体だけでは，そこに住んでいる子ども一人一人の教育的ニーズに応えることは難しい。こうした域内の教育資源の組合せ（スクールクラスター）により域内すべての子ども一人一人の教育的ニーズに応え，各地域におけるインクルーシブ教育システムを構築することが考えられる。その際，交流及び共同学習の推進や特別支援学校のセンター的機能の活用が効果的である。また，特別支援学校は，都道府県教育委員会に設置義務が，小・中学校は市町村教育委員会に設置義務があることから，両者の連携の円滑化を図るための仕組みを検討していく必要がある。

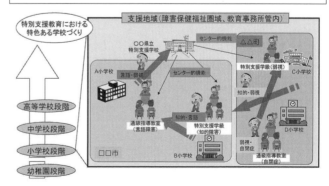

図II-5　域内の教育資源の組合せ（スクールクラスター）のイメージ

出所：文部科学省HP。
http://www.mext.go.jp/component/b_menu/shingi/toushin/__icsFiles/afieldfile/2012/07/23/1321673_3.pdf

II　特別支援教育の制度と構造

4 障害者基本計画と特別支援教育

　障害者基本計画とは

　日本の障害者施策は「障害者基本法」に基づく，障害者基本計画に沿って，ノーマライゼーションとリハビリテーションの理念のもとに推進されています。2002年に策定された障害者基本計画は，障害者の社会への参加，参画に向けた施策の一層の推進を図るため，2003年度から2012年度までの10年間に講ずべき障害者施策の基本的方向について定めてありました。続いて，2013年9月に2013年度から2017年度までの概ね5年間に講ずべき障害者施策の基本的方向について定めた障害者基本計画（第3次）が策定されました。また，内閣に障がい者制度改革推進本部が設置され，2009（平成21）年12月から当面5年間を障害者の制度に係る改革の集中期間と位置付け，「障害者制度改革の推進のための基本的な方向について」（2010〔平成22〕年6月29日閣議決定）等に基づいて，障害者の権利に関する条約の締結に必要な国内法の整備をはじめとする我が国の障害者に係る制度の集中的な改革の推進が図られました。

　この障害者基本計画（第3次）は，障害者基本法の改正を踏まえて基本原則を見直し，地域社会における共生等，差別の禁止，国際的協調および，障害者の自己決定の尊重を明記し，昨今の社会情勢の変化が激しいことを踏まえ，計画期間を10年から5年に見直しています。

　また施策分野を10項目とし，生活支援，保健・医療，教育文化芸術活動・スポーツ等，雇用・就業，経済的自立の支援，生活環境，情報アクセシビリティ，国際協力，に加えて，安全・安心，差別の解消および権利擁護の推進，行政サービス等における配慮の3つが新設されました。何より，障害者権利条約の早期締結のために，障害者差別解消法の制定，手続きの推進が強調されていました。

　教育，文化芸術活動・スポーツ等の分野の基本的な考え方は「障害の有無によって分け隔てられることなく，国民が相互に人格と個性を尊重し合う共生社会の実現に向け，障害のある児童生徒が，合理的配慮を含む必要な支援の下，その年齢及び能力に応じ，かつその特性を踏まえた十分な教育を可能な限り障害のない児童生徒と共に受けることのできる仕組みを構築する。また，障害者が円滑に文化芸術活動，スポーツ又はレクリエーションを行うことができるよう，環境の整備等を推進する。」とされ，インクルーシブ教育システムの構築，

教育環境の整備，高等教育における支援の推進，文化芸術活動，スポーツ等の振興という4つの柱が立てられています。

 特別支援教育へ活かされていくもの

　2012年に「障害者の権利に関する条約」を批准したことから，障害者権利条約第24条におけるインクルーシブ教育システム（inclusive education systemとは，人間の多様性の尊重等の強化，障害者が精神的及び身体的な能力等を可能な最大限度まで発達させ，自由な社会に効果的に参加することを可能とするとの目的の下，障害のある者と障害のない者が共に学ぶ仕組み）を構築することになりました。障害者基本計画（第3次）のなかでは以下のように説明してあります。「障害の有無によって分け隔てられることなく，国民が相互に人格と個性を尊重し合う共生社会の実現に向け，本人・保護者に対する十分な情報提供の下，本人・保護者の意見を最大限尊重し，本人・保護者と市町村教育委員会，学校等が，教育的ニーズと必要な支援について合意形成を行うことを原則として，市町村教育委員会が就学先を決定する仕組みである。また，以上の仕組みの下，障害のある児童生徒の発達の程度，適応の状況等に応じて，柔軟に「学びの場」を変更できることについて，関係者への周知を促すこと」。

　また，障害のある児童生徒に対する合理的配慮については，児童生徒一人一人の障害の状態や教育的ニーズ等に応じて設置者・学校と本人・保護者間で可能な限り合意形成を図った上で決定し，提供されることが望ましいと，周知することになりました。

　合理的配慮を含む必要な支援を受けながら，同じ場で共に学ぶことを追求するとともに，個別の教育的ニーズのある子どもに対して，自立と社会参加を見据えて，その時点で教育的ニーズに最も的確に応えた指導を提供できるよう，小・中学校における通常の学級，通級による指導，特別支援学級，特別支援学校という連続性のある「多様な学びの場」のそれぞれの充実を図ることなどがこの障害者基本計画に盛り込まれています

　この障害者基本計画（第3次）の教育に関する部分については，「障害者の権利に関する条約」の批准に向けての整備が主な部分を占めていました。他の分野に比べて批准するために大きな変革を迫られた教育分野では，インクルーシブ教育システムの構築に向けて大きく動かざるを得なかったのです。

　就学の仕組みについては「学校教育法施行令」を改正しました（2013年）。多様な学びの場，域内の教育資源の組み合わせ（スクールクラスター），合理的配慮など新しいことばが多く登場しています。さらに年々在籍者数が増加している高等教育における障害学生への支援，2020年の東京パラリンピックに向けての環境整備や支援などが今後の重要な課題となっています。

（小方朋子）

参考文献
　厚生労働省「障害者基本計画」2002年。
　厚生労働省「障害者基本計画（第3次）」2013年。

II 特別支援教育の制度と構造

5 発達障害者支援法と特別支援教育

1 法律の概要

　2005（平成17）年4月より施行されていた発達障害者支援法が，2016（平成28）年5月に改正され，同年6月より新たな発達障害者支援法が施行されています。発達障害者支援法は，もともと法的位置づけがなかった発達障害のある子どもや人々に対する早期発見・早期の発達支援，保育・教育・就労支援・地域での生活支援，権利擁護，保護者支援などのライフステージ全般にわたる支援を講じることが目指された法律でした。しかし，施行からおよそ10年が経ち，発達障害を取り巻く様々な取組の進歩を踏まえ，法全般にわたり拡充されることとなりました。

　厚生労働省のポスターによれば，発達障害者支援法改正のポイントは，①ライフステージを通じた切れ目のない支援，②家族なども含めた，きめ細かな支援，③地域の身近な場所で受けられる支援の3つです。

2 発達障害の定義

　では，発達障害者支援法において，発達障害はどのように定義されているのでしょうか。
　「この法律において「発達障害」とは，自閉症，アスペルガー症候群その他の広汎性発達障害，学習障害，注意欠陥多動性障害その他これに類する脳機能の障害であってその症状が通常低年齢において発現するものとして政令で定めるものをいう。」（第2条第1項）とされています。さらに，第2条第2項において発達障害者及び発達障害児の定義が示されています。「この法律において「発達障害者」とは，発達障害がある者であって発達障害及び社会的障壁により日常生活又は社会生活に制限を受けるものをいい，「発達障害児」とは，発達障害者のうち十八歳未満のものをい

図II-6　厚生労働省のポスター

出所：厚生労働省HP。

う。」と規定されました。注目すべきは，発達障害者として，発達障害及び社会的障壁により日常生活，社会生活に制限を受けるものとされた点でしょう。これは，障害者差別解消法の施行を受け，この度の改正で新たに追加された文言です。社会的障壁は，「発達障害がある者にとって日常生活又は社会生活を営む上で障壁となるような社会における事物，制度，慣行，観念その他一切のもの」（第2条第3項）とされています。つまり，発達障害のある人々への支援において，周囲の人々の理解，環境整備，合理的配慮の重要性を強調したものと言えます。

③ 教育分野について

次に，教育の分野における規定を見てみましょう。

第八条　国及び地方公共団体は，発達障害児（十八歳以上の発達障害者であって高等学校，中等教育学校及び特別支援学校並びに専修学校の高等課程に在学する者を含む。以下この項において同じ。）が，その年齢及び能力に応じ，かつ，その特性を踏まえた十分な教育を受けられるようにするため，可能な限り発達障害児が発達障害児でない児童と共に教育を受けられるよう配慮しつつ，適切な教育的支援を行うこと，個別の教育支援計画の作成（教育に関する業務を行う関係機関と医療，保健，福祉，労働等に関する業務を行う関係機関及び民間団体との連携の下に行う個別の長期的な支援に関する計画の作成をいう。）及び個別の指導に関する計画の作成の推進，いじめの防止等のための対策の推進その他の支援体制の整備を行うことその他必要な措置を講じるものとする。

2　大学及び高等専門学校は，個々の発達障害者の特性に応じ，適切な教育上の配慮をするものとする。

ここでは，インクルーシブ教育システム構築を目指した動向を受け，「可能な限り発達障害児が発達障害児でない児童と共に教育を受けられるよう配慮しつつ，適切な教育的支援を行う」ことが盛り込まれました。さらに，個別の教育支援計画及び個別の指導計画についても明記されました。これらは，2017（平成29）年3月に告示された小学校学習指導要領においても，特別支援学級に在籍する児童生徒，及び通級による指導を受ける児童生徒には必ず策定・作成されるものとされています。個々に応じた必要な支援を明確にしながら，それを確実に引き継ぐことが意図されています。

さらに，大学及び高等専門学校といった高等教育機関における発達障害者への適切な教育的支援についても明確に規定されました。

（石橋由紀子）

参考文献

発達障害の支援を考える議員連盟編著『改正発達障害者支援法の解説——正しい理解と支援の拡大を目指して』ぎょうせい，2017年。

コラム1
クラスに落ち着かない子がいるんです

1 職員室での立ち話から

　ある年の夏休みの職員室。雑談の中で「今年の小1はどう？」と尋ねるのは2年1組の担任，片桐先生。どうやら2年生は入学当初から落ち着きのない子どもが多く，対応に苦慮していたようです。「今年は落ち着きのない子は少ないけど，自分の気持ちを言葉で伝えるのが苦手な子が多いかな」と答える1年2組の担任，野原先生。子どもたちはゆったり対応してくれる野原先生に安心してか，とりあえず学習に向き合える態勢を1学期に形成できたようでした。
　「でもね，一人気になる子がいるの」と野原先生が続けて話すのは仁志君のこと。仁志君は「興味のあることでも10分くらいで活動に飽きてしまう」「いただきますまで我慢できない」「負けそうになると怒り出して友達とけんかをしてしまう」などの特徴をもっていました。中学校での指導経験が長い片桐先生は，「最近，中学校にもそういう子たくさんいますよ」と言ったあと，「結局は家庭でのしつけの問題なんですよね」と続けました。
　その話を聞いていた特別支援教育コーディネーターの三木先生は心の中でこうつぶやいていました。『その子の落ち着きのなさは本当に家庭の問題なのだろうか』。そこで，別の日に野原先生と2人で話ができる時間が取れたとき，仁志君のことをもう少し詳しく聞いてみることにしました。

2 仁志君の「これまで」と家庭での様子

　「この前，職員室でちょっと聞こえてしまったんだけど，仁志君って落ち着きない子なの？」と三木先生は，切り出しました。担任の野原先生は，穏やかな口調で仁志君の普段の様子を話し始めました。三木先生はその話を聞くにつれ，『もしかしたら発達障害があるのかも？』と思うようになっていました。
　そこで，三木先生のほうからも質問をしてみました。「仁志君の様子は家ではどうなの？　親御さんも困っているのかしら？」という問いかけに対しては，「うちでもそうなんです」と親御さんが言っていると野原先生は答えました。スーパーに行ったときなど，「今日はおかし，買わないからね」と強く約束して家を出ても，仁志君は欲しいものがあるとそれを買ってもらえるまで大声で泣き叫んだりすることが多くあるようです。また，去年まで通っていた幼稚園では友達とのトラブルが多くて，よく幼稚園に呼び出されていたことなどを親

御さんから聞いたことがあると野原先生は話してくれました。仁志君はもともと言葉の発達が少し遅く，小1になってもきれいに発音できない音がいくつかあり，発達面でお母さんが心配しているとのことでした。もちろん，これらの事実だけでは仁志君に発達障害があるかどうかは断定できません。しかし，野原先生と三木先生は仁志君の落ち着きのなさが「家庭のしつけ」からくるものではないだろうという点に関しては，納得できました。

❸ 「子どもの困り感」と「教師支援」から始める特別支援教育

こうした野原先生との話し合いを経て特別支援教育コーディネーターの三木先生は仁志君のケースを次の校内委員会に出してみないかと提案しました。野原先生は「私の教え方がまずいだけかもしれませんから……」と謙遜しながらやわらかく断っていましたが，三木先生は「本当は仁志君が困っているかもしれないから……」と続けて説得しました。また，「みんなにいろいろ意見を出してもらえれば，野原先生の2学期の指導にも何か活かせることがあるかもしれないし……」といって「教師支援」が目的であることも明確に打ち出しました。こうした「子どもの困り感」に寄り添い「教師支援」を目的にする事例検討会なら……と思い，野原先生は仁志君のケースを出すことを了解しました。

（新井英靖）

ポイント解説

職員室での立ち話というのはある種の「校内世論」を作るものです。仁志君のケースでも「家庭の問題」が原因となるか，「発達障害」に目を向けることができるかは，教師の根拠のない噂から始まることも多くあるのが現実です。逆に考えると，職員室での立ち話で子どもの良い点をたくさん話せるような雰囲気づくりをしておくと，困難を抱える子どもの見方を変えることができるかもしれません。

今回の特別支援教育コーディネーターが「上手い」のは，早い時期から仁志君の行動は「発達障害からくるものでは？」との疑いをもちながらも，それを前面に出して話を進めなかった点だと思います。「子どもは困っているのか？」「親はどう思っているのか？」など，教師として支援していかなければならないという雰囲気を知らず知らずのうちに作りだした上で，担任を説得し，校内委員会で事例として挙げるまでもっていったのはコーディネーターの手腕だと言えるでしょう。

Ⅲ　特別支援教育の内容

 学習指導要領と教育課程

1　学習指導要領の概要

　2007（平成19）年に学校教育法が改正され，これまでの特殊教育学校・特殊学級が特別支援学校・特別支援学級に改められても，学習指導要領は引き継がれています。

　特別支援学校では，幼稚園・小学校・中学校・高等学校に「準ずる教育」を行うこと，自立活動という指導領域によって障害に基づく困難を改善・克服することが定められています。特別支援学級では，基本的には小・中学校の学習指導要領に沿った教育が行われますが，特別支援学校のそれを参考にした教育課程編成もできるようになっています。

　特別支援教育で重視されている通級による指導では，自立活動等を通級指導教室で実施するので，通常学級の教育課程に加えた，またその一部に替えた教育課程編成がとられています。さらに通常学級に在籍する障害児にはその実態に即した指導内容の工夫が求められています。

　学習指導要領における障害児の教育課程は，「各教科・道徳・特別活動・自立活動・総合的な学習の時間」をそれぞれ別個に指導する領域・教科別の指導とともに，それを合わせた指導形態を採用し，「日常生活の指導・遊び・生活単元学習・作業学習」を教育内容にしてきました。教育内容を二重構造で構想してきたのです。

　学習指導要領は時代に応じて変遷し，今日「自立活動」と呼んでいる領域は，障害の重度化が指摘された1971（昭和46）年の学習指導要領において「養護・訓練」として創設されたものです。その後1999（平成11）年に自立活動に改定されました。また，総合的学習の時間は，通常学校の学習指導要領の改定に併せて設けられたものです。

2　教育内容を構想する視点

　教育学研究は，教育内容を教科と教科外の二つの指導領域として明らかにしてきました。この論理は近藤益雄をはじめとした障害児教育実践にも採用され，二領域を柱とした教育内容づくりが進められてきました。また学校や民間教育研究の中からも，障害児教育の教育課程案が示され，教育課程を自主的に編成しようとする試みが続けられています。障害児教育の内容についてはいくつも

▷1　⇒ Ⅲ-5 を参照

▷2　⇒ Ⅲ-6 を参照

▷3　この領域が設けられた頃は，心身の適応・感覚機能や運動機能の向上・意志の伝達などが内容として盛り込まれていた。

▷4　長崎県で知的障害児学級の指導を先駆的に開いた教師。『近藤益雄著作集』明治図書出版を参照。

▷5　教職員組合を母体にした教育研究運動の中で法的拘束力のある学習指要領に対抗して，教科を含めて教育内容を自主的に編成してきた試みをいう。

の議論が展開してきました。特に教科指導を独自の領域にする意義，通常の教育よりもかなり早く1971年の学習指導要領で登場した生活科の位置づけが問われてきました。さらに，「総合的な学習の時間」と障害児教育での総合的な教育内容として中心的な役割を果たしてきた生活単元学習の関連も研究の課題として取り上げられてきました。

　これらの議論では，障害児の社会的自立と人格的自立をどう結びあわせて教育内容を構想するかが主な論点でした。現在の学習指導要領には，知的障害児の中・高等部に「外国語」，高等部に「情報」「流通・サービス」の選択教科が設けられるなど，社会参加を意識した内容が設定されています。社会参加と教科指導をどう結びつけるのかが課題とされたのです。生活に留意して教育内容を考えてきた障害児教育ですが，領域としての生活指導の役割は何かについてはまだ未解明の課題が残されています。

▷6　生活指導とその教育内容である訓育については，学校の教育課程の上で機能か領域かが論じられてきた。

❸　特別支援教育の教育課程

　2007年からの特別支援教育の開始に伴って，2008年には学習指導要領が改訂されました。そこでは①個別の指導計画や個別の教育支援計画の作成が義務づけられ，②キャリア教育を推進して障害児の自立と社会参加を促すこと，③自立活動の領域に「人間関係の形成」の項目を追加し，障害特性に対応すること，特に自閉症スペクトラムをはじめとする発達障害のある子どものコミュニケーション指導を重視すること，④交流及び共同学習を推進し，インクルーシブ教育の推進を図ることが強調されました。

　2020年から導入される学習指導要領では，共生社会を視野にいれたインクルーシブ教育システムの構築が課題とされています。通常の学級・通級による指導・特別支援学級や特別支援学校といった多様な学びの場を保障し，子どもたちの多様な教育的ニーズに対応する教育課程が求められています。高等学校における通級指導の制度化，特別支援学校等での自立活動の改善，通常学級において全ての教科での困難さに対応する工夫等，多岐にわたる改革が計画されています。また，「主体的・対話的で深い学び（アクティブ・ラーニング）」を障害児に促すための指導方法の工夫も問われるはずです。さらに「社会に開かれた教育課程」というのが新しい学習指導要領の理念です。特別支援学校の教育課程もその方向で改訂が進められています。伝統的に進められてきた生活単元学習等がより社会参加の視点を重視して取り組まれることになります。それはESD[7]（持続可能性の教育）と呼ばれる考え方にも繋がり，こうした広い視野からの教育課程の改革がこれからの特別支援教育の課題となっています。

（湯浅恭正）

▷7　佐藤学・木曽巧・多田孝志・諏訪哲郎編『持続可能性の教育——新たなビジョンへ』教育出版，2015年。

III　特別支援教育の内容

障害児の国語・算数

1　認識発達を育てる教科学習としての国語・算数

　特別支援学校に在籍する知的障害児の多くは知的発達年齢が6歳以下であり，小・中学校で使用している「教科書」を進めていくといった発想で授業を展開していくことは難しい子どもが多くいます。しかし，6歳までの発達段階の子どもにも小学校1年生の国語や算数につながる道筋（発達過程）はあり，それを意識しながら授業内容を設定していくことが必要です。

　たとえば，小学校1年生につながる算数の系統性を意識して知的障害児の算数指導を考えると次のようになります（図III-1参照）。これは，縦軸に子どもの発達（シークエンス），横軸に領域（スコープ）を考えて，発達段階ごとに大まかな指導内容を示したものです（この図は幼児の発達等を参考にしながら筆者が作成しました）。たとえば，発達が2～3歳の子どもであれば，「数」を用いて学習するのではなく，その前段階として「感覚的に多い・少ないがわかる」などの「未測量」の指導や「置く・補う」などの位置的感覚（「位置の表象」）を育てていく指導が考えられます。

　そして，「未測量」の指導や「位置の表象」を基盤にして次の段階，すなわち，3歳以降の「数」「量」「空間」「図形」を個別的に扱う授業などが展開されるのです。

▶1　知的障害児の算数の指導内容を系統的に示したテキストとして，藤原鴻一郎『発達に遅れがある子どもの算数・数学』学習研究社，1995年などがある。

2　「スモール・ステップ」を大切にした授業

　以上のような子どもの発達（シークエンス）と教科の領域（スコープ）を意識した授業づくりの原則は通常の学校でも同じです。そもそも国語や算数といった教科学習は「系統性」が重視され，教えるべき内容がまんべんなく，かつ子どもの発達に即した形で提供されるよう編成されたものです。このため，指導内容の選定に関して

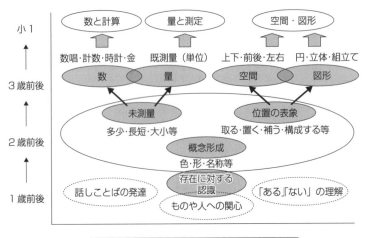

図III-1　「算数」のスコープとシークエンス

は、発達的に6歳以下の内容を用意しなければならないことが多いという点で小・中学校とは異なりますが、その編成原理については同様の考え方を用いることができます。

一方、指導方法についてはどうでしょうか。先に例を挙げた「感覚的に多い・少ないなどがわかる」といった未測量の指導をする段階の子どもの算数指導について考えてみたいと思います。一般の幼児であれば、こうした内容は教師が意図的・系統的に教えるのではなく、幼稚園などの遊びの中で「どっちが多い？」と友達や先生から自然に尋ねられ、その場で考え、理解していくものです。しかし、知的障害児は、幼児期にこうした経験をたくさんしてもなお理解することが難しい状態なので、一般の幼児よりも、より意図的・系統的に「指導」していくことが必要です。

知的障害児に対して意図的・系統的に指導するためには、「スモール・ステップ」を徹底することが必要です。たとえば、「どっちが多い」を見比べる学習を行う場合には、水や砂などの「量」を見比べるものよりも、りんごや人形などの「数」（固体）を見比べるもののほうがわかりやすいでしょう。また、2個と3個のような「少しの違い」を見比べるよりも、2個と10個のような大きな差のほうがわかりやすいのも事実です。このように、「どっちが多い」を学習する際にも、教師は子どもの「わかり方（学習過程）」をより精緻に描き、どのような順序で学習させるかについて検討していかなければならないと考えます。◁2

❸ 教科指導は「文化的遺産」の継承

教科指導で「スモール・ステップ」を徹底した場合に陥りやすい点は、「認識発達」面にのみ視点を当てて授業設計をしてしまうことです。たとえば、物の数を数えたりするだけであれば、机の上に「くだもの」などの模型を置いて「いくつ？」と尋ねれば授業は成立してしまうかもしれません。しかし、そうした活動は、子どもにとって「数える必然性」が何もない授業であり、面白味に欠ける授業となってしまいます。

こうした授業にならないようにするためには、教科指導を「文化的遺産」の継承と捉え、子どもにとって意味のある状況設定を教室空間に創出するように意識することが大切です。たとえば、子どもに「いくつ？」を問うのであれば、好きな物を自分のところへ持ってくるというような状況場面を設定するように仕組むことが教師に求められます。これは、どのような「教材」を用意するかということとも関係しており、子どもの興味や生活年齢などを考慮して授業設計をしなければならないということです。

▷2 発達障害児の授業づくりに関する内容を全般的に網羅したテキストとして、湯浅恭正ほか編著『特別支援教育の子ども理解と授業づくり』および『特別支援教育の授業を組み立てよう』（いずれも黎明書房、2007年）がある。

III 特別支援教育の内容

実践例：「時間」を量として捉える指導

「時間」を意識して生活をするには？

特別支援学校中学部には小学校（主として特別支援学級在籍）から入学してくる子どもがいます。そうした子どもは，小学校で国語や算数の学習を積み上げてきているのですが，今ひとつ生活の中でその知識を活用できるようになっていないことも多くあります。

たとえば，時計を見ながら「今は何時何分だ」ということは理解できるのに，「12時まではあと何分ですか？」といった問いかけになると，とたんに課題が難しくなってしまう子どもがいます。ましてや，日常生活の中で「あと10分で給食の時間が終わりだから早く食べよう」などといった実際の行動を伴って「時間」を意識することはとても苦手な子どもが多いのが現実です。

これを「算数」の問題として捉えると，「時刻」を読むことはできても，「時間」の概念がまだ育っていないことが理由として考えられます。こうした「時間」の概念を育てる実践として，次の授業を紹介します。◁3

▷3 茨城大学教育学部附属特別支援学校中学部の実践を紹介する。

2 「時間」という存在に気づくこと

知的障害児は，机上学習をさせているだけでは十分な理解が育たないことも多いので，この授業では様々な活動を用意し，生徒をひきつけるような授業展開を考えました。まず，「トースターを使ってパンの焼け方を観察し，『時間』という存在に気がつく」というような学習活動を用意しました。授業では，「真っ黒にこげたパン」と「きつね色にほどよく焼けたパン」を生徒の前に提示し，興味をひきつけたあと，実際に目の前で焼いていないパンを出し，トースターで焼いてみせました。

教師は普通にパンを焼くときよりもタイマーを数分間長く設定し，パンが焦げるように焼きました。子どもたちは，パンが黒焦げになっていく様子を食い入るように見ていました。黒く焦げてしまったパンを取り出し，教師は生徒たちに「このパンはどうしてこんなふうになったの？」と問いかけました。生徒は「強くやりすぎたから」とか「適当はいけません」など，自分なりの考えを述べていましたが，ある生徒が言った「時間を考えなかったからだよ」という答えを受け入れ，「時間を気にしなければいけなかったんだ」という意識になっていきました。

こうした実験的な学習の中で「気づいた」あと、「時間を守らなければならないものにはどんなものがあるのか？」ということに着目させようとして、インスタント食品の調理時間調べを行いました。カップラーメンやレトルト食品などのパッケージに書いてある時間の表示を調べさせ、たとえば「カップラーメンは3分間」といったまとめをプリントにしていきました。

③ 「時間」を理解する学習

時間に「気づく」学習をしたあとに、生徒には「時間（～分間）」の理解を進める学習を行いました。まず、「時間」を「量」として捉えさせるため、右図のような時計を

作成しました。こうした時計を作成すると、生徒は時間が進むにつれて時間の面積が増えていく様子を「見る」ことができ、「長い時間」とか「短い時間」といったものを感覚的に理解できるようになりました。

こうした取り組みのあとに、「あと～分」といった言葉の学習をしながら、目標となる時刻まで何分あるか、あるいは、今の時刻から「～分」経つと何時何分かといった「時間」を交えた計算を学習することが必要になるでしょう。時間の計算を学習するときには、「00分」まであと何分かといった基点がわかりやすい課題から提示していき、続いて「30分」を基準にしても計算できるようにし、最終的には、「00分」をまたいでも計算できるようにしていくことが目標となります。

④ 特別支援教育における「国語」「算数」の指導のポイント

特別支援教育における「国語」「算数」の指導のポイントは、「教科の系統性」と「生活性」の融合にあるといっても過言ではありません。上述の実践例でもわかるように、授業づくりの基本は子どもの生活からスタートするものですが、「生活」をそのまま経験しているだけなく、その中に潜んでいる「国語」「算数」の原理を子どもたちの前に出現させ、考えさせ、自ら「わかった」と思えるような展開にすることが大切です。

もちろん、こうした授業展開の工夫は決して特別支援教育に限ったことではありませんが、特別支援教育の授業づくりではこの点が授業成立の大きなポイントになることが多いと考えます。

（新井英靖）

Ⅲ 特別支援教育の内容

領域・教科を合わせた指導の実際

 「生活」をテーマにした授業

「生活」とかけ離れたところで教科学習をどんなに行っても，習得した知識や能力は生活の中では活かされないという考えを強く主張する人がいる一方で，「教科」学習の積み上げがない中で「生活経験」だけを重ねても決して生活が豊かになることはないという考えを述べる人もいます。障害児の教育であるかどうかにかかわらず，教育は「生活性」と「教科の系統性」に関する論争が絶えず展開されており，現在でもその論争は続けられています。

知的障害児は知的機能に障害があるために，いわゆる「教科学習」に特別な配慮が必要です。特に認識発達に大きく影響を受ける「国語」や「算数」，あるいは「理科」「社会」といった教科はその内容と方法がこれまでにも至る所で議論されてきました。その中には，抽象的思考が苦手な知的障害児に対しては，「教科」を系統的に学習するよりも「教科的な要素が含まれた経験」を重ねることの方が教育的な成果が得られやすいのではないかという考えもあります。学習指導要領でも，知的障害者の学習上の特性を以下のように捉えています。

> （知的障害児は――筆者）学習によって得た知識や技能が断片的になりやすく，実際の生活の場で応用されにくいことや，成功経験が少ないことなどにより，主体的に活動に取り組む意欲が十分に育っていないことがみられる。また，実際的な生活経験が不足しがちであるとともに，抽象的な内容より，実際的・具体的な内容の指導がより効果的である。

こうした考えにもとづいて，知的障害児教育では「生活に結びついた実際的で具体的な活動を学習活動の中心にすえ，実際的な状況下で指導する」ことや，「生活の課題に沿った多様な生活経験を通して日々の生活の質が高まるよう指導する」ことが重要であると考えられてきました。これが「領域・教科を合わせた指導」が設定されている理由です。

② 「領域・教科を合わせた指導」の内容

「領域・教科を合わせた指導」には「日常生活の指導」「生活単元学習」「あ

そびの指導」「作業学習」の 4 つの形態があります。以下，それぞれの指導の
形態について，どのような指導が展開されているのかを見ていきます。

　まず，「日常生活の指導」では着替えの指導や排泄，食事の指導など，日常
生活全般にわたる指導が展開されています。[1]

　「生活単元学習」では，運動会や文化祭などの行事または季節をテーマにし
て「単元（学習のひとまとまり）」を設定し，そのテーマに関係する内容を体験
的・経験的に学習していきます。たとえば，文化祭での劇をテーマにした場合，
配役を決めて，衣装や舞台装置を作成し，劇の練習をして，文化祭当日に多く
の人の前で発表する，といった一連の学習のまとまり（単元）を1ヵ月間かけ
て行うといったものです。

　「あそびの指導」は，1979（昭和54）年の学習指導要領に「生活単元学習」
の一部として登場し，1989（平成元）年の学習指導要領で「指導の形態」の一
つとして独立したものです。これは，特別支援学校に重度・重複障害児が多く
在籍するようになり，「生活単元学習」のように，数週間先の「行事」を目指
して学習を蓄積していくことが難しい子どものために設定されたものです。そ
のため，毎回，同じような設定（「あそび」の場）を用意し，教師の働きかけの
中で「あそび」を変化させ，子どもの認識面及び身体面の発達を促そうとする
指導です。

　「作業学習」は主として中学部・高等部生に対して行われていることが多く，
「木工」「園芸」「手芸」「窯業」などを作業種目として設定しています。生徒は
どこかの作業班に所属し，その班が行っている作業の全工程または一部の工程
を担い，製品を作っていきます。多くの作業学習では，将来の進路を見据えて，
「働く力」を身に付けるべく，「あいさつ」や「報告」「確認」など態度面の指
導にも焦点があてられていることが多いのも特徴のひとつです。

③ ダイナミックな授業展開の重要性と「はいまわる経験主義」

　こうした「領域・教科を合わせた指導」は知的障害児教育の多くの時間を占
める主流的な学習形態となっています。それだけに，「領域・教科を合わせた
指導」をめぐっては様々な議論が展開されてきました。

　なかでも「生活か教科か」といった論争は長年続けられてきました。たとえ
ば，生活単元学習は，机上学習ばかりの教科指導では身に付かないダイナミッ
クな授業展開を可能にし，子どもたちの生活世界を豊かにしているといった意
見がある一方で，「生活単元学習は，単に経験や体験をさせているだけで，物
事の原理を理解するようにはならず，子どもをはいまわらせているだけだ」と
いった批判（「はいまわる経験主義」批判）もあります。

　「領域・教科を合わせた指導」は，単元学習を通してどのような力を育てて
いくのかを十分に考えていくことが必要な実践です。

▷ 1　詳しくは III-4 を
参照

Ⅲ　特別支援教育の内容

実践例：自分で考え，判断し，行動する力を育てる作業学習

 作業学習で大切にすること

　作業学習には，園芸，手芸，木工，窯業など様々な作業種目がありますが，多くの実践で大切にされていることには共通点があります。それは，子どもの指導課題として「報告」「確認」ができるようにすることであり，教師の実践課題として子どもの失敗を少なくするための「作業工程の分析」です。
　こうした作業学習を通して身に付くことは，「マニュアル通り」のことができるようになる力です。しかし，現代の産業構造は「サービス業」が主流になっていて，そうした業界で求められるのは，その場の状況に応じて考え，判断し，行動する力であると考えられます。こうしたことをふまえて，ここでは，自分で考え，判断し，行動する力を養う作業学習の実践を紹介します。◁2

▷2　茨城大学教育学部附属特別支援学校高等部の実践を紹介する。

 オーダーメード・タンブラーの取り組み

　Aさんは特別支援学校高等部2年の男子生徒です。前年度に引き続き窯業班で作業を行っています。周りの人の動きを見て，自分に今，必要な物を持ってきたり，作業前に他のみんなが使う粘土や道具の準備を自分から進んで行ったりすることはでき，周りの状況に合わせて行動することができていました。しかし，説明を求められると，あっさり「わかりません」と言ってしまったり，不確実なこともその場しのぎで「大丈夫です」と言ってしまったりする様子も見られました。
　そこで，作業学習を通して他者とのコミュニケーション能力を高めていきたいと考え，Aさんにはオーダーメード・タンブラーの作成に取り組んでもらおうと考えました。「オーダーメイド」には必ず「買ってくれる人」がいます。その人から製品への希望や思いを注文として受け，その人が満足できる製品を作ります。そのため，自分が良いと思った製品でも，その人が好まないこともあります。そうした状況におかれると，作り手であるAさんは，ある程度相手に合わせながら作業を進めていかなければならないことになります。しかし，最終的に「これで良い」と決めて，仕上げるのは自分です。こうした，自分の判断と他者の意見を調整していく中で，Aさんのコミュニケーション能力が向上するのではないかと考えました。
　まず，Aさんはオーダーの取り方の学習をしました。教師の側で記録メモを

作成し，そのメモに沿ってオーダーを取る練習をしました。Aさんがはじめから失敗しないように，最初のオーダーは学校職員から取ることにしました。

オーダーを取った後，さっそくタンブラーの制作を始めました。Aさんにとっては初めての作業もあり，いろいろ試しながら行いました。完成した製品を見て，オーダーに近いと思われる製品をAさん自ら選び，依頼者に提示しました。

サンプルを依頼者に持参すると，「タンブラーを持ってきました」としか言わず，他の伝えるべきことを言わず黙っていたので，依頼者から「どんな製品なのか説明してください」と言われる場面もありました。しかし依頼者から「良くできてるね。これなら買うよ」と言われると，少し曇っていた表情が明るくなりました。

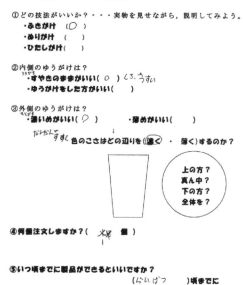

サンプルのタンブラーは内側が素焼きのままだったので，「内側もこの色を付けて欲しいな。湯飲みのようになるけど，案外おいしい泡立ちになると思うんだ。できるかな？」という追加の要望がでました。Aさんは快く「できます」と返事をし，窯業室に戻ると下校時刻になっているにもかかわらず，追加の要望を取り入れた製品作りを始めました。製品の出来映えを認められたことがうれしくて，残業をしてまで作業に取り組もうとした前向きな姿勢が出たのだと思いました。

❸ 「自信」は他者との関わりの中で生まれる

いよいよ完成した「オーダーメード・タンブラー」を依頼者に届ける日がきました。丁寧にクッション材を入れたかごにタンブラーを入れ，「少し緊張する」と言いながら，表情よく届けに行きました。それぞれの依頼者にタンブラーを届けに行くと，どの職員も出来上がりを楽しみにしていたらしく，にこにこしながら出迎えてくれました。「タンブラーを届けに来ました」と依頼者に伝え，製品を渡すと，「おいしく飲めそうだよ」と言われ，商品の出来映えを認め，購入してくれることになりました。Aさんからも笑顔が見られました。

以前はすぐに「わかりません」とあまり物事を考えずに言っていたAさんでしたが，教師の方で誘導しながらではありますが，本人なりに考えて答える場面が増えたように感じます。また，自分一人で作業を進めなければならないので，仕事に対する責任感が身に付き，他人に喜んでもらえる充実感を味わったのだと思います。

（新井英靖）

III 特別支援教育の内容

 # 4 日常生活の指導の実際

1 生活まるごと「指導」の時間

「日常生活の指導」は，教育課程上は「領域・教科を合わせた指導」の中の一つの形態です。しかし，教科や他の領域・教科を合わせた指導と異なるのは，通常の「授業」のような形態をとらずに指導が行われる点です。

「日常生活の指導」は，朝，子どもが登校したときから始まるのが通例です。「おはよう」と声をかけ，子どもも挨拶できるように指導することから始まり，靴を脱ぎ，かばんをロッカーにしまい，着替えをするといった一連の活動が「指導」の対象となります。この後，「朝の会」の時間を利用して，日直の子どもが出欠確認をしながら友達の名前を覚え，日にちや天気の確認をするなど，学校での生活そのものが「日常生活の指導」の内容です。この他に，休み時間の排泄や昼の給食などあらゆる「生活場面」で日常生活の指導は行われるので，生活がまるごと「指導」の時間であると言っても過言ではありません。

このため，特別支援学校の教師はスクールバスで子どもたちが登校するときに，昇降口まで子どもを出迎えたり，「朝の会」の時間を長めに取るなどの時間割上の配慮も見られます。こうした「日常生活の指導」の時間は当然，教師の「指導時間」にカウントされており，年間計画や個々の子どもの指導計画が立案されて，意図的・継続的に指導されています。

2 「日常生活の指導」の内容

上述のように「日常生活の指導」は，多くの特別支援学校では，日常生活の指導の内容をいくつかの観点に分けて構成しています。学校によってその観点は若干違いますが，オーソドックスなところで見ていくと，「食事」「排泄」「着替え」「清潔（歯磨きなど）」「マナーやルール（挨拶など）」といった項目を設けて，指導しています。

「日常生活の指導」では，給食のときには子どもと一緒に食べながら，「食べ方」や「偏食」などを指導するというように，実際の生活を過ごす中で指導が行われていますが，単に「正しい生活の仕方」を経験する，あるいは実践するだけではなく，教師が意図的にステップを組んで学習させていることも多くあります。たとえば，日常生活チェックリストを作成し，子どもの指導課題を明確にして，子どもが少しずつできるようになるための指導ステップを用意して

▷1 特に小学部を担当する教師は，子どもがスクールバスを降りたところから指導が開始されるという意識でいる。

▷2 特別支援学校の小学部では8時50分にスクールバスがついたあと，9時20分まで着替え，9時40分まで「朝の会」というように時間に余裕をもたせて日課を組んでいる。

いいます（下表参照：紙面の都合で「I．食事」「II．排泄」のみ掲載）。

▷3　ある特別支援学校の日常生活チェックリストを参照した（一部，改変）。

I 食事	①	スプーンやフォークを使って食べることができる。	II 排泄	①	ぬれた感じがわかる。
	②	箸を使って食べることができる。		②	尿意・便意を訴えられる。
	③	こぼさないで食べられる。		③	自分からトイレに行き排泄できる。
	④	食器を手に持って食べられる。		④	排泄後，おしりを拭ける。
	⑤	食事の始めと終わりがわかり，待つことができる。		⑤	トイレを正しく使うことができる（一連の動作ができる／清潔に使える）。
	⑥	適度な速さで食べることができる。		⑥	生活の中で状況を判断してトイレに行くことができる。
	⑦	マナー（手洗い等）を守って食べることができる。		⑦	おしりを出さずに排尿できる（男子）。
	⑧	好き嫌いなく食べられる。		⑧	生理の手当てができる（女子）。

❸ 「日常生活の指導」を展開するときの留意点

　「日常生活の指導」では，子どもが示す生活上の困難を改善していくようなアプローチを取ることが多くあります。このとき，単に生活上のスキルを指導するだけでは，問題の本質を見誤ることがあるので注意が必要です。

　たとえば，「トイレで排泄ができない」といった困難がある子どもがいたとします。このとき，排泄の手順を示し，教えるだけではなく，なぜ「トイレで排泄ができないのか？」を考えることが必要です。子どもの中には，トイレが薄暗いから怖くて入らない子どももいれば，トイレの芳香剤が家のものと違うので違和感があって学校ではしない，という子どももいるでしょう。つまり，日常生活上の困難の背景には，発達障害児に特有の感覚過敏や気持ちの揺れなどがあり，困難を示していることがあります。教師は，その点を見極められるようになることが必要です。

　また，日常生活の指導を展開するにあたっては，家庭での状況を把握し，家庭と連携・協力しながら進めていくことがとても重要です。学校ではできるようになったけれど，家庭ではできないということが多く見られるのも発達障害児の特徴のひとつです。こうした意味でも，家庭と学校で指導方針と支援方法を共通のものにすることはとても大切なことになります。

III 特別支援教育の内容

 実践例：写真カードを活用した日常生活の指導の実際

1 日常生活の指導は「生活の流れ」がわかることから

　言語能力があまり育っていない発達障害児の中には，次に自分が何をすればよいのかがわからずに，困ってしまう子がいます。そうした子どもには，「ことば」で「生活の流れ」を伝えることが難しい場合があります。そうした子どもには，写真カードや身振りなどを使うと「生活の流れ」を理解しやすくなることがあります。

　Bさんは小学6年生の女の子です。発語はないものの，気分の良いときや不快なときに発声や表情で意思を伝えることができます。教師の指示や友達の動きに応じ，自分なりの見通しをもちながら集団生活を送っていますが，指示や状況が分からなかったり，意思が伝わらなかったりするとパニックを起こすことが多々ありました。そのようなBさんには，日常生活のあらゆる場面で，言葉（音声言語）だけに頼らないコミュニケーション手段が必要と感じ，写真カードを用いて気持ちを伝える練習を始めました。

2 写真カードの活用例

　Bさんへの日常の指示は「歯ブラシ持ってきてね」という指示では伝わりにくく，具体物を提示したり，指さしで示したりしていました。言葉だけではよく分からないことがあり，近くにあるコップやカバンを手にしてしまうからです。「違うよ」という言葉で否定すると不快な声をあげ，イライラする様子が見られました。そこで，写真と実物のマッチングから始めました。

　具体的には，歯ブラシの写真と歯ブラシを示して「同じ」ということを伝え，まず写真カードが表す物への理解を高めることにしました。カードを用いることは初めてだったため，2～3枚のカードからスタートしました（次ページの写真カードを参照）。その後，身近な物でBさんが興味をもち始めた物にカードを絞り，①写真と具体物とのマッチング，②カードの選択と具体物の手渡し，③選択した写真カードに示されている活動を実際にやってみる，という手順で指導を行いました。①②の学習は「課題学習」の時間に行い，③の学習は学級活動や休み時間などの実際の日常生活場面の中で行いました。また，写真カードは無地の背景に具体物が一つというように，本人にわかりやすいように作成しました。

▷4　茨城大学教育学部附属特別支援学校小学部の実践事例を紹介する。

▷5　特別支援学校では，国語・算数に関する時間を時間割上，「課題学習」という名称で表記していることがある。

3 子どもの変化と今後の課題

　カードを用いるようになり，それまでほとんど受け身だったBさんが，写真カードを選んで自分の活動を行えるようになりました。具体的には，教師の促しや教師が指示した手順の中で過ごすことの多かったBさんが，係活動の順番や休み時間の過ごし方などほんの一部ではありますが，自分で自分の生活を決定し，過ごせるようになってきました。写真を選んで手渡すことで，意思が伝わらずにパニックを起こす回数も次第に減り，落ち着いて日常生活を送ることができるようになりました。

　認識能力があまり育っていない発達障害児に写真カードを活用する場合には，その子どもの認識能力や興味に合わせて，写真カードの枚数や対象物を取捨選択することが大きな課題となります。教師にとっては「親しみやすくするため」に撮った写真でも，撮り方によっては，かえって本人の混乱を招いてしまうこともあります。写真カードを作成する場合には，子どもが一番理解しやすい「背景」「色」「構図」などを考えなければなりません。また，カードの理解ができるようになったからといって次々と場面を変え，カードを増やしていくのではなく，確実に一つの場面ごとの定着を図りながら支援していくことも大切でしょう。

　また，「生活の流れ」がわかってきたら，続けて個々の生活スキルをわかりやすく示し，少しずつスキルを増やしていくことを検討することが必要です。たとえば，歯を磨く順序や着替えの順序などを絵や写真でわかりやすく示し，教師の模倣をしながら「ひとりで」歯磨きや着替えができるようにしていくなどです。

　日常生活の指導は，単に「○○ができる」ということを目指していくだけでなく，「自分は今何をしなければならないのか」を意識しながら，生活する力をつけることが大切です。そうした日常生活を送れるようになるには，「言われた通りにできる」ことだけを目指すのではなく，自分から「生活」に積極的に関わっていくことができる力を身につけることが重要だと考えます。

（新井英靖）

Ⅲ 特別支援教育の内容

 障害特性への配慮と自立活動

1 自立活動とは？

　自立活動とは，障害児の教育課程にのみに認められているもので，「各教科」「道徳」「特別活動」と並ぶ，教育課程の一領域です。学習指導要領には「自立活動」の目標が次のように書かれています。

> 個々の児童又は生徒が自立を目指し，障害に基づく種々の困難を主体的に克服・改善するために必要な知識・技能・態度及び習慣を養い，もって心身の調和的発達を促す。

　ここでポイントになるのは，「障害に基づく種々の困難」という部分です。教育の大きな目的の一つである発達を促進するための指導は，自立活動以外の領域（「各教科」「道徳」「特別活動」）の中で提供することになっていて，これは，通常の学校に通う子どもと同様です。しかし，障害のある子どもは，「各教科」等で行われる発達を促すアプローチだけでは十分な教育効果を挙げることができない場合が多くあります。そのため，発達的アプローチを効果的なものにするために，「障害」の克服・改善を図るアプローチを「自立活動」で行うことになっています。

2 自立活動を提供する時間と内容

　自立活動を提供する時間は大きく次の2つが考えられます。
① 時間割の中に「自立活動」という時間を設け，「障害」の克服・改善をはかる取り組みを中心に行う「授業」を展開する。
② 「教育活動全体」を通じて「障害」への配慮や支援を提供する（例：「体育」の時間の中で，準備運動の時に「まひのある子ども」のストレッチを行う等）。
　この2つのアプローチはどちらも必要であり，うまく組み合わせて支援を提供していくことが大切です。
　また，自立活動の内容は，視覚障害児であれば「歩行訓練」や「点字指導」，肢体不自由児であれば「機能訓練」というように，障害ごとに内容が異なっています。特別支援学校に在籍しているすべての子どもの障害を包括できるよう

▷1　ただし，重度・重複障害児は，発達が未分化であるため，指導課題を細かく分けて捉えることがとても難しいので，時間割をすべて「自立活動」にして指導しても良いという，教育課程の特例が設けられている。

に，学習指導要領では自立活動の内容を次の5つの柱にまとめています。

① 「健康の保持」　　② 「心理的安定」　　③ 「人間関係の形成」

④ 「環境の把握」　　⑤ 「身体の動き」　　⑥ 「コミュニケーション」

　近年，自閉症児への特別な支援・配慮の必要性などが指摘される中で，自立活動の柱の中に「人間関係の形成」を加える方向で学習指導要領の改訂が議論されています。

　こうした内容を実施するにあたって，教師の専門性確保が大きな課題となっています。たとえば，肢体不自由児に「機能訓練」を行うにしても，理学療法などの専門知識や技能を身に付けている教員は少なく，当該分野の専門家のもとで実施しなければ難しい内容も多くあります。こうした中で，現在，理学療法士や言語療法士など，教員以外の専門家と連携して自立活動を充実させていく必要性が強調されています。

③　自立活動の3つのアプローチと知的障害児の自立活動

「自立活動」のアプローチについて見てみると，学習指導要領では主に次の3つが示されています。

　　1：「障害」に直接的にアプローチする（例：肢体不自由児の「機能訓練」，聴
　　　　覚障害児の「発音・発語指導」など）

　　2：「障害」を補償する手段を学習する（例：全盲の視覚障害児に「点字」を
　　　　指導する，など）

　　3：「病気・障害」に対する認識を育てる（例：病弱児が自分の病気を理解し，
　　　　定時に薬を飲む習慣をつけるなど）

「自立活動」は知的障害児を除くと，週時程に組み込まれた「自立活動」の時間の中で体系的な指導を展開し，そこで身に付けた知識や技能が教育活動全体を通じて活用できるように発展させていくのが一般的です。しかし，知的障害児に対しては，時間割の中に「自立活動」の時間を設けて実践してきた学校は少数です。その理由は，知的障害児の障害は主として「発達の遅れ」であり，発達の遅れを改善するアプローチは各教科等の指導の中で行われるべきではないかといった考えがあったからです。また，「自立活動」は，教育課程上，「各教科」等と並ぶ一領域であり，「領域・教科を合わせた指導」を実施できる知的障害児は，「領域・教科を合わせた指導」の中で自立活動を実施していることになる，という考えがあったからです。

　近年，知的障害児の特別支援学校では，重複障害児（軽いまひを伴う知的障害児など）や情緒に不安定のある知的障害児が多く在籍するようになって，知的障害児のための特別支援学校でも「自立活動」の時間を設ける必要があるのではないかといった議論が行われています。

Ⅲ　特別支援教育の内容

実践例：スケジュール・ボードを活用した「予定の理解」

1　自閉症児の自立活動の必要性

　自閉症児の中には，「人とのコミュニケーション」がとても苦手な子が多くいます。その理由には，「他者の意図」が読み取れなかったり，自分の気持ちを相手にわかるように表出することが苦手であることが関係しています。自閉症児によく見られる「クレーン現象」なども，こうした「理解」や「表出」の困難さからくるものであると考えられます。

　こうした特徴をもつ自閉症児であるので，自分の思いが十分につたわらないもどかしさから，パニックをおこしたり，他人とのコミュニケーションを避け，こだわっているものに没入するような場面が多く見られます。

　以上のような自閉症児の障害特性をふまえて，自閉症児が円滑にコミュニケーションをとれるようにする実践が様々に試みられています。そこで，「スケジュール・ボード」を活用した予定の理解に関する実践を紹介をします。

2　「スケジュール・ボード」を活用した予定の理解

　C君は，見通しがもてないことで不安になると，活動に取り組めなくなってしまい，床に寝転がったり衝動的に教室を離れたりすることが多く見られます。また，不安になってしまうと，現在行っている活動の内容を知らせる言葉かけのみでは，気持ちを落ち着かせて活動に取りかかることがとても難しくなります。そのため，C君が不安にならないように，また，不安になったときに端的でわかりやすい視覚的な方法で，活動内容を知らせる必要がありました。

　そこで，C君のために携帯できるサイズのホワイトボードを用意しました。ホワイトボードには，朝の会から帰りの会までのスケジュールを書いたマグネットを並べ，C君と教師が一緒にスケジュールを確認するようにしました。一つの活動が終わるたびに おわり のマグネットを活動名の上に重ねて置いていくことで，終わった活動と次に行う活動が一目でわかるようにしました。自閉症児にスケジュール・ボードを活用するときには，活動がいつ終わるのかを見通せるようにすることがもっとも重要です。午後のスケジュールに「学級の時間」がある曜日は，ブランクカード（何も書いていないカード）を用意し，C君のやりたい遊びを本人が記入し，スケジュールとして加えるようにしました。また，急に日課に変更が出た場合は，「→」を書いて新しい活動をペンで記入

▶2　何かほしいものがあるときに，指を指して「ちょうだい」と表現するのではなく，取ってもらえそうな大人の手を「ほしい物」のところへ直接持っていこうとする行動を「クレーン現象」という。

▶3　茨城大学教育学部附属特別支援学校小学部の実践を紹介する。

し，その都度C君と一緒に確認をします。床に寝ころんでしまったり教室から離れてしまったりした場合は，教師がC君と一緒にスケジュール・ボードを見ながら，今行う活動を一緒に確認して活動に戻ることを促します。朝の会や集会など一つのスケジュールの中により細かいスケジュールが盛り込まれている場合は，携帯できるサイズのホワイトボードをもう一つ用意し，そのボードに1から順番に活動内容を書いて提示し，終わるたびに消していくことで，活動の「終わり」がわかりやすいようにしました。

C君専用のスケジュール・ボードを使用することで，今行うべき内容や活動の終わりについて見通しをもつことができるようになり，C君は落ち着いて活動に取り組むことができるようになってきました。また，活動から離れてしまったときでも，スケジュール・ボードで予定を確認することで，気持ちの切り替えが比較的早くできるようになりました。さらに，スケジュール・ボードに活動する場所を書き添えることで，場所の移動もスムーズにできています。好きな遊びを記入したブランクカードの順番が来ることを楽しみにして，他のスケジュールを頑張って終わらせようとする様子も見られるようになりました。

❸ 「理解」を促す「自立活動」の課題

はじめは，活動の順番を意識できるようにしたいと考え，1から順番に数字を書いたマグネットを活動内容の隣に置きました。すると，その数字が書いてあるマグネットを時計に見たてて並べてみたり，数字のマグネットだけを触ったりとマグネット自体が気になってしまい活動に取りかかれなくなってしまいました。そこで，スケジュール・ボードには，必要最小限の情報だけをわかりやすく示すことにし，数字のマグネットをはずすことにしました。スケジュールを知らせる方法は，シンプルに伝えることが大切です。

以上のような「スケジュール・ボード」を活用した取り組みは，あらゆる教科の時間で実施することができます。こうした実践は，自立活動の中では，「教育活動全体を通じて行う支援」にあたります。しかし，自閉症児にはこうした「環境の構造化」だけではなく，より積極的に「人間関係の形成」を意図した実践が必要となる子どももいるかもしれません。具体的には，「指さし」や「アイコンタクト」など，人間関係を形成するために有益なスキルを授業の中で身につけるなど，特設された時間における「自立活動」が必要な子どももいるでしょう。こうした子どもに対するカリキュラム（週あたりの時間数や指導目標，内容の系統性など）について，今後，研究開発を進めていくことが，発達障害児に対する自立活動の大きな課題であると考えます。

（新井英靖）

III 特別支援教育の内容

6 通級による指導の内容と対象児

 通級指導の形態

小・中学校内には，特別支援学級と通級による指導を行う通級指導教室を設置することができます。特別支援学級は，障害のある子どもが日常的に在籍します。それに対し，通級による指導は，各教科等の授業は主として通常の学級で受けながら，心身の障害の状態に応じた特別の指導を特別な場で受ける指導形態のことを指します。

通級による指導は，通常学級に在籍する特別なニーズのある多様な子どもに対応するため，学校教育法施行規則の一部改正により，1993年に制度化されました。通級による指導には，自分の学校に設置された通級指導教室に通う「自校通級」，他校に設置された通級指導教室に通う「他校通級」，通級指導教室を担当する教師が各学校を巡回して行う「巡回指導」の三つの形態があります（表Ⅲ-1参照）。

 通級指導の対象となる子ども

学校教育法施行規則の一部改正により，通級による指導の対象となる児童生徒が規定され，1993（平成5）年4月1日より実施されました。その後，特別支援教育の在り方に関する調査研究協力者会議において，LD，AD/HD，高機能自閉症等の通常学級に在籍する障害のある子どもへの教育的対応が，緊急かつ重要な課題であることが指摘されました[1]。この指摘を受け，こうした子どもに対する教育的支援を保障するために，通級による指導の制度の見直しが行われました。

2008（平成20）年7月31日に改定・施行された学校教育法施行規則第140条では，対象となる児童生徒について，1．言語障害者，2．自閉症者，3．情緒障害者，4．弱視者，5．難聴者，6．学習障害者，7．注意欠陥/多動性障害者，8．その他心身の故障のある者で，本条の規定により特別の教育課程による教育を行うことが適当なもの，と規定されています。ここでは，自閉症者，学習障害者，注意欠陥/多

▷1 特別支援教育の在り方に関する調査研究協力者会議「今後の特別支援教育の在り方について（最終報告）」2003年3月。

表Ⅲ-1 通級による指導を受けている児童生徒数（人）

区　分	小学校			中学校		
	自校通級	他校通級	巡回指導	自校通級	他校通級	巡回指導
言語障害	15,154	19,986	1,273	157	179	44
自閉症	6,770	6,314	467	1,035	1,084	206
情緒障害	5,278	4,060	445	863	1,065	114
弱視	20	130	11	2	14	2
難聴	289	1,209	179	67	275	72
学習障害	8,110	2,408	1,118	1,843	696	368
注意欠陥多動性障害	8,579	5,045	1,001	1,136	846	279
肢体不自由	10	29	30	2	3	18
病弱・虚弱	5	6	2	5	7	2

出所：文部科学省「平成28年度通級による指導実施状況調査結果について」より筆者作成。

動性障害者が新たに追加されました。

しかしながら，学級の中には，LD，AD/HDとは診断されていないが，学習と生活に困難を抱える子どもが少なからず在籍しています。通級による指導の対象児とするかどうかの判断にあたっては，医学的な診断の有無のみにとらわれるのではなく，総合的な見地から判断する必要性が指摘されています[2]。加えて，通級による指導の対象となる子どもを決定していく際には，その子どもの保護者の充分な納得と同意を得ることが必要です。

③ 通級による指導の内容

通級による指導に関する調査研究協力者会議は，通級による指導を以下の二点にまとめています[3]。

① 心身の障害の状態を改善・克服することが主たる目的であり，基本的には，これを目的とする障害に応じた特別の指導が中心となる。

② 児童生徒の心身の障害の状態に応じ，教科の指導を補充的に行う。

この二点は，通級による指導内容の基本的な考え方を示したものです。通級での指導方法については，個別指導を中心としていますが，指導内容によっては集団指導を組み合わせて行うことが適切です[4]。個々の障害特性に応じた指導内容を検討し，実践していかなければなりません。

さらに，2008年に改定・施行された学校教育法施行規則第140条を受け，今後，通級による指導の対象となるLD児，AD/HD児の指導内容を明らかにしていくことが重要な課題です。

④ 通級による指導の課題

通級による指導は，固定式の特別支援学級と違い，指導時間数が限られています。そのため，在籍学級・学校での通級児の様子について知ることは，通級による指導をより効果的にし，指導課題を探るうえでも必要です。それゆえに，在籍学級・学校の担任教師との連携を図ることが重要です。同様に，通級指導教室と「通常」の学級との連携による授業のあり方を問い直していく必要があるでしょう[5]。

また，通級による指導の実施状況（表III-1）を見ると，自校通級に比べ他校通級が多いことがわかります。このことは，他校の通級指導教室に通うために保護者などの付き添いが必要なこと，地域の拠点となっている通級指導教室の担当教師は多忙をきわめることを意味します。今後，通級指導教室の設置に伴う教員の加配システム・制度等を改善することによって必要に応じて教員が配置され，自校通級が増えることが期待されています。同時に，小学校に比べて設置の遅れている中学校における通級指導教室の設置も始められています。

（今井理恵）

▷2　文部科学省「通級による指導の対象とすることが適当な自閉症者，情緒障害者，学習障害者又は注意欠陥多動性障害者に該当する児童生徒について（通知）」2006年3月。

▷3　通級による指導に関する調査研究協力者会議「通級による指導に関する充実方策について（審議のまとめ）」1992年。

▷4　「通級による指導に関する充実方策について（審議のまとめ）」では，具体的な指導の内容に関してたとえば言語に障害をもつ子どもの場合であれば，「正しい音の認知や模倣，構音器官の連動の調整，発音・発語の指導など構音の改善に関わる指導，遊びの指導，劇指導，斉読法などによる話し言葉の流ちょう性を改善する指導，遊びや日常生活の体験と結び付いた言語機能の基礎的事項に関する指導」を挙げている。

▷5　久保山茂樹『通級指導教室と通常の学級との連携による「総合的な学習の時間」の展開』国立特殊教育総合研究所，2003年，に詳しい。

（参考文献）
　文部科学省編著『改訂版　通級による指導の手引　解説とQ＆A』第一法規，2007年。

Ⅲ　特別支援教育の内容

交流教育と障害理解教育

 交流教育の定義，経緯と共同教育

　交流教育とは，特別支援学校小学部・中学部学習指導要領の総則において「児童又は生徒の経験を広めて積極的な態度を養い，社会性や豊かな人間性をはぐくむために，学校の教育活動全体を通じて，小学校の児童又は中学校の生徒などと交流及び共同学習を計画的，組織的に行うとともに，地域の人々などと活動を共にする機会を積極的に設けること」と規定されています。ここからは障害児が通常の学校や地域社会の人々と教育活動をともにすると読み取ることができます。

　1969（昭和44）年に文部省（現，文部科学省）に設けられた特殊教育総合研究調査協力者会議は「特殊教育の基本的な施策のあり方」を答申し，そこで「障害児は可能な限り普通児とともに教育をうける機会を多くする」ことを提起し，それ以降の学習指導要領の改訂で交流教育の促進をはかってきました。そして，1979年度から「心身障害児理解・認識推進事業」のひとつとして小中学校を心身障害児理解推進校に指定し，これらの実践研究を『交流教育の実際』としてシリーズでまとめて関係機関に配布して普及させてきました。

　以上のような交流教育の推進によって，通常学校の児童生徒や教師に障害児や障害児教育への理解が広がるといった成果がみられることは重要なことではありますが，内容的にみると，弱者に対する思いやりが主となる心情の育成にとどまっている場合が多いという問題が指摘されました。

　このようにして交流教育への批判として出されたのが，1960年代後半に民主的な障害児教育が叫ばれる中，障害児と健常児とに対等・平等な人間関係を築くことをめざした共同教育の実践でした。この考えは，日教組委嘱の教育制度検討委員会の『日本の教育をどう改めるべきか』の第2次報告書（1972年）で提起された「権利としての障害児教育」の理念にたつものでした。

 障害理解教育の意義

　共同教育を進める際の事前学習として取り組まれていた障害や障害者問題についての理解を深める学習が，やがて独自の課題として重視されるようになり，障害理解教育として展開されるようになりました。

　この障害理解教育は，障害児に対する偏見を取り除き，障害や障害者問題に

対する科学的な認識を育てるとともに，すべての子どもたちに人権尊重の精神を育てるという今日的意義をもった取り組みとして注目されるようになってきています。つまり，障害児と健常児との対等・平等の関係をつくり，ノーマライゼーション[1]さらにはインクルージョンの実現にその目的があると言えましょう。この教育においては，健常児に障害児への一方通行的な理解を求めるのではなく，お互いの交わりを通してそれぞれの発達がめざされるものであります。ですから，障害理解教育[2]は教育的インテグレーションを推進していくための前提条件であるとともに，障害の有無にかかわらず，子どもたちの諸能力と人格を形成する教育の方法論であると捉えられます。

❸ 障害理解教育の実際

　次に教育成果をあげている実践例をみてみます。大阪府の富田林小学校では教育目標のひとつに「たがいに助け合い，仲よくする子ども」「いのちをだいじにする子ども」という子ども像が掲げられました。ここでは，障害理解教育でめざされている子ども像というのは，学校の教育目標，各教科，道徳，特別活動などでの目標と共通するものとなっています。換言すれば，障害理解教育を推し進めていくためには，各学校全体で，教職員が一致して，この教育についてのカリキュラムや指導計画が作成されなければなりません。

　京都乙訓地域においては義務教育9年間を中心にした指導のねらい，内容・計画づくりが行われました。そのねらいは次のようになっています，文学の授業などを通して，多様な人間をそれぞれ値打ちある存在として認める人間認識を形成していきます。豊かな人間認識を基礎として，発達や障害についての科学的認識を育てていきます。社会科の学習などを通して，障害者問題についての社会科学的認識（歴史認識・現実認識・人権認識）を形成していきます。さらに，指導内容・計画づくりに関しては次のようになっています。《幼児・小学校低学年期》「いっしょに遊ぶ」「直接ふれあう」活動から取り組みをはじめ，その中で，子どもの「あれっ」という疑問や感情を大切にします。《小学校中学年期》自分と他人との共通点や違いを認識できるとともに，他人の問題への共感が育ち始めます。この段階では，障害の重い子どもとの交流も大切にしながら，障害についての正しい知識や障害児への理解を深めさせていきます。《小学校高学年期》人類の進化や生命の誕生についても学ばせ，生命の大切さや人間の尊厳について教えていきます。《中学校期》社会科の公民学習の中で，憲法と障害者問題，政治と障害者のくらしなどについて取り上げます。

　こうした教育を行うにあたって，絵本や児童文学，ビデオやDVDなどの教材の発掘や子どもの実態に応じた自主教材づくりがなされています。また，近年では障害者自身が自分の障害を理解し，生き方を考えていく力を育てる実践が青年期教育として実践されるようになってきています。　　　　　（小川英彦）

▷1　ノーマライゼーション　1950年代のデンマークに淵源をもつ。バンク-ミケルセンは「ノーマライゼーションの父」と称される。スウェーデンのニルジェも有名な提唱者であるが，アメリカのヴォルフェンスベルガーは世界的な普及者として知られている。この理念の特徴は，人間として尊重されること，教育や労働において平等と機会均等を保障されること，地域社会の中で活動できることなどの生活原理である。I-2 を参照

▷2　障害の理解（ICFの特徴）　WHO（世界保健機関）よりICFと呼ばれるモデル図がある。この特徴は，障害は特定の個人に帰属するものではなく，社会環境によって創り出されること，障害者がノーマライゼーションを進めていくには，環境要因の整備拡充を図る必要があると強調されている点にある。バリアフリーにも相当する。障害者の社会参加の際の障害を本人の側より社会の側として捉える視点の転換にある。

（参考文献）

小川英彦編『ポケット判保育士・幼稚園教諭のための障害児保育キーワード100』福村出版，2017年。

Ⅲ　特別支援教育の内容

通常学級の特別支援教育

通常学級で特別な教育的支援と配慮を必要とする子ども

　通常学級には，軽度の発達遅滞の子どもや，学習障害（LD）児，注意欠如/多動性障害（AD/HD）児ではないかと思われる子どもが在籍しています。また，その周辺に位置し，支援を求めている子どもたちも少なからず在籍しています。

　2012（平成24）年に文部科学省は，通常の学級に在籍する知的発達に遅れはないものの発達障害の可能性のある特別な教育的支援を必要とする児童生徒の実態を明らかにする調査を行いました。その調査結果では，知的発達に遅れはないものの，学習面や行動面で著しい困難をもっていると担任教師が回答した児童生徒の割合が全体の約6.5%となっています。

　この結果は，こうした子どもたちへの適切な教育的支援と配慮を構築していく必要性を示しているといえます。

　しかし，今日の通常学級において特別な教育的支援と配慮を必要とする子どもはこの限りではありません。社会的問題にも注目する必要があり，家庭において虐待を受けている被虐待児，経済的理由や病気による長期入院等を除いたなんらかの理由で登校することができない不登校児などにも特別な教育的支援と配慮が必要です。加えて，日本の労働市場において外国人労働者が増えつつあることも見過ごすことができません。そのことは，通常学級において外国籍の子どもが在籍する可能性が少なからずあることを意味しています。実際，特定の都道府県では，通常の学校に外国籍の子どもが多数在籍しているところもみられます。言語や文化の面からも，外国籍の子どもに対する特別な教育的支援と配慮が必要です。

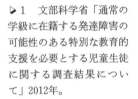

▷1　文部科学省「通常の学級に在籍する発達障害の可能性のある特別な教育的支援を必要とする児童生徒に関する調査結果について」2012年。

2 通常学級における特別支援教育に求められる視点

　近年，通常学級で，話が聞けない，立ち歩く，すぐに友達をたたく，ちょっとしたハプニングでもパニックになるなどの子どもの存在が指摘されています。こうした子どもは「困った子」として見てしまいがちになります。特別なニーズをもつ子どもであるにもかかわらず，特別な教育的支援と配慮が講じられないことも少なからずあります。通常学級で特別支援教育を実践していくうえで，そうした子どもを「困った子」として見るのではなく，「困っている子」とし

て見る子ども観の転換が必要です。

こうした特別な教育的ニーズのある子どものこだわりや得意な部分，特性や行動などは一人ひとり異なります。一人ひとりの子どもの特別な教育的ニーズに応じた教育的支援と配慮を具体的に進める際には，一人ひとりの異なる特性を捉えることが必要です。そのうえで，個人指導や集団指導を組み合わせて実践することが大切です。

③ 通常学級において特別な教育的支援と配慮を行うための連携システム

通常学級において特別な教育的支援と配慮を必要とする子どもに直接関係し，責任をもっているのは学級担任です。しかしながら，学級担任一人の働きかけには限界があり，個々の子どもの特別な教育的ニーズに対して充分な教育的支援と配慮ができない場合もあります。

それゆえに，複数の教師でチーム・ティーチング（T・T）を組むことをはじめとして，同学年，他学年の教師との連携が必要となります。同様に，養護教諭，生徒指導主任との連携，特別支援教育支援員の活用などを通して，学級担任一人の責任に帰するのではない，相互的な連携システムを構築することが必要です。さらに，家庭との連携を図る中で，共に子どもを育てる大人の一人として教師と保護者の共同を構築していくことが求められています。

こうした連携システムが働くためには，教師の同僚性の構築，教師と保護者の対話が重要となります。

④ 学級経営・生活指導を基盤にした実践

「困っている子」のものの見方や行動へのこだわりの理由や背景を，その子どもと関係する周囲の子どもたちや大人が共に考え理解しあうことは，特別な教育的支援と配慮を必要とする子どもと他の子どもたちとのつながりをつくりだしていくうえで重要な課題です。また，特別な教育的支援と配慮を必要とする子どもが抱える課題は，他の子どもが共有する課題でもあります。

学級の子どもたちも，特別な教育的支援と配慮を必要とする子どもと関わることを通して，「あたりまえ」に過ごしているようでも内面には生きづらさを抱えている子どもたちの学びと生活を問い直すことになります。このことは，特別な教育的支援と配慮を必要とする子どものみならず，他の多くの子どもにとっても豊かな学びと生活の空間が生みだされるということを意味します。個に応じた支援論も必要ですが，学級において特別なニーズのある子どもを含めた学びと生活の場をつくりだす集団づくりの視点が今後ますます重要な課題となります。

こうしたことからも，通常学級での学級経営・生活指導を基盤にした実践は特別支援教育を実践するうえで，重要な位置にあります。　　　　　（今井理恵）

▷2　大和久勝編著『困った子は困っている子──「軽度発達障害」の子どもと学級・学校づくり』クリエイツかもがわ，2006年，に詳しい。

（参考文献）

清水貞夫『特別支援教育と障害児教育』クリエイツかもがわ，2003年。

湯浅恭正『障害児授業実践の教授学的研究』大学教育出版，2006年。

Ⅳ　発達障害児と「困っている」子の教育的理解

子ども観の転換
―― 困った子は困っている子

① 「あたりまえ」にできない「困った子」

　特別な支援を必要としている子どもだと理解しても、発達障害のある子どもたちは「困った子」だと思われがちです。この子どもたちは、「あたりまえ」に学校や教室のきまりを理解することができ、秩序の中で生活できる子どもに比べて「困った子」だと決めつけられがちです。

　通常の学級で生活している注意欠陥／多動性障害（AD/HD）児も、四六時中、動き回ったり、不注意なわけではありません。その様子から、「注意できるのに、我慢できるはずなのに、なぜあたりまえに行動できないのか」と見られがちです。ちょっと努力すれば我慢できるはずなのにできない「困った子」だと見られてしまうのです。

　あたりまえにできるはず、わかるはずだと決めつけるのではなく、当事者である子ども自身が最も「困っている」のだと理解することが、特別支援教育には求められます。努力してクラスの仲間のように行動したいと願ってはいても、そうできないことに困っている子どもとして理解することが必要です。

　軽度の知的障害がある子どもの文字指導で、書けるはずだという教師の思いで子どもを追い込み、失敗した教訓から、生活の論理に注目したわが国の先駆的な教育実践を振り返りながら、「困った子ではなく、困っている子」だという教育的理解を進めたいものです。

「困っていること」にまなざしを向ける

　「困っている」子どもの世界を理解するためには、発達障害の場合、まずその背景にある障害を知ることから出発しましょう。

　学習障害（LD）児は、単に学力が不振な子どもではなく、独特の認知の障害から、学習の基礎である読みや書くことに困難さのある子どもです。ADHD児や広汎性発達障害の子どもの感覚・感情や社会的交わりの能力にみられる独特の世界を理解することによって、困っている原因をつかむことができるのです。

　その次に大切なのは、ともすると私たちの「困った」子だという視線を受けて、我慢できずにまたパニックになってしまったというように、自分を責めて困っている子どもの世界に眼差しを向けることです。先生方は自分のために個

▷1　生活の論理については、東井義雄『村を育てる学力』明治図書、1957年を参照。

▷2　⇒ Ⅳ-2 を参照。

▷3　⇒ Ⅳ-3 , Ⅳ-4 を参照。

▷4　篠崎純子・村瀬ゆい『ねえ！　聞かせて、パニックのわけを』高文研、2009年。

別の学習支援をしてはくれているけれど，そのことが余計に自分の「できな
さ」を学級のみんなに印象づけている，と不安定になっている学習障害児は
いないか想像してみることが必要です。

障害に目を向けつつ，教師や友達との生活の中で自己を肯定的に受けとめる
ことに困難さをもつ子どもたち，そこにまなざしを向けたいものです。

③ スタンスを変え，出会い直す

「困った」子から「困っている」子への子ども観の転換を焦ると，懸命に理
解し，支援してもまだ学校や教室に適応できないのか，やはり「困った」子だ
という理解に戻ってしまいます。子ども観の転換とは，これまでの教育のスタ
ンスを問い返し，ずらして自らの教育的なスタンスのあり方を見つめ直すこと
です。

友達とトラブルになったり，約束を守れなかったりした発達障害の子どもが，
気持ちを落ち着かせ，立ち直ることを支援するためには共感のスタンスが必要
です。トラブルの背景にある「自分も〇〇したかった」という気持ちが教師に
受けとめられ，時間はかかっても立ち直ることができたという体験を積む，そ
こに発達障害のある子どもが自立に向かうための契機があります。不注意で教
具を片づけることの苦手な子どもも，自分では片づけたつもりになっている，
このような子どもの内面に寄り添い，共感する姿勢が自立の契機を支ることに
なるのです。それは「あたりまえ」ではない行動をとりつつも，クラスのみん
なと生活したいという子どもの世界と教師が出会い直すことでもあります。

これまでの教育的なスタンスを変え，子どもの世界と出会うためには，それ
を保障する生活が不可欠です。じっくりと発達障害のある子どもに寄り添う間，
特別な支援を学級の問題にして，ともに生活を営む集団づくりを展開するため
の指導方針を教師集団で立てていく「間」，保護者の願いを受けとめ，ともに
当事者として共同するための「間」など，多くの「間のある生活」に支えられ
て特別支援教育は実るのです。

学校・教室に適応することができたかどうかを焦ってしまいがちになるスタ
ンスや生活を問い返しながら，子ども観の転換を進める教師間の共同の関係を
つくり出すことが必要です。学級に適応したかどうかではなく，特別な場所で
の支援など多様に居場所をつくり出すことができる学校づくりと教師の共同，
さらに保護者との共同が，「困っている」子への支援を進める土台になります。
学齢期だけではなく，学校後の進路・生活に大きな不安を抱えているのが発達
障害児です。関連機関との共同を図りながら，保護者とともに教育・福祉制度
の改革にも目を向けて，特別支援教育を進めていくことが必要です。

(湯浅恭正)

▷5　湯浅恭正編『困って
いる子と集団づくり』クリ
エイツかもがわ，2008年。
湯浅恭正・小室友紀子・大
和久勝『自立と希望をとも
につくる』クリエイツかも
がわ，2016年。

▷6　集団づくりは，生活
指導の目的と方法を表す用
語で，全国生活指導研究協
議会を中心に実践されてき
た。同会編『新版　学級集
団づくり入門』明治図書出
版，小学校，1991年・中学
校，1992年を参照。

Ⅳ 発達障害児と「困っている」子の教育的理解

学習障害（LD）とその支援

1 LDとは

学習障害（Learning Disabilities: LD）の定義には、教育上のものと医学上のものの2つがあります。

教育上の定義は、1999年に文部省（当時）が「学習障害児に対する指導について（報告）」で次のようにまとめています。

> 学習障害とは、基本的には全般的な知的発達に遅れはないが、聞く、話す、読む、書く、計算する又は推論する能力のうち特定のものの習得と使用に著しい困難を示す様々な状態を指すものである。学習障害は、その原因として、中枢神経系に何らかの機能障害があると推定されるが、視覚障害、聴覚障害、知的障害、情緒障害などの障害や、環境的な要因が直接の原因となるものではない。

一方、医学上の定義は、疾患の診断基準として示されています。ここでは、2014年に改訂版が発行されたDSM-5について改訂のポイントとともに見てみましょう。名称は、従来の「学習障害（Learning Disorders）」から「限局性学習症（Specific Learning Disorder）」に変更され、全般的な知的能力の障害ではなく、ある限定的な能力の障害によって学業不振に陥っている状態であることが明確にされています。また、限局性学習症の症状として読字障害、書字表出障害、算数障害が含まれており、読み、書き、計算の障害として定義されていることがわかります。教育上の定義が「聞く、話す」という会話の側面まで含めた学習上の困難をLDと捉えているのとは対照的です。なお、読字障害は失読症（Dyslexia）、算数障害は失算症（Dyscalculia）とも呼ばれています。失読症は、書字表出障害を伴うことも少なくありません。

2 LDの示す困難

LDは、以下のような症状を示します。読字障害には、ことばを間違って読んだり、ゆっくりとためらいながら読んだり、当てずっぽうに読んだりするといった単語の読みレベルの困難や、読んでいる内容の意味やつながりの理解が難しいといった文章の読みレベルの困難が含まれます。書字表出障害には、文字を正しく書けないといった文字レベルの困難や、文法や句読点の間違いをす

▷1 DSM-5は、アメリカ精神医学会（APA）が定めている精神疾患に特化した診断手引きで、邦訳を「精神疾患の診断・統計マニュアル 第5版」と言う。原版は2013年に発行されている。DSM-5では、限局性学習症、注意欠如・多動症、自閉スペクトラム症、発達性協調運動症などの併存診断も認められている。発達性協調運動症（Developmental Coordination Disorder: DCD）は、物を落とすなどの不器用や、はさみを使うなどの協調運動スキルの困難に特徴づけられる発達障害である。

▷2 DSM-5では、「障害」という用語はその影響の大きさから「症」に変更されたが、旧疾患名もある程度普及していることから、「限局性学習障害」も併記されている。

▷3 読字障害、書字表出障害、算数障害は、DSM-Ⅳでは特定不能の学習障害とともに下位分類として示されており、いずれかにのみ該当するという相互排他的な診断カテゴリだったが、DSM-5では限局性学習症に統合され、該当する場合にはすべて診断されることになっている。なお、DSM-5は、全体として診断の次元的アプローチを採用しており、基本的には複数の診断をつけることも認めてい

る，段落をうまくまとめられないといった文章レベルの困難が含まれます。算数障害には，数の大小や位を理解したり四則計算したりするのが難しいといった数字レベルの困難や，文章題を理解するのが難しいといった推理レベルの困難が含まれます。

③ LD が生じる理由

LD は，基本的には知的障害を有しているわけではないのに，学習上の困難が生じることを言います。その主な原因は，中枢神経系の機能障害に基づく認知機能の特異的な障害です。その結果，関連する教科学習の困難が生じると説明されます。例えば，視空間処理が低く，まとまった視知覚が難しい子どもでは，漢字の構成や図形の学習などに著しい困難を示すことが予想されます。また，音韻処理に問題がある子どもでは，文字と読み方を対応させることに困難を抱え，文章読解が難しくなるでしょう。

LD 児の学習がうまくいかない原因は，単に学習機会の不足や不適切な教育の結果ではありません。ですから，例えば，漢字を覚えられないからといって単純に繰り返し書かせるようなドリル的な学習は，有効でないばかりか，逆に漢字学習そのものへの嫌悪感を増長してしまう危険性もあると思います。

④ 学習の配慮と支援

LD の困難は，子どもが診断を受ける頃にはとても大きなものになっていることが少なくありません。同じ年齢の子どもと比べて学習の遅れが際立っていることが，診断基準として示されているからです。しかし，その頃には学習に対するやる気を失っていたり，できない自分ばかりを見続けて自信を持てなくなってしまっていることでしょう。したがって，LD の早期把握・早期支援は，学習意欲や自己肯定感の低下などの二次的な問題を予防するために重要です。近年では，早期から子どもの学習を保障するとともに，行動問題を予防することをねらいとした RTI（Response to Intervention/Instruction）モデルに基づいた支援実践も行われています。RTI モデルは，低学年の頃から学級全体に対する指導改善を繰り返し，それでも学習のつまずきを示す子どもに対して個別アプローチを図るという考え方であり，介入が一体となったアセスメントと言えます。「多層指導モデル（MIM）」や「T 式ひらがな音読支援」などの実践例があります。また，LD の指導に当たっては，湯澤・河村・湯澤（2013）で示されているように，LD 児の多くが弱さを示すワーキングメモリ（情報の処理と保持を両立させる記憶メカニズム）に視点を置いた授業づくりも有効のようです。

（池田吉史・奥住秀之）

る。ある疾患患者でも他の疾患の症状をさまざまな重症度で示すこともあることから，診断の柔軟性を高めるために重症度分類が新たに設けられている。

▷4 知的障害を有するということについてはいくつかの定義がある。定義により表現的な差異はあるが，知的機能に弱さがある，適応機能に弱さがある，そしてそれら2つが発達期に出現する，という3点から特徴づけられる。

▷5 国立特別支援教育総合研究所 HP を参照。（http://forum.nise.go.jp/mim/）

▷6 国立成育医療研究センター HP を参照。（https://www.ncchd.go.jp/hospital/about/section/heart/dyslexia/）

【参考文献】
湯澤美紀・河村暁・湯澤正通『ワーキングメモリと特別な支援　一人ひとりの学習のニーズに応える』北大路書房，2013年。

IV 発達障害児と「困っている」子の教育的理解

3 注意欠如・多動症（ADHD）とその支援

1 ADHDとは

ADHD（Attention-Deficit/Hyperactivity Disorder）の定義には，教育上のものと医学上のものの2つがあります。

教育上の定義は，文部科学省が2003年に「今後の特別支援教育の在り方について（最終報告）」で次のようにまとめています。

> ADHDとは，年齢あるいは発達に不釣合いな注意力，及び／又は衝動性，多動性を特徴とする行動の障害で，社会的な活動や学業の機能に支障をきたすものである。また，7歳以前に現れ，その状態が継続し，中枢神経系に何らかの要因による機能不全があると推定される。

▷1 ⇒ IV-2 参照。

▷2 DSM-5では，「障害」という用語はその影響の大きさから「症」に変更されたが，旧疾患名もある程度普及していることから，「注意欠如・多動性障害」も併記されている。

▷3 中枢神経系の障害の様相としては，一般には大脳皮質前頭葉の機能障害と，神経伝達物質であるドーパミンなどの低活性が指摘されている。関連する心理学的要因としては，将来の目標に向かって行動を計画し，最後まで態度を維持しながら取り組む力である実行機能の障害が指摘されている。

▷4 薬物療法として塩酸メチルフェニデート製剤（コンサータ）やアトモキセチン塩酸塩製剤（ストラテラ）が使われる場合があるが，原因療法ではなく対症療法であることには注意しなければならない。

一方，医学上の定義は，疾患の診断基準として示されています。ここでは，2014年に改訂版が発行されたDSM-5について改訂のポイントとともに見てみましょう。名称は，従来の「注意欠陥／多動性障害」から「注意欠如・多動症」に変更されました。また，注意欠如・多動症の症状として，「活動中に注意が続かない」，「忘れっぽい」などの不注意，「じっとしていられない」，「しゃべりすぎる」などの多動性，「順番を待てない」，「質問が終わる前に答え出す」などの衝動性が含まれており，不注意や多動性・衝動性を特徴とする障害であることが示されています。発症年齢が「7歳以前」から「12歳になる前」に引き上げられ，これらの症状が少なくとも2つの状況（学校と家庭など）で出現することが診断の条件として示されています。

ADHDの状態像には，3つのタイプがあります。第一に，不注意と多動性－衝動性という2つの特徴をもつ混合型です。第二に不注意優勢型で，第三に多動性－衝動性優勢型です。これらのタイプは，以前はADHDの下位分類でしたが，DSM-5では現在の表現型とされています。また，重症度（軽度，中等度，重度）や経過（部分寛解）に関する記述もあり，多様な状態像とその可変性が想定されていることが分かります。

ADHDの原因は，しつけなどの養育環境ではなく，中枢神経系の障害がその基本にあります。ただし環境要因が，社会性の障害や学習困難などの二次障害につながることもあり，配慮が必要です。

IV-3 注意欠如・多動症（ADHD）とその支援

❷ 余分な刺激をできるだけ排除する

ADHD の子どもの多くは，活動中に周囲の刺激に容易に注意が向いてしまいます。集中しないといけないとわかっていても注意が逸れてしまうのです。活動に集中しやすい環境を設定することが大切です。

たとえば，活動に関係のない情報が黒板に掲示されていれば，注意がそこに向いてしまい文字を書く手が止まってしまうでしょう。また，窓際に座る子は窓から見えるおもしろそうな風景に，廊下側の子は外から聞こえる雑音に注意が向いてしまいます。机の上のペンケースには大好きなキャラクターが描かれており，その中はついいじりたくなる小物で一杯です。学校という制約の多い場ではありますが，できる限り刺激を少なくする環境づくりが大切です。

❸ 約束して賞賛する

離席や暴言など，多動性・衝動性に関連する行動上の問題については，それがおきた後の叱責にはあまり効果がないと言われます。逆に，繰り返し叱られることで，自信をなくすという悪循環も生まれてしまいます。

この場合，「約束」してできるだけその行動を起こさせない取組が考えられます。たとえば，授業中の離席の多い子に，「この授業では15分間は座って授業に参加しよう」という目標を事前に個別に約束するのです。朝の時間に「今日の目標シート」などに書いてもらい，授業後や帰りの時間にできたかどうか確認するという流れでもいいでしょう。目標は，子どもががんばってできる段階のものにすることが大切です。もちろん，先生が環境設定を含めて支援をすることは言うまでもありません。最初のうちは必ず「できる」行動をターゲットにするのが良いでしょう。先生との約束をきちんと守れた，自分もできる，誉められるって気分いいなあ。この経験は，ADHD の子どもにとってこれまで決して十分でなかったはずです。信頼する先生とのやり取りを通じて，子どもは一つずつ課題を克服していきます。

❹ 良い面を見る

不注意，多動性，衝動性など，周囲から見ると行動上の問題の多い ADHD ですが，実は良い面をたくさんもっていることを忘れてはならないでしょう。たとえば，いろいろなことに興味関心を示す力をもっています。他の子が考えもつかないような独創的な解決方法を見つける子もいますし，自分が「これだ」と思ったことをじっと集中してやり続ける場面も見られます。こうした観点は ADHD 児に限ったことではありません。障害があるなしにかかわらず，子ども丸ごとを見て関わる力量が教師に求められています。

（池田吉史・奥住秀之）

参考文献

榊原洋一『「多動性障害」児』講談社＋α新書，2000年。

別府悦子『LD・ADHD・高機能自閉症児の発達保障』全国障害問題研究会出版部，2003年。

Ⅳ　発達障害児と「困っている」子の教育的理解

自閉スペクトラム症（ASD）とその支援

1　ASDとは

ASD（Autism Spectrum Disorder）の定義には，教育上のものと医学上のものの2つがあります。

教育上の定義は，文部科学省が2003年に「今後の特別支援教育の在り方について（最終報告）」で，次のようにまとめています。

> 自閉症とは，3歳位までに現れ，①他人との社会的関係の形成の困難さ，②言葉の発達の遅れ，③興味が狭く特定のものにこだわることを特徴とする行動の障害であり，中枢神経系に何らかの要因による機能不全があると推定される。

また，自閉症のうち，知的発達の遅れを伴わないものは高機能自閉症であり，知的発達の遅れと言葉の発達の遅れを伴わないものをアスペルガー症候群であるとしています。

一方，医学上の定義は，疾患の診断基準として示されています。ここでは，2014年に改訂版が発行されたDSM-5について改訂のポイントとともに見てみましょう。名称は，従来の自閉症圏の障害がまとめられて「自閉スペクトラム症（Autism Spectrum Disorder: ASD）」に変更されました。ASDの症状として，社会的コミュニケーションの障害と限定された反復的な行動様式という2つの特性が示されています。前者には，言葉によるコミュニケーションやアイコンタクトや身振りといった非言語的コミュニケーションの困難や，対人的相互反応を開始したり応じたりすることの困難，人間関係を発展させたり維持したりすることの困難などが含まれます。後者には，おもちゃを一列に並べて遊ぶ，耳にした言葉をそのまま繰り返すオウム返しといった常同的・反復的な行動や，習慣への頑なこだわり，興味・関心の極端な狭さなどが含まれ，感覚への過敏や鈍麻といった知覚異常もここに含まれます。

スペクトラムは「連続体」という意味です。これは，古くから報告されてきた知的障害を伴うカナー型自閉症や知的発達・言語発達の遅れを伴わないアスペルガー症候群などの自閉症圏の障害が，カテゴリーとして区別されるものではなく，症状の濃淡によって説明されるものであることを示しています。

▷1　⇒Ⅳ-2 参照

▷2　DSM-5では，「障害」という用語はその影響の大きさから「症」に変更されたが，旧疾患名もある程度普及していることから，「自閉症スペクトラム障害」も併記されている。

▷3　DSM-Ⅳでは，自閉症圏の発達障害である自閉性障害，レット障害，小児期崩壊性障害，アスペルガー障害，特定不能の広汎性発達障害の5つが広汎性発達障害（Pervasive Developmental Disorder）の下位カテゴリーとしてまとめられていたが，DSM-5ではこれらの障害が自閉症スペクトラム障害に一括された。今後は，PDDやアスペルガー障害などの診断名は使用されなくなっていくものと考えられる。

▷4　DSM-5では，限定された反復的な行動様式を示さず，社会的コミュニケーションの障害のみを示す場合には，社会的（語用論的）コミュニケーション症（Social (Pragmatic) Communication Disorder）として区別して診断される。

2 ASDでよく見られる特性

「心の理論」障害[5]

他者の考えや気持ちを把握する認知機能の障害のことで，相手の気持ちを受け止めながら行動する難しさとつながります。言葉の裏にある真の意味の理解が難しいため，冗談などの表面的な言葉に影響を受けやすくなります。

実行機能障害

行為を計画，実行，監視，修正する認知機能の障害のことで，たとえば，授業でプリントを行うよう指示されると，いつまでやるのか，どのくらいやるのかの計画が立てられず，課題遂行が困難になります。

中枢性統合障害

情報を全体ではなく要素として知覚する障害で，情報の図（知覚すべき対象）と地（背景）の区別ができにくくなります。刺激に慣れが生じにくい現象もこれが関連している可能性があります。

感覚の過敏と鈍磨

ASDには，特定の音が苦手である，光刺激に敏感である，特定の肌触りに不快感を覚えるなどの感覚系の過敏が指摘されています。また，過敏とは逆に痛み等への感覚の鈍磨が見られる子どももいます。

3 ASDの視点に立って

ASDの子どもの視点に立った配慮と支援が大切です。

第一に感覚過敏への配慮です。教室の刺激の多さに耐えられないときに少し休める静かな時間や空間を保障することが大切です。

第二にわかりやすい伝達です。視覚的手段を用いる工夫や話し言葉でも簡単で的確な言葉で伝えることが大切です。他者の気持ちを言語化したり，開発されているいくつかのソーシャルスキルトレーニング[6]を行うことなども有効でしょう。

第三に不安への配慮です。新しい事態や見通しの立たない事態への不安が強く，活動になかなか取り組めない子どもは少なくありません。活動の見通しの事前提示，活動前の事前練習などが大切です。予期せぬ出来事が起こったときに，不安に共感し，一緒に乗り越えることも教師に求められるでしょう。

第四に距離感の保障です。他者と近すぎたり遠すぎたりと他者との付き合い方が独特であることが少なくありません。その距離感の意味をしっかりと理解することが大切ではないでしょうか。

最後に子どもの自己肯定感を高めることです。いずれの発達障害もそうですが，失われる自尊心が二次障害につながります。「学級の主人公」として活躍できる場面をつくることが教師に求められています。　　　（池田吉史・奥住秀之）

▷5　「心の理論」障害を調べる有名な方法として「誤信念課題」があり，代表的なものに「サリー・アン課題」がある。これは，サリーという女の子が自分のかごにビー玉を入れて部屋を出て行き，別の女の子アンがサリーのいない間にビー玉を自分のハコに隠してしまうというストーリーを見せ，さて部屋に戻ってきたサリーはビー玉を探すときどこを見るでしょう，と尋ねるものである。

▷6　ソーシャルスキルトレーニングに関する方法として，ソーシャル・ストーリーズや対人関係発達指導法（RDI）などいくつかが開発されている。いずれも翻訳が出版されている。

（参考文献）

奥住秀之「高機能自閉症とアスペルガー障害と特別な教育的配慮」日本特別ニーズ教育学会編『テキスト特別ニーズ教育』ミネルヴァ書房，2007年。

三木裕和・小谷裕実・奥住秀之『自閉症児のココロ』クリエイツかもがわ，2007年。

スティーブンE. ガットステイン（杉山登志郎・小野次朗監修，足立佳美監訳）『RDI「対人関係発達指導法」』クリエイツかもがわ，2006年。

キャロル・グレイ（服巻智子監訳，大阪自閉症研究会訳）『ソーシャルストーリーブック』クリエイツかもがわ，2005年。

Ⅳ 発達障害児と「困っている」子の教育的理解

被虐待児の特徴と特別支援

1 侵害と服従の他者関係を生きる子ども

「虐待を被る」状況を生きることは，自らに対する心身両面にわたる侵害がくり返し行われる状況を生きることを意味しています。ここでいう侵害行為とは，物理的・直接的に暴力が加えられる場合もあれば，「育児放棄」という行為でもって危機に陥らされる場合もあります。いずれの侵害行為にも共通するのは，加害者に対する服従が被害者に強要されていることです。この絶対的な支配―服従関係は，しばしば被害者を孤立無援な状態へ追いやることで強化されていきます。被虐待児は自らが知りうる唯一の関係性において，被侵害行為をともなう絶対服従を強いられているのです。

こうした関係のなかで，被虐待児は自らの存在が加害者の意図に左右されることを刻みつけられ続けることになります。その結果，自らを取るに足らない存在であると思い込まされてしまいます。絶対服従を強いられているということは，自らの身体的ないしは生理的な事柄でさえも他者の支配下にあることを意味します。被虐待児は自らの身体の主人公であることさえも許されていないのです。こうして被虐待児は過度の自己否定感を身にまとわざるをえません。したがって，他者との関係を安定的，平和的に構築していくことが著しく困難になってしまうのです。

2 「ケアする」ことを通した応答関係の構築とその質的発展

過度の自己否定感を刻みつけられ，他者との関係を安定的，平和的に構築していくことが困難な子どもは，他者や自分自身を信頼に値する存在としてはなかなか見ることができません。こうした子どもたちの目に映る世界は，自らに対して敵対的なものでしかないのではないでしょうか。だからこそ彼ら／彼女らに対して，他者はもちろん自分自身もまた信頼に値する存在であり，この世界には安心して丸ごとの自分をさらけ出しても受け入れられる場があることを実感できるように働きかけていく必要があります。その働きかけを「ケアする」ことと呼びたいのです。それは，彼ら／彼女らが最も必要としていることに対して的確に応答していくことです。「ケアする」とは，ケアしようとする者が自己満足を得るために行うものではなく，ケアされる者の痛みに思いを馳せ，そこから声にならない声を聴きとり，その声に応答していくことなのです。

とはいえ，今まで過度に傷つけられ続けてきた子どもたちが，他者や自己への信頼を回復することは容易ではありません。場合によっては，ケアしようとする者に自らと同じ痛みを味あわせようとするかのように攻撃してきさえします。また，ケアしようとする側にあっても，「虐待を被る」状況は想像を絶する場合が多く，状況の厳しさに足がすくむこともあり得るでしょう。しかしこうした時にこそ，「働きかける者が働き返される」という戦後の教育実践が培ってきたテーゼを思い起こすことが必要になるでしょう。どんなに困難な課題を背負わされている子どもであったとしても，排除することなく働きかけ続けるなかでこそ応答は引き出されるのですし，ケアしようとする者の自己変革にもつながっていくのです。重要なことは，「虐待を被る」子どもの声にならない声に応答することにとどまるのではなく，ケアしようとする側の呼びかけにその子どもがどのような応答を示すか，その応答の在り様に以前のそれとの違いはあるのかどうか等をよみひらきながら，「呼びかける―応答する」関係の質的発展を図っていくことにあるのです。

❸ 応答関係の拡大・発展と安心で安全な学級・学校づくり

「虐待を被る」状況を生きる子どもはしばしば暴力性を身にまとっており，また他者から「得体の知れない存在」として認識されています。そうであるがゆえに，他の子どもたちから排除されることがありますが，多くの場合，「虐待を被る」子どもを一面的にのみ捉えて「恐怖」の対象として認識し，その子どもと安心して関わることのできる糸口を見いだしていないことに，その排除は由来しています。別の表現をするならば，その子どもから危害を加えられずに対話できるとは想像だにできないからこそ，関わろうとしないのです。

そうであるならば，「虐待を被る」子どもが排除されている場合，その責はその子どもにだけ帰するものではないことは明らかです。したがって，ケアしようとする教師は，自らとその子どもとの関係の在り方，対話の仕方を子ども集団に，ひいては教師集団に事実として示していくことで，自らとその子どもとの「呼びかける―応答する」関係を拡大させていくことが重要な課題となります。その際，その子の抱える痛みに思いを馳せることが可能な子どもたちを当面の中心にしながら，「虐待を被る」子どもが安心と安全を実感できるような居場所を構築していくことが実践課題となるでしょう。また，こうした居場所のなかで育まれる関係性に依拠しつつ，「虐待を被る」子ども自身が，自らの課題に挑戦し，克服していくことを支えることによって，関係性の質的発展を図ることが重要となります。この営みをオープンにしていくことによって，他の子どもたちにとっても安心を実感しながら自らの成長を獲得していく場所として，学級や学校が立ち現れてくることになるのではないでしょうか。

（福田敦志）

参考文献

J・ハーマン（中井久夫訳）『心的外傷と回復 増補版』みすず書房，1999年。

中村牧夫ほか『ゆきづまる中学校実践をきりひらく』クリエイツかもがわ，2005年。

京都府生活指導研究協議会編『「Ｋの世界」を生きる』クリエイツかもがわ，2013年。

Ⅳ　発達障害児と「困っている」子の教育的理解

発達障害と不登校

 社会性の発達の困難さと不登校

　発達障害を抱える子どもたちの多くは，社会的相互作用の面において困難さをもつと様々な場面で指摘されています。その困難さこそが異質な存在として排除ないし抑圧される原因なのだという，ある種の個体還元論的な子ども理解が蔓延している現状があることは否定できません。しかしこうした子ども理解は，彼ら／彼女らを排除したり抑圧したりする集団の側の免罪を主張するものに他なりません。なぜなら，集団の側の価値基準そのものが再審にかけられることなく，その価値基準に適応できない者が一方的に断罪されているからです。こうした状況のなかでは，異質な存在として名づけられた者は孤立させられ，居場所を奪われ，学校から遠ざけられてしまうことに簡単につながってしまうのです。

　様々な要因が複雑に絡み合ってこうした状況を許している背景が成立していることは想像に難くありませんが，ここでは2つのことを指摘しておきましょう。1つには，1990年代後半以降に顕著となったわが国の「構造改革」のなかで，公的保障の縮小と組み合わされた「自己責任」論が私たちの生活に浸透してきていることが挙げられます。このなかでは，「がんばっていない／がんばれないあの子にかける情けはない」という心情が広く共有されることとなり，「がんばる」ことのできない者の苦悩に思いを馳せることが拒否されていくのです。2つには，個性の伸長が声高に主張されているにもかかわらず，その個性とはある一定の土俵の上に乗って初めて尊重されるものであって，その土俵を形成している価値基準そのものを疑うことは許されておらず，またその価値基準を批判的に検討する力も育てられてはいないことが挙げられるでしょう。

　こうした状況のなかで社会性の発達に困難を抱えた子どもたちは，半ば「必然」的に不登校へと方向づけられていくのです。

2 「困っている」子どもに集中的に表れる集団の課題とその克服の視点

　社会性の発達に困難を抱えた子どもは，こうした状況のなかでは，既存の価値基準に適応している者たちから異質な存在として，「われわれ」とは違う「彼ら／彼女ら」として名づけられ，線引きされてしまいます。「われわれ」の側に居場所を確保した者は，彼ら／彼女らが意識することなく表出してくる，

「われわれ」の側の価値基準に対する異議申し立てに対し，時には意識的に耳をふさぎ，時には暴力的，権力的に封じ込めようとします。なぜなら，1つには，彼ら／彼女らの側に与することで，せっかく確保した「安全」な地位を手放すことを恐怖するからです。2つには，彼ら／彼女らが突き出してくる異議申し立てに応答し，自らの価値基準を変更していく手だてを教えられてはいないし，それを可能とする力も育てられてはいないがゆえに，力で異議申し立てを封じ込めるしか術をもたないからです。

　したがって問うべき課題は，異質な存在を排除し抑圧しさえする「われわれ」の側の価値基準を批判的につくりかえ，互いに異質な他者が共生する方へ歩み始めることを可能にする指導の在り様でしょう。

❸ 「困っている」子どもの「見え方」の共有と居場所づくり

　上述した課題に立ち向かうにあたって，まずもって重要なことは，「彼ら／彼女ら」として線引きされ，排除されようとしている子どもたちの目に，当該の集団や生活空間はどのようなものとして映っているのかについて，彼ら／彼女らが味わわされている感情とともに知ろうとすることです。ここに立ち現れる「見え方」こそ，「われわれ」の側が前提としている価値基準への異議申し立ての萌芽があるからです。

　次に，その「見え方」を共有できる者同士の出会い直しを構想していくことが求められるでしょう。その際，その「見え方」を共有しようとする者を「われわれ」の側に位置する者のなかから見いだすことが重要となります。「われわれ」の側にいる，当面の自らの安全のために息を潜めて自分の思いを封印しようとしている者と「彼ら／彼女ら」との出会い直しが成立し得たとき，既存の価値基準の変更が具体化されていくことになるのです。

　こうした一連の指導構想は，具体的な活動に取り組むことのなかに含み込んで展開されるべきものであることは言うまでもありません。それが実質的な全員参加を志向する授業への取り組みであったり，学級活動や学校行事への取り組みであったりするような時にこそ，上述の指導の展開が大きな意味をもつことになるでしょう。なぜなら，活動への取り組みの際に，個々の子どもたちの「見え方」の相違が顕在化する可能性が高まるからですし，活動を通して関係性が構築されていくからです。

　社会性の発達に困難を抱えていればいるほど，関係性の所産である居場所の構築が困難であることは言うまでもありません。しかしそうであるがゆえに，活動を共有するなかで様々な出会いを用意し，関係の網の目を編んでいくことが重要になってくるのです。

（福田敦志）

参考文献
　楠凡之『気になる子ども　気になる保護者』かもがわ出版，2005年。
　大和久勝編『困った子は困っている子』クリエイツかもがわ，2006年。
　篠崎純子・村瀬ゆい『ねえ！　聞かせて，パニックのわけを』高文研，2009年。

Ⅳ 発達障害児と「困っている」子の教育的理解

 外国籍児童・生徒への支援

1 外国籍の子どもの就学

　子どもの権利条約第28条では，初等教育を義務的なものとし，すべての者に対して無償のものとする，としています。これは，国籍に関係なくすべての子どもが教育を受ける権利をもつことを意味しています。

　しかしながら日本では，日本国憲法第26条，教育基本法第4条に依拠し，日本国籍を有する子どもを義務教育の対象とし，外国籍の子どもの就学に関しては，就学義務を課していません。国籍の有無により教育が受けられない状況に置かれることで，外国籍の子どもの不就学という重大な問題が引き起こされています。

　日本の学校に在籍する外国籍の子どもたちが抱える問題として，よく言語の問題が指摘されています。しかし，そのことのみならず，彼／彼女らのアイデンティティの確立や生活をはじめとする文化的な側面，進学・就職においてもさまざまな困難を抱えていることは見過ごしてはなりません。

　特別支援教育の分野として，外国籍の子どもたちに対する支援のあり方を問うことは，急務の課題と言えるでしょう。

2 外国籍の子どもに対する教育施策と問題点

　文部科学省は，外国人児童生徒について，就学の義務は課せられていないとしながらも，小・中学校への就学を希望する場合はこれを受け入れ，授業料不徴収，教科書の無償給与など，日本の児童生徒と同様に取り扱うとしています。そのうえで，日本語指導，生活面・学習面での指導に特段の配慮が必要であるとし，その教育施策として，概ね以下の4点をあげています。

　1．日本語指導等特別な配慮を要する児童生徒に対応した教員の配置。
　2．帰国・外国人児童生徒教育の充実のための調査研究。
　3．帰国・外国人児童生徒教育担当者を対象とした研究協議会等の教員研修会等の開催。
　4．日本語指導等の実施。

　文部科学省によるこの教育施策は，外国籍の子どもたちの日本語能力の「不十分さ」を補うことに力点が置かれている点に特質があります。

　外国籍の子どもに日本語の指導を行うにあたり，加配教員が配置されますが，

▷1　日本国憲法第26条【教育を受ける権利，教育の義務，義務教育の無償】
1．すべて国民は，法律の定めるところにより，その能力に応じて，ひとしく教育を受ける権利を有する。
2．すべて国民は，法律の定めるところにより，その保護する子女に普通教育を受けさせる義務を負ふ。義務教育は，これを無償とする。

▷2　教育基本法第4条「すべて国民は，ひとしく，その能力に応じた教育を受ける機会を与えられなければならず，人種，信条，性別，社会的身分，経済的地位又は門地によって，教育上差別されない。」

▷3　外国籍の子どもの不就学の問題に関しては，佐久間孝正『外国人の子どもの不就学——異文化に開かれた教育とは』勁草書房，2006年に詳しい。

▷4　文部科学省「帰国・外国人児童生徒教育等に関して文部科学省が行っている施策に関する情報」http://www.mext.go.jp/a_menu/shotou/clarinet/003/001.htm　参照。

その配置のされ方もさまざまです。全国一律の基準がないために，10人程度の外国籍の子どもに１人の加配がつくこともあれば，５～６人に１人の加配がつく場合もあります。具体的・個別的対応は自治体任せになっており，自治体によっては独自に日本語指導教員，通訳者等を採用するところもありますが，自治体間での施策にはかなりの違いがみられるのが実状です。

日本語教育における問題は教育の加配に関することのみならず，日本語教育の在り方そのものにあります。取り上げられている問題点としては，外国籍の子どもを日本の学校に適応させるために，その子どもがもつ母語・母文化を尊重せず，日本語の習得に特化した日本語教育の在り方があります。外国籍の子どもにとって，母語の習得と日本語の習得はともに重要な課題です。どちらの言語も充分に習得されないことで，日本でも出身国でも進学できないという問題を抱えることになります。

こうした状況に対して，国連・子どもの権利委員会の第二回総括所見では，「教育，余暇および文化的活動」の項目の中で，「マイノリティの子どもたちにとって，自己の言語で教育を受ける機会がきわめて限られていること」を懸念し，「マイノリティ・グループの子どもが自己の文化を享受し，自己の宗教を表明しまたは実践し，かつ自己の言語を使用する機会を拡大すること」を勧告しています。[5]

日本の学校において，母文化の尊重，母語と日本語による教育を保障していくことが今後ますます重要な課題となります。

③ 学級における実践的課題

外国籍の子どもは，言語，行動様式，価値観，学校観など，文化的に多様な背景をもって学級に在籍しています。この意味で外国籍の子どもは「異質な存在」として排除され，周縁に置かれる存在となることが少なくありません。

外国籍の子どもが「異質な存在」として排除されないために，彼／彼女らのもつ言語・文化と日本の子どものもつ言語・文化の差異に着目し，その背景を共に探りながら互いの言語的・文化的差異を承認し合うことのできる学びを保障していくことが必要です。そのことが，外国籍の子どもにとっても自らの母語・母文化に対する理解を深め，アイデンティティの確立にもつながるからです。

同時に，外国籍の子どものもつ言語的・文化的側面での差異への着目は，日本の学校・学級における自明のものとされている抑圧的な支配の構造を問い直す契機となることも意味しています。

すなわち，日本の子どもたちにとって，自分たちが当たり前にしてきた学びと生活の空間を問い直し，抑圧的な空間に代わる学びと生活の空間を共につくり出す仲間として外国籍の子どもを位置づける必要があるでしょう。

(今井理恵)

▷5 「国連・子どもの権利委員会 第二回総括所見」2004年。

(参考文献)
宮島喬・太田晴雄編『外国人の子どもと日本の教育 ──不就学問題と多文化共生の課題』東京大学出版会，2005年。
駒井洋監修『講座 グローバル化する日本と移民問題 全６巻』明石書店，2002-2004年。

コラム2

学校職員みんなで学習会をしましょう

① 「すべての子ども」を対象とした学習会を開く

　2学期に入って小1担任の野原先生は仁志君が落ち着かなくなった時の前後の様子をよく観察するようになりました。また，特別支援教育コーディネーターの三木先生は「お母さんが困っているようだったら相談にのりますよ」と仁志君のお母さんに声をかけ，教育相談を2学期の早い時期に実施しました。こうした担任教師の観察と特別支援教育コーディネーターによる教育相談を続けるうちに，仁志君の困難は家庭でのしつけなどの環境によって生じたものではないことを明確に示す結果となりました。

　野原先生の学校では特別支援教育に関する校内委員会は年間の会議計画の中に位置づけられているものではなく，不定期に開催するというものでした。そこで，野原先生は教務主任に仁志君の様子を話し，「仁志君の共通理解をみんなではかりたいから，2学期のどこかで校内委員会を開催してほしい」と要望しました。

　しかし，こうした野原先生のアプローチでは仁志君のケース会議はなかなか開かれませんでした。コーディネーターの三木先生はこの理由を次のように考えました。『仁志君一人を理解する校内委員会では学校全体は動き出さない』。つまり，学校職員みんながそろって学習会をするためには，学校あげて取り組まなければならない課題であることを少なくとも管理職や教務主任，生徒指導主任などのメンバーにはわかってもらわなければならないということを強く感じました。

② 学校の実践課題と特別支援教育を関連させる

　この小学校では近年，友達どうしのトラブルが増加傾向にありました。高学年になると時々，「いじめ」の兆候ではないかと思われるような暴力も見られました。そのような問題に対しては生徒指導主任が中心になって対応をしていましたが，生徒指導主任も「ここ数年で友達どうしのトラブルの質が変わってきた」とこぼしていました。

　コーディネーターの三木先生は，こうした学校全体で対応しなければならない課題に着目し，友達どうしの関わり合いについて検討する中で仁志君のケース会議につなげていけないかと考えました。そこで，生徒指導主任に「次の生

徒指導部会では，『友達とトラブルを頻繁におこす落ち着きのない子への対応』ということでやりませんか？」と持ちかけてみました。こうしたテーマは学校全体で取り組まなければならない実践課題であるという意識は多くの教師がもっていたので，2学期の終了間近の時期に1時間の研修会の時間を確保することができました。

 「困難の背景」を見つめる機会に

校内研修会で事例を挙げると，とかく「その対応で良かったのか？」といった教師を評価する議論になってしまいます。しかし，そうした雰囲気の中ではケース会議が盛り上がらないと考えた三木先生は，子どもが困った行動を起こす「困難の背景」を語り合うような研修会にしようと申し出ました。三木先生がこうした研修会にしようと思った理由には，「子どもや家庭の努力ではどうすることもできない障害による困難」もあるのだということを学校の全職員に認識してほしかったからでした。

研修会では，生徒指導の観点から友達とトラブルをおこす落ちつきのない子どもの行動特徴とその背景について，特別支援教育の観点からAD/HDなどの発達障害児の特徴とその背景について，それぞれ担当者から報告がありました。もちろん，三木先生は特別支援教育コーディネーターとして仁志君の行動特徴についても話し，特別な支援を提供していく必要性を強調しました。こうした研修を通して，「生徒指導上の問題を抱える子どもの中には，発達障害の観点から見つめ直した方がよい子どもがいるのではないか…」という意見も出されました。そして，今後は生徒指導部会が開催される時に，特別支援教育のほうで気になるケースも一緒に検討しようということになり，この小学校では特別支援教育の校内委員会が定期的に開催されるようになりました。

ポイント解説

「特別な支援が必要な子どもがいるのだから，特別支援教育の研修を」という理屈は一見，正当性があるようにも見えますが，これは通常の学校のリアリティではありません。なぜなら，この理屈では「国語をのばしたい子がいるのだから，国語の研修を」という形で学校に存在するあらゆるテーマが取り上げられるからです。

特別支援教育を学校全体で取り組んでいくには，学校が優先的に対応すべき課題から入っていくことが有効です。今回のケースでは「友達とのトラブル」でしたが，これは「不登校」でも「非行」でもかまいません。大切なことは，今，学校が抱えている課題は特別支援教育のノウハウを活用するとその一部が解決できるということを示すことです。

Ⅴ 特別支援教育と学校づくり

1 学校づくりの原則

1 特別支援教育に関する「学校づくり」の現状と課題

　通常の学校で特別支援教育を推進していくためには，学校全体から支援を提供できるようにすることが不可欠であるということが，様々なところで指摘されています。たとえば，文部科学省は校内の教員を「特別支援教育コーディネーター」として指名し，校内に「校内委員会」を設置して「特別な教育的ニーズのある子ども」に対する支援内容の検討や支援計画の立案をすることを推進してきました。その成果もあって，2006（平成18）年9月時点では，全国の小・中学校の特別支援教育コーディネーターの指名率および校内委員会の設置率が90％以上となっており，特別支援教育に関する校内体制整備はここ数年のあいだに，急速に進められてきました。

　しかし一方で，校内支援の「システム」は整備されたが，実際の教育現場では「特別支援教育コーディネーターの役割は何か」「校内委員会がいつ行われるのか」など，必ずしも校内職員がそのシステムを熟知しているわけではないといった学校も存在します。そのため，校内支援システムを実質的に機能させていくにはどうしたらよいかという点が今後の大きな課題となっています。

2 「学校全体からのアプローチ」の必要性

　こうした課題の解決方法を考える前に，そもそも，特別支援教育の分野でなぜ「学校づくり」が必要であるのか，について考えていきたいと思います。特別支援教育が「学校全体からのアプローチ」を必要とする理由のひとつに，「対象児童生徒の特別な教育的ニーズの多様性」が挙げられます。

　たとえば，小学校高学年以上の年齢になると不登校となっている発達障害児がいますが，こうした子どもの中には，発達障害に対する特別な支援を提供するよりも，不登校への対応を優先した方が良いケースも存在します。こうしたケースでは，障害への対応とともに，不登校の対応をする部署である生徒指導の担当者が活躍することになるかもしれません。

　以上のような例から考えると，特別支援教育の対応は単に「障害」に対して専門的なアプローチをしているだけでよいのではなく，学校内のあらゆる部署が連携・協力をして一人の「特別な教育的ニーズ」のある子どもに対して重層的にアプローチをしていくことが求められています。これが，「学校全体から

▷1　文部科学省特別支援教育課資料「平成18年度幼稚園，小学校，中学校，高等学校等におけるLD，ADHD，高機能自閉症等のある幼児児童生徒への教育支援体制整備状況調査結果について」（http://www.mext.go.jp/b-menu/houdou/19/03/07030213.htm）を参照。

▷2　もちろん，校内の支援だけでは十分でないケースもあり，そうした場合には学校外の専門機関との連携・協力が必要となる。

のアプローチ」が必要な理由です。

　それでは，「学校全体からのアプローチ」を実現するためにはどのような点に留意することが必要でしょうか？　筆者は「学校全体からのアプローチ」が実質的に機能するために，以下の4つの観点が重要であると考えています。

（1）　学校内の教職員が特別支援教育の重要性を認識すること
（2）　学校内の支援資源を有機的に連携するための具体的な手続きが明確になっていること
（3）　学校が学校外の支援資源にアクセスできるようになっていること
（4）　特別支援教育に関する保護者の理解がおおむね得られていること

❸　「学校」は「ひとり」の教員の努力ではできあがらない

　上記の4つの観点に共通することは「協働」です。たとえば，「（1）学校内の教職員が特別支援教育の重要性を認識する」ためには，まずは「学校長」のリーダーシップが求められます。しかし，このときの「リーダーシップ」とは「上意下達」的な指示ではなく，「管理職も含めて支援に加わる」ことを表明することであると思われます。（2）（3）の学校内外の支援資源との「連携」に関しても，連携先にすべてをゆだねるものであってはならず，「自分たちが支援できることやこれからしようと思っていること」を明確にした上で，その他の諸問題に対する支援を学校内外の支援資源に求めることが重要です。

　また，「学校」を支える保護者や地域をどのように育てていくかという点も，特別支援教育を推進する重要な要素のひとつとなります。特別支援教育は「特別な子どもに対する特別な教育」ではなく，「すべての子ども」の学習や発達に寄与するものであるという考え方を保護者や地域の人たちに認識してもらうことが，様々な協力を得やすくするポイントであると考えます。これには日頃から，保護者や地域の人たちに対する「広報活動」が重要な役割をもつようになってきます。

　このように，特別支援教育を推進するための「学校づくり」は，専門性の高い教員が「ひとり」で構築していくのではなく，学校の職員全員がそれぞれの役割を果たし，「ひとり」の子どもを「みんな」で支援する体制づくりをすることが大切です。そのため，「学校づくり」に関しても，校内職員に対する「理解啓発」の段階から「校内連携」へ，そして「外部機関との連携」「地域づくり」に至るまでいくつもの段階を経て発展していくものだと考えます。いきなり理想的な状態をつくろうとするのではなく，学校が抱えている課題を見極めて，学校の職員や保護者と「協働」する体制をつくっていくことが，「学校づくり」に大切な点ではないかと考えます。

（新井英靖）

Ⅴ 特別支援教育と学校づくり

小学校の学校づくりの実際①
──校内支援体制の整備

　多くの公立小学校においては，通常の学級に在籍する児童のうち，学習や行動に著しい不全を示す児童（以下 SEN をもつ児童と略す。SEN: Special Educational Needs）の割合が多くなってきています（SEN を持つ児童の背景，図Ⅴ-1）。

　これらの児童たちの学習面や行動面での滞りを改善し，学習活動への適応を促進するため，校内に「支援システム」を構築することは，学校経営や学級経営にとって重要な課題です。ここで述べる支援システムとは，様々な滞りを示す児童を抱える教師を支援するシステムではなく，子ども一人ひとりの教育的なニーズを把握してそれに対応したサポートを提供できるシステムのことです。ただし「教育的ニーズ」とは，いまだ明確に定義されてはいませんが，ここでは「学年相当に身に付けている学力や社会的スキルが形成されていない状態」と暫定的また便宜的に定義します。

　通常の学級の教師は，これまでも子ども一人ひとりに適切な教育を保障するように努力を重ねてきました。その子どもたちの中に「障害」をもつ子どもたちが少なからず存在したのは確かなことです。しかし，教師には「障害」をもった子どもばかりを支援してきたのではないという経緯があります。さらに「特別な教育的支援」が必要かどうかは「障害」の有無ではなく，現行の教育条件の中で学習の困難を呈しているか，行動の不全を示しているかによるところが大きいものです。また「障害」とは「健常」との連続体の中に存在するもので，いわゆる軽度の障害児は鑑別診断が困難である場合も多く，それゆえ障害児ではないことをもって特別支援教育の対象外におくということは，許されないことです。

　そこで筆者が勤務していた小学校では，特別支援教育の対象児を「障害があるから支援を実施するのではなく，障害の有無にかかわらず，現行の教育条件では十分に支援できないと学校長が判断した児童としました。また支援体制を構築するにあたっては，学年や学級の壁を取り払い全職員で取り組みその行動特徴に特化したサポートを学内や地域で提供することを目標としました。さらに必要に応じて医療，福祉，地域と一体となった支援体制を構築していくことを全職員で確認しました。支援を開始するにあたっては，「保護者や民生委員，町内会への広報活動」「スクリーニング」「個別の教育支援計画の作成」「評価」の4ステージからなる校内支援体制を構築して，保護者，管理職，担任との間で教育的なニーズを明確化し共有化するための支援会議を開き，協働して子ど

もたちの支援にあたることにしました。

1 広報活動

　学校長は，特別支援教育事業を開始するにあたり，PTA代表者，民生委員（児童委員を兼ねる），町内会代表者，子供会役員，地域幼稚園保育園園長からなる「学校教育推進会議」（学校評価委員会）に対して，発達障害児に限定せず，特別な教育的ニーズのある児童を学校と地域が連携して支援していきたいといった本校の特別支援教育事業の趣旨を説明し，理解と協力を求め了承されました。そこで，年度当初に開催される「学校説明会」で保護者と協働してSENをもつ児童を支援するといった事業趣旨を保護者に説明し，理解と協力を要請することとしました。

2 特別な支援が必要な状態をもつ児童の把握のための全校スクリーニング

　特別な教育的ニーズの領域は多岐にわたりますが，本校では，国語や算数などの「学力面」と，学校生活の中の遊び，対人交流や日常生活の身辺整理などの「行動面」で評価することにしました。

　特に学力は「見えにくい教育的ニーズ」です。そのため，2年生から6年生までのすべての児童に対して，前年度の学年の学習内容の習熟度を把握するため，国語と算数の「学力検査」を実施し，学力面で特別な支援が必要な児童を把握し，個に応じた支援に役立てることにしました。さらに「特別な教育支援が生じている状態」を把握するために，担任は評価票に児童の実態を書き込み，各担任が実践活動を通した評価を行うことにしました。

　1年生に関しては，学力検査は実施せず，「読み・書き・数える・形を見つける」などの学習活動に加え，「対人交流」「遊び」「行動特徴」を評価票に記述し，評価することにしました。これらの評価は，新学期が始まってから2ヵ月以内に，各担任から学校長に報告することとしました。集約されたこれらの情報は，担任，学校長，教頭，教務主任，少人数担当者，養護教諭，特別支援教育コーディネーター（以下特別支援教育Coと略す）からなる教育相談部会で，子どものもつ教育的ニーズの重篤さによりAからDの4段階に分けて整理し，各ニーズレベルに対応したサポートを提供していくことにしました。

　Aグループ児童は，学級の集団活動の中で「担任の関わり方」や「使用する教材の工夫」「座席の位置」「グループ活動への配慮」など，担任の通常の支援を拡大することで支援することが可能と評価した児童のことです。また，Bグループ児童は，通常の学級担任の支援に加え，教務主任，養護教諭，少人数担当者，専科教師など校内リソースを活用して複数の教員で支援にあたる児童，さらにCグループの児童は，言語聴覚士（ST）や大学教員などの校内専門家

チームの支援を受けたり，校内で教育ベースの個別学習を受けたりすることが必要と判断した児童です。Dグループの児童等は，現在特別支援学級に在籍し，通常の学級との交流は行いながらも，指導の大半を個別の学習，もしくは少人数で行っているグループです。

③ ニーズの明確化と共有化，サポートの提供

○連絡会議

連絡会議では，保護者に対して担任から対象児の「特別支援が必要な状態」「児童が困っている状況」「担任が指導困難と感じている状況」について説明することにしました。その際，保護者の考えを十分に聞くとともに，生育歴，就学前の状況についての情報収集を行うことにしました。さらに，連絡会議では，保護者の合意のもとに，Aグループ児童を特定し支援を行うことにしました。しかし，学力検査や担任による実践活動を通した評価，保護者からの情報を総合してもSENのある状態の原因を特定できない場合は，さらにWISC，K-ABC等の諸検査の受検を保護者に勧めることとしました。その際，連絡会議で保護者との合意が得られなかった場合は，担任が学年や教育相談部と協力して，コース別学習や補習教室などの学習方法の改善を行ったり，学年集会や学級活動で集団生活に必要なスキルを指導するなどして行動改善を促し，通常の学級ベースのサポート拡大に努めることにしました。その上で，1人ひとりの教育的ニーズをより的確に把握するための詳しいアセスメントの実施にむけて，保護者との相談を継続しました。

○支援会議

支援会議は，保護者・学校長・担任・養護教諭・特別支援教育Co・校内専門家チームで構成されます。校内専門家チームとは，学校長が支援を依頼した大学教員の言語聴覚士（ST）や心理士です。支援会議とは，支援にあたる関係者間でアセスメントを共有し，指導目標を明確にし，問題の解決に向けて，協働して課題に取り組むために行われるものです。支援会議では，担任とCoが作成した「個別の教育計画」を保護者に提示し各ニーズレベルに対応したサポートを提供していくこととしました。「個別の教育計画」には必要に応じて医療や福祉といった関連サービスも記述することにしました。

④ 評価：サービス調整会議の実施

「個別の教育計画」に基づいた支援が行われているか，SENの状態に変化がないかなど評価や支援サービス調整のための支援会議をサービス調整会議と呼び，それぞれの事例のニーズレベルに応じて1ヶ月から2ヶ月ごとに開催することにしました（図V-2）。

(小野　學)

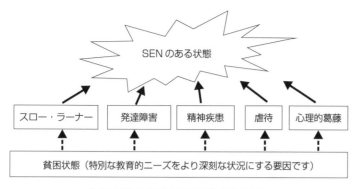

図V-1 SENの状態を生じる背景

※これらの要因が複雑に影響しあっている場合も多い。

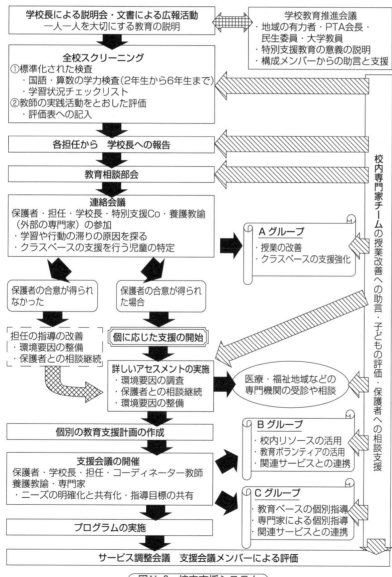

図V-2 校内支援システム

V 特別支援教育と学校づくり

3 小学校の学校づくりの実際②
―― 特別支援教育コーディネーター（Co）の役割

　特別支援教育コーディネーター（以下特別支援教育 Co と略す）は支援を展開する際，「子どもの苦戦している状況」や「他児と比べてどのくらい遅れているのか」などといった他児との差異にのみ注目するのではなく，「子どもが必要としているものは何か」「子どものできるところ，支援付きでもできるところはなにか」「支援する程度はどのくらいか」を把握することを基本方針としました。

　今日の小学校の現状をみると，特別支援 Co の業務は多岐にわたっています。そこで児童個々のニーズに対応しながら特別支援教育 Co の職務の輪郭を創っていくこととしました。以下に活動内容を紹介します。

広報活動の実施

○地域のキーパーソンへの説明

　公立小学校では，民生委員，町内会代表者，子供会代表者，PTA の OB などの地域の有力者「学校教育推進会議」（学校評議会）の場で年に 3～4 回ほど学校の経営方針を説明するとともに，学校の現状を説明し構成メンバーから助言を受けることにしています。

　この会議では支援対象を，障害をもっている児童だけではなく学習面や行動面で不全を呈している全ての児童や被虐待児や非行を繰り返している児童などを手厚く支援することを説明し参加者の理解に努めました。

　また，支援を行う際は，これまでの支援成果を活かし，「子どもへの関わり

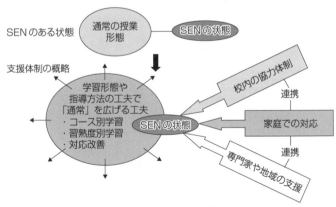

図V-3　支援の基本

方」や「指導手続き」，授業で使う「教材」の工夫，さらに席の位置や「活動の場」などの指導の環境要因から「通常の授業」を再点検し「通常」を拡大する努力を行うことを特別支援教育の基本とし，その上で，通常の学級の指導だけでは支援しきれない SEN のある状態の子どもたちに対して，校内のリソースを活用したり，フォーマルな専門機関やインフォーマルな地域資源を活用して，支援を充実させていくことを説明しました。

さらに「保護者」や「地域」「専門家」と連携して子どもたちのニーズの明確化と共有化をはかるとともに，支援にあたっては，それぞれの「責任と役割」を明確にし，協働して問題の解決をはかることを提案しました。

◯保護者への広報活動と風評被害の防止

保護者に対しては，学習面や行動面で滞りをもち特別な教育的支援が必要な児童の実態を説明した上で，全ての児童に対してきめの細かい学習支援や行動支援を学校ぐるみで行うことを学校説明会で説明しました。

また特別な支援が必要な児童が，支援を受ける際にはいじめにあわないようにするために保護者間でも「うわさ」の流布をつつしみ，支援を受ける児童本人や家族が傷つくことがないように配慮してほしいと保護者に協力を依頼しました。

また，学級担任の支援だけでは十分に支援できない児童に関しては，校内通級ができる場として「勉強相談室」を設置することを説明しました。

◯子どもたちへの広報活動

風評被害やいじめから支援を受ける子どもとその家族を守るために，学校全体での規範づくりが重要となってきます。学校では教育相談部が中心となって行動規範の作成に取り組みました。行動規範のキーワードは「みんな違ってみんないい」「何でも話し合って解決しよう」としました。具体的には「みんな安全に学んだり遊んだりできる」ことをねらいとして，

・いじめや脅し，悪口を学校から追放する

・顔が違うように違いを認め合おう

・暴力的な言葉や，暴力で友人を支配しない

・問題が生じたら，なぜだろうと考えよう

・問題が生じたら話しやすい先生や友人に相談しよう

・問題解決には暴力（言葉の暴力も含む）を用いず，話し合いで解決しよう

というものでした。

この行動規範を徹底するために，各学年では，年度開始直後から，学年集会を開催したり，子どもたちや教師が演じる劇や紙芝居を見たりして，意見を出し合い，学習する機会を設定しました。

また，各学年ですでに「いじめ」行為を行っていた子どもに対しては，「先生たちは絶対にいじめを許さない」という姿勢を明確にした上で，「いじめ」

V　特別支援教育と学校づくり

を繰り返していると自分も相手も辛い心の状態に追いつめられていくこと，「いじめ」は相手を大きく傷つけ一生傷を残すことを説明しました。また，いじめを行っている子どもの保護者とも十分に話し合う機会をもち，「いじめ」が生じた原因をいっしょに考えていくこととしました。

②　関連サービス機関との連絡調整

　SENをもつ子どもの支援に当たる際には，医療や福祉など関連サービスとの連携をとって支援にあたらなければならない状況も生じてきます。しかし，連携すべき機関がどこにあり，どのような機能や役割をもって支援にあたってくれるのか全くの不明な状態でした。筆者の学校では，長年，特別支援学級が培ってきた医療や福祉とのネットワークを基盤として関連サービス機関の情報を集め，それぞれの支援が得意な分野を明確にしてきましたが，この作業に膨大な時間を費やさなければなりませんでした。さらに，地域での支援が特に重要と思われる「虐待を受けている可能性の高い子ども」「軽度発達障害をもち，友人関係が希薄な子ども」「非行などの反社会的行動をする子ども」「貧困状態にある子ども」に対して，余暇活動の分野で支援可能な社会資源が全くなく，対応が困難な事例が複数あり，十分な支援ができませんでした。

　また，医療機関や福祉機関と連携をとる際には，学校長が本校の特別支援教育の方法を直接，または文書で関係機関に説明し協働して支援にあたることを依頼しました。今後スクールソーシャルワーカー（SSW）の活用が望まれます。

③　アセスメントと支援に関わる事項

○諸検査の実施と実践活動を通した評価

　学習面や行動面でSENをもつ児童に支援を提供するためには，子どもたちの実態をより客観的に把握しなければなりません。そのためにWISC-IVやK-ABC IIなどの諸検査を校内で実施することにしました。

　諸検査の結果から児童の認知特性を把握し，「得意な能力」で「苦手な能力」を補うことを支援の基本とし，通常の学級担任の実践活動を通した評価と合わせて「個別の教育計画」の作成を行うことにしました。

○支援会議やサービス調整会議の開催と個別の教育支援計画の作成

　連絡会議や支援会議では「いつ」「どこで」「誰が」「どのような」支援が可能かを明確にするとともに，支援が一方的な押しつけにならないように留意しました。職員間での連絡調整は，週1回開かれる「教育相談部会」，週1回の学年会，各学年の代表者が参加して毎月1回開かれる「拡大の教育相談部会」で行うことにしました。

　これらの会議には，必ず管理職が同席し，子どもたちへの支援は確実に行われているのか，ニーズに変化がないか，新たなニーズが生じていないかの情報

交換を密にしました。支援が有効に機能しているかに関しての検討も加えることにしています。

また，保護者との連絡調整は，「調整会議」で行います。「調整会議」には，保護者，担任，管理職が参加し「個別の教育支援計画」に基づいた支援が確実に行われているか，SENの状態に変化がないかなど，それぞれの事例のニーズレベルに応じて1ヶ月から2ヶ月ごとに開催しました。

❹ SENをもつ児童への直接的な学習支援

通常学級内での担任による支援だけでは十分に支援しきれない子どもたちに対しては，個別の学習支援が必要になります。しかし，通常学級に在籍している児童が特別支援学級で学習支援を受けることに対しては，保護者にも本人にも抵抗感があります。そのため，学習相談室という場を設け，そこで特別支援教育Coが，「個別の教育計画」に基づき，個別指導にあたってきました。

Coが指導した内容は，国語・算数など通常級の補習的なものだけでなく，言語発達や行動調整に関わる支援など多岐にわたりました。

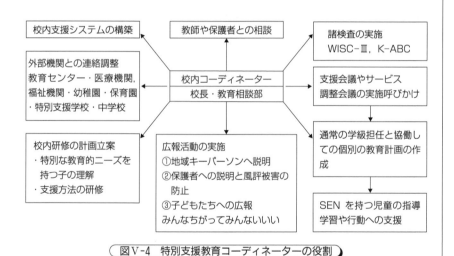

図V-4　特別支援教育コーディネーターの役割

（小野　學）

Ⅴ　特別支援教育と学校づくり

4 小学校の学校づくりの実際③
――学級担任の役割と校内資源の活用

 学級担任の役割

　通常の学級担任の役割は「支えあう学級風土づくり」に取り組むことを第一としました。その上で「SENをもつ児童の発見」「通常の学級での支援環境の改善」「SENをもつ児童をいじめや風評被害から守ること」「保護者への支援」を考えました。

　「クラス全体が安定して支えあう風土づくり」としては，まずクラス全体が見通しをもって活動できるように小黒板などを利用して，一日のスケジュールを提示したり，一時間の学習活動を明示し，子どもたちが見通しをもちやすいように工夫しました。「○○さん」など，氏名は「～さんづけ」で呼び合う。日ごろより学級活動や特別活動の中で友人と楽しく関われる集会を設定するなどを心がけました。また，クラスで問題が生じた場合は，全員で問題を討議して解決したり「いじめ」「辛い思いをしている児童」の発見のためにクラスでのアンケート調査を定期的に実施することにしました。

　また，「SENをもった子どもの発見」は，学力検査と学級担任の実践活動を通した評価で行いました。学力検査は学習面での子どもたち１人ひとりのSENのある状態の発見に有効です。学力面のニーズは，暴力行為や衝動的な行動など行動面のニーズとは異なり，見過ごされがちになり，そのため支援も後回しにされがちです。しかし，SENをもつ児童のほとんどは学力面で多くの支援を必要としています。担任はSENをもつ児童に気づいた場合，「関わり方」「教材の工夫」「活動の場」の３つの側面から，それまでの支援方法を見直し通常の学級での支援を改善することにしました。「関わり方」を改善する際には，子どもに接する態度を見直します。たとえば丁寧な言葉がけで，「今日の活動内容を明確に伝えたか」「学習する際の行動モデルを提示したか」「こどもたちが十分リハーサルしてから発表しているか」「十分な賞賛を与え，自己確認のためのフィードバックを行ったか」「注意や叱責ばかりが多くなっていないか」などを検証しました。

　「教材の工夫」に関しては，様々なニーズをもつ子どもたちが授業を受けているために，視覚的にわかりやすい教材を複数準備する，小黒板を使用して近接して指導する，板書の工夫などを行いました。

　さらに教材は，「誰もが解ける課題プリント」「じっくり学ぶ課題プリント」，

推論する力を必要とする「チャレンジプリント」など複数の教材を用意するとともに，一枚のプリントに載せる問題数の数も工夫しました。

「活動の場の工夫」に関しては，SENをもつ児童の席の位置に配慮するのはもちろんのことですが，子どもの注意を強く引きつける掲示物など教室環境が注意の集中に影響を与えていないか，コース別学習やグループ指導などの指導形態についても随時検証を加えることにしました。

しかし，多様なレベルの学力をもつ児童がクラスに在籍している現状からして，担任の努力だけではSENの状態を十分に支援することはできません。個別の指導計画を立て，特定の児童だけを支援することは現状では，非常に困難なことです。通常の学級では，教科学習の中で机間巡視して指導したり，提出物を丁寧に評価するぐらいしかできない場合もあります。このような場合，児童のニーズレベルを考慮しながら，校内資源や校外関連サービス資源を活用した「チーム支援体制」を構築することが急務となりました。

❷ 校内資源の活用

活用できる校内資源としては，クラス担任をもたない全職員が支援チームの一員として支援にあたる体制ができているために，校長以下全教師が通常の学級の学習支援や行動調整の支援に加わりました。

また，学校職員の用務員（校務員）や事務主事も貴重な支援資源です。筆者の学校では，登校しぶりがある児童の良き相談役として彼等が支援に関わり，不登校児の行動改善に多大な成果をあげてきました。

後日，保護者から聞きますと登校しぶりのある子どもたちは「事務の先生とキャッチボールできるから学校へ行こう」「用務員さんとお掃除できるから学校行こうかな」「用務員さんのお部屋で勉強しようかな」と言って登校することも多かったようです。事務主査や用務員さんは，「困り感」をもった彼らに寄り添い，気持ちを受け止めて教員と一体となって支援をしていました。多くの学校では，まだ学校職員がSENをもつ児童の支援に参加することは，教員間でも抵抗があるかもしれません。しかし，重要なのは，子どもたちが活き活きとした学校生活をおくることで，そのために教職員が一体となって支援に当たるという意識の改革です。学校教職員は，職務に支障が出ない範囲であれば，職務内容にこだわらずに児童の支援に直接参加してよいと考えています。また，教職員が得た情報は，支援会議やサービス調整会議で保護者や管理職をはじめ全職員で共有していくことにしました。

校内体制を構築していくためには，「児童の実態を的確に把握する」「学級の情報を差しつかえのない範囲で公開する」「児童を支援する際は，通常学級の通常を拡大する努力をした上で，校内支援チームを作り支援にあたる」といった支援の基本方針を全職員で共通理解しておくことが大切です。（小野　學）

Ⅴ　特別支援教育と学校づくり

小学校の学校づくりの実際④
――生徒（児童）指導主任，養護教諭との連携と校内研修

 生徒指導と教育相談

　特別支援教育は，通常の学級に在籍する発達障害児を支援するものです。しかし，これまで述べてきたように通常の学級の担任は，障害をもっている児童ばかりではなく，発達障害児を含めた多様なニーズをもつ児童の支援に日常的に取り組まなければなりません。この特別なニーズの解消に向けての障害児教育からのアプローチを文部省が提唱している「特別支援教育」として捉えることができます。

　しかし，子どもたちの特別な教育的ニーズの全てが発達障害に起因しているわけではありません。集団でのルール理解や生徒（児童）理解に関しては，生徒（児童）指導から支援が，学習の理解に関しては教科学習からの支援も必要になってきます。

　つまり，特別な教育的ニーズに対しての支援は，従来の障害児教育，生徒（児童）指導，教科学習など「学校力」とでもいう学校全体の力を上げるなかで取り組むべき課題と捉えることができます。

　従来の学校機能を再検討してみれば「障害児教育」からSENをもつ児童への支援は，「発達」に関しての評価力を活かして児童の実態の的確な把握に努めること，「聞く・話す・読む・書く・計算する・推論する」などの基礎的な学力に対して，これまで蓄積してきた発達支援に関する指導方法を活用して学力的に苦戦を強いられている子どもたちの学習支援を行うこと，社会的適応を促すためのソーシャルスキルの形成を図ること，障害児をもった保護者への相談支援があげられます。

　また，人権教育にもかかわることですが，障害児学級の担任は発達障害児の行動特徴に関する情報を保護者や教職員に提供し彼らの発達が促進され，質の高い社会生活ができるような環境づくりをすること，「困った子」とか，「将来，犯罪者になるのではないか？」などの誤った障害児観を児童や保護者が持つことを防ぐために，職員研修やPTAの家庭教育学級などの研修会を企画運営することも必要になってきます。

　さらに，保護者の承諾が得られ，特別支援学級に指導する余力がある場合は実際に個別もしくは小集団の中での通常の学級に在籍する発達障害児に対しての学習支援を積極的に実施する必要があります。

しかし，これまでの障害児教育は，あくまでも特別支援学級に在籍する子やその保護者への支援であって，通常級に在籍する子どもへの支援までには至りませんでした。そのために，特別支援学級担任のもつ知識や技能が，通常の学級経営に活かされることは，ほとんどありませんでした。

一方，生徒（児童）指導の目的は，「本来，一人ひとりの生徒（児童）の個性の伸長を図りながら，同時に社会的な資質や能力，態度を育成し，さらに将来において社会的に自己実現ができるような資質，態度を形成していくための援助であり，個々の生徒（児童）の自己能力の育成を目指すものである」さらに「単なる生徒（児童）の問題行動への対応という消極的な面だけにとどまるものではない」とされています。[1]

また生徒（児童）指導は，学級や学校のルール，さらには地域生活でのルールを教え社会適応を促す集団指導と教育相談支援を中心とする個別指導に分かれています。

さらに，教育相談に関しては，学習や生活で苦戦を強いられている子どもの支援が目的です。

これまでも学習や行動で不全を示す生徒（児童）や保護者への相談支援，発達過程で誰もが出会う性的な問題や親子関係などの相談支援，さらに家庭生活や学校生活での様々な問題を解決するための保護者への相談支援，担任へのコンサルテーションなどを生徒（児童）指導担当者は実施してきたのです。

さらに，生徒（児童）の資料作成，医療機関や福祉機関との連携，管理職への報告や提言，校内研修の立案と実施なども展開してきた経緯があります。

このように障害児教育と生徒（児童）指導の領域を比較検討してみると，児童生徒の社会適応を図るための支援や集団支援，教育相談活動など多く部分で重なり合うことが多く，従来からある生徒（児童）指導に，発達障害児教育への指導内容を付加し充実させることで，特別な教育的ニーズをもつ子どもたちへの支援も可能になるのではないかとさえ思われるのです。

また，発達障害は典型発達との連続であり，どこからが「障害」かを決めることは困難な場合が多く，また，通常の学級で同じように学習や行動で不全を呈している生徒（児童）が在籍していた場合，一方は障害があるから支援し，他方は障害がないから支援しないということは学校では許されないことです。さらに近年，非行を犯す少年の多くや，被いじめ者の多くが「発達障害児」であったという報告もあり小学校からきめの細かい支援が必要です。

また，生徒（児童）指導となんの連携もなく，特別支援教育の名のもとに，障害児教育の資源を再構成して学校全体の SEN をもつ児童を支援するということには現実的ではありません。

そこで，校内での具体的に機能する支援システムを創り，校内委員会を立ち上げる場合は，生徒（児童）指導と障害児教育に特化した特別支援教育をそれ

▷1　文部科学省「生徒指導提要」2010年。

それ独立した校務分掌にするのではなく，特別支援教育と生徒（児童）指導の機能を有した包括的な組織が必要と考えます（たとえば神奈川県で実施されている児童支援コーディネーター制度など）。

❷ 養護教諭との連携

保健室との連携も重要になってきます。多くの学校では養護教諭が行ってきた健康相談活動を生徒（児童）指導の中に組み込んで支援にあたっているようです。

健康相談活動は，多くの場合保健室で実施されます。保健室は，誰でも（保護者を含む），いつでも，「困り感」がある場合は訪れてよい場所です。

養護教諭は子どもたちに安心感を与える学校のかなめです。学校での健康相談活動は，心の悩みの課題を解決するために具体的な知識やスキルを提供する知識・スキル提供型相談とカウンセリングマインドをもって，子どもに寄り添って情緒の安定を図っていく「カウンセリング型」に分けられるようです。

子どもたちは様々な学校や家庭，地域でのストレスで心身に様々な症状を表して保健室を訪れます。その症状は言語で養護教諭に伝えることができるものと非言語行動（表情等を含む）で示されるものがあります。これらの症状の背景は多様であり，一過性の心因性のものから，発達障害に起因した内容，精神疾患を背景とする内容，非行やいじめ，虐待，貧困状態にある家庭環境によるものまで含まれます。また健康相談は応急手当中や健康観察中に行われることが多く，また，回数も少ないのですが，子どもの状況を把握するにはとても有効です。これまでも養護教諭が，児童から得た情報については，学級担任関係の教師，管理職と共有したり外部との連携を図り対応してきました。特に，昨今の子どもたちからの相談は多様で深刻なことが多く，養護教諭一人では十分な支援に結びつかない場合もあります。養護教諭が得た情報を教育活動の中に活かすためには，全職員で情報を共有し，ニーズの明確化と共有化を図り，具体的な支援を展開していくために，生徒（児童）指導や特別支援教育と一体になったチームの中で問題の解決を図っていく必要があると考えています。

特別な教育的ニーズに対応するためには，子どもたちの SEN の状態にフットワークよく，機能的に対応できる組織が必要なのです。

❸ 校内研修

特別な教育的ニーズをもつ児童とは，現行の教育的条件では十分に支援しきれない児童のことです。彼らは，学習や行動上で不全を生じさせています。このような不全状態を生じさせている「個人的要因」と「環境要因」についての知識を習得することは，支援する側の教職員にとって非常に重要なことです。

「個人内要因」を探るアセスメントとしては，「生育歴などの個人情報の収集

の仕方」「行動観察の仕方」のほかに，WISC-IVやK-ABC IIなどの諸検査の読み取りに関する研修が必要です。特に①知的能力の発達のおくれ，②知的能力の偏りの疑いのある児童，③学習に困難がある児童に対しては，心理検査が有効であることが多いため，通常の学級担任にも検査結果の読み取りの知識の習得に努めることが大切です。

「環境要因」については，SENの状態を生み出している家庭環境や養育態度について，講師を招き研修を行い特に「虐待」に関する研修は，定期的に実施し被虐待児の早期発見につながるよう，教員の観察力を養うことが必要です。

また，発達障害児やその周辺児の行動特徴に関する研修や統合失調症，小児うつやパニック障害などの精神疾患に関する研修も重要です。今日「子どもの貧困」がクローズアップされていますが貧困など逆境的環境で養育されてきた子どもは，とても複雑で重篤な不適応行動を示すことも多く，一層の研修充実が望まれます。

また研修は，教職員はもとより，保護者への広報活動の一環としてPTAの家庭教育学級でも実施し，児童理解の促進に努めることも大切なことです。

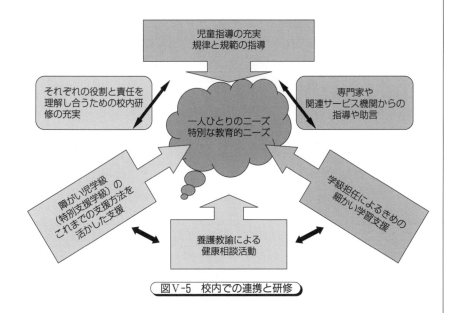

図V-5　校内での連携と研修

（小野　學）

V 特別支援教育と学校づくり

6 小学校の学校づくりの実際⑤
——障害のある子どもの保護者への支援

 保護者との相談

　保護者との相談は，教師と保護者が対等な立場で，それぞれ養育や学校生活の支援者として，役割と責任を明確にし，子どもの支援をめぐって話し合う機会です。また，相談は保護者と教師が支援チームとしての絆を深める良い機会でもあります。

　学校で行なわれる教育相談の目的は安心感を与えること，問題の解決を計ることです。そのために保護者の迷いに十分付き合うことも大切と考えています。

　学校で行う相談は必ずしも順調には進まず，共通したニーズ理解には至らないこともしばしばあります。それは，学校での相談活動は外部機関で行われる相談とは異なり，途中で関係を終了することができません。また，保護者は「学校に呼びつけられた」という感じがぬぐいきれないものです。

　また，教師と保護者が対等な立場であるという意識がまだ十分には浸透してはいないため，年度当初に地域や保護者と協働して支援にあたる学校の姿勢を強くアピールしていく必要があります。

　また保護者の心理は複雑なものがあり，支援者として教師と協働して支援したいと願う反面，子どもの側に立って子どもを弁護することに始終することもあり，「学習や行動に問題はない」と感じているため，ニーズの明確化と共有化が困難な場合もしばしばあります。

　そのような事態を避けるためには，教師が保護者の苦労をねぎらい，保護者のこれまでの養育を尊重して関わり，支援者と信頼関係を結ぶことを第一に考える必要があります。信頼関係を結んだ上で，SEN の状況を把握し，その状況を生じさせている要因を探るため，情報収集などのための話し合いに入るのが良いと思います。

　もし情報収集も十分にできず，共通したニーズ理解に至らない場合は，とりあえず，改善しやすいところから，支援をスタートさせることが大切と考えています。

　さらに，教師は相談に際しては，SEN の状況を保護者に突きつけるのではなく，「子どもが自力でできるところ」「支援つきでもできるところ」「こういう支援をしたらこう変わった」などの情報を保護者に提供し，保護者との心の壁を取り除いていく必要があります。

② 保護者への支援

　そして，定期的に「ニーズに変化がないか」「支援は確実に行われているか」について評価し相談を継続していくことが重要です。

　一方，支援に関係者間で児童一人ひとりの教育的ニーズの明確化と共有化を図り，教育的ニーズに応じた「教育目標」を作成し支援することが重要になります。その後，保護者や関連サービス機関と協働して「個別の教育支援計画」を作成することとなります。特に「教育目標」は，担任とコーディネーター教員によって作成され，保護者や校長を交えた支援会議の場で検討を加えた後，関係者間の合意のもとに，実施することにしました。

　「教育目標」には，「担任の関わり方」や「教材の工夫」，「活動の場の改善」など担任が通常の学級の中で行える環境要因の改善について記述しました。また医療・福祉などのサービスを受けることが必要となる場合もあるために，これら関連サービスも記載しました。

　「個別の教育支援計画」は，支援にあたる管理職，保護者，担任，地域の人々，専門機関，ボランテイアなどの支援協力者が一人ひとりの子どものニーズと支援方法を共有し，円滑に支援を実施していくためのツールとして発展させていくことが重要です。

　貧困状態の家庭に対する支援も重要です。

　子どもの貧困は，とても見えにくいのですが「学校納入金の滞り」「同じ服の着用継続」「学用品の不足」「医療機関の未受診」のほかに，「登校渋り（不登校）」「学習活動に対しての無気力」「塾や習い事などに通わせてもらえない」「放課後の孤独状態」などの特徴が見うけられます。このような状態の家庭の保護者は，ひとり親の家庭が多く，特に母子家庭ではワーキングプアに陥っている場合も少なくありません。

　保護者が経済的な不安を訴えてきた場合は，貧困状態を個人の責任とは考えず生活保護の受給や就学援助費の受給をはじめ様々な福祉サービスを活用できるよう関連機関と連携し，生活の安定を図る必要があります。

　一方，保護者が発達障害を持っていたり，精神疾患を患っている場合もあります。相談の実施にあたっては，保護者の行動特徴を観察しながらスクールソーシャルワーカーや児童相談所とも連絡を密にして複数の職員で相談活動に取り組むことが重要です。

（小野　學）

V 特別支援教育と学校づくり

中学校の学校づくりの実際①
―― 校内支援体制の整備

1 中学校での支援の特性

　中学校における特別支援教育は，小学校以上にチームワークが必要となってきます。それは，まず一つに，学習が教科担任制であり，放課後の部活動や委員会活動など生徒の活動が多岐にわたり，一人の生徒にかかわる教師が多数に及ぶことが挙げられます。また，思春期にさしかかり，発達障害を含めた障害のある生徒が自我意識にめざめ情緒面で不安定になったり，学習面でのつまずきや対人関係のしんどさを感じたりすることで，いわゆる不登校や非行などの二次障害を生じ，結果として問題行動を示す生徒が増えてくることが挙げられます。そのために，一層，綿密な情報交換や全職員による一貫性のある指導や協力体制が求められます。筆者の勤務校の実践を参考にまとめてみました。

2 校内支援体制の工夫

○学校運営での位置づけ
　校内の支援体制づくりの第一歩として，校長の経営方針の中に特別支援教育が明確に位置づけられることが挙げられます。

○特別支援教育コーディネーターの配置
　特別支援教育コーディネーターには，大きく次の3つの役割があります。
　○　担任・保護者の相談役
　○　教員・保護者への理解推進役
　○　担任・保護者・医療関係機関の連絡・調整役

　指名にあたっては，比較的時間のゆとりがあり，障害のある生徒にかかわった経験が豊富で，教師や保護者に信頼のある教師が望ましいと思われます。校内での役職としては，教頭，生徒指導主事，養護教諭，教育相談担当，特別支援学級担任等が挙げられます。また，規模が大きい学校では，コーディネーターとサブコーディネーターの2名を配置したり，学年団組織で動いている学校では，各学年ごとに特別支援教育担当を置いたりすることも一つの工夫として挙げられます。

○校内委員会の設置と運営
　校内支援体制づくりの核となるものが校内委員会です。呼称は各学校で様々ですが，筆者の学校では「特別支援教育部会」としました。他に「特別支援教

育委員会」等があります。年間3回程度にし，就学指導委員会と兼ねて開催しました。そうすることで，会のスリム化を図ります。校内委員会の役割は次の3点にまとめられます。

○ 特別な教育支援の必要な生徒の実態把握と個々の支援方針の検討をする。
○ 学校全体としてのチーム支援を高めるための具体的方策を練る。
○ 教員の特別支援教育に関する資質を高めるための研修の計画立案をする。

そのためには，構成員を校長，教頭，生徒指導主事，学年主任，養護教諭，特別支援教育コーディネーター，教育相談担当，各学年特別支援教育担当，特別支援学級担任，スクールカウンセラーとしました。関係機関を含めた組織図を図V-6に示します。

年間の活動計画を表V-1に記します。主

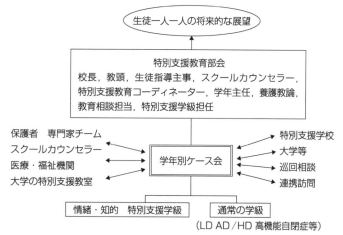

図V-6 特別支援教育校内委員会と関係機関　　出所：筆者作成。

表V-1 特別支援教育年間計画

学期	月	校　　内	家庭・関係機関
1学期	4	職員会：特別支援教育の共通理解 校内の支援体制・年間計画の作成 個別の指導計画の様式作成	・小学校との連絡会 ・学級懇談・家庭訪問
	5	実態把握 1年団ケース会 （事例研究）	・スクールカウンセラーとの懇談 ・大学特別支援教室との連携
	6	特別支援便り（教員対象）「支え愛」1号発行 特別支援教育部会（第1回） （実態把握，就学指導）	・連携訪問 ・巡回訪問 ・保護者との懇談 ・小学校との連携
	7	個人知能検査（WISC-III）実施	
	8	職員研修「AD/HD，LD，高機能自閉症の理解と支援について」	・医療機関との連携
	9	実態把握 2年団ケース会 （事例研究）	
2学期	10	特別支援教育部会（第2回） （就学指導，生徒情報交換，校内の支援体制の確認）	・保護者懇談
	11	実践記録の整理	
	12	特別支援便り「支え愛」2号発行	・親・教師のためのLD・AD/HD・アスペルガー等公開学習会
	1	3年団ケース会 （事例研究）	
	2	特別支援教育部会（第3回） （評価・まとめ・今後の課題）	・医療機関との連携 ・保護者との連携
	3	次年度の計画　特別支援便り「支え愛」3号発行	

※学校二学期制を実施

たる活動をバランスよく位置づけ実践していきました。

【生徒の実態把握の方法】

○ スクールカウンセラーや医療関係機関による心理検査の情報（WISC-IV等）

○ 各教科の授業中の様子（ノート，ワーク，学習の準備，提出物）

○ 定期テストの結果（教科の偏り）

○ 学級や部活動での対人関係（顧問への聞き取り）

○ 保護者からの育ちの情報（行動の特異性，特技，家庭学習等）

○校内研修

校内委員会で特別支援教育についての研修計画を立てます。主な内容としては，次の5つが考えられます。

○ 発達障害児の特性と理解

○ 教師のチームワーク力を高めるグループワーク

○ 発達障害児に対する学習支援の在り方

○ 心理検査（WISC-IV等）の内容と検査結果の活用

○ 発達障害児の特性と学習支援

留意すべき点は，問題行動の対応のみにポイントを置くのではなく，原因となる思考や行動の特徴を理解したうえで，支援することを大切にすることです。

また，中学校では学習内容が難しくなり，だんだんと理解が伴わなくなってくる発達障害のある生徒が，少しでも学習内容が理解できれば，大きな問題行動を起こすことはありません。そういった意味で，通常の学級の教師が，生徒にとってわかりやすい学習支援ができる力量をつける研修が望まれます。

○ケース会議

校内での支援がスムーズに行われるように校内委員会が校内整備の役割を担う一方，気がかりな生徒の支援方法について検討を行うケース会議も位置づけたいものです。大規模校であれば，学年団を母体としたケース会議でもよいのではないでしょうか。特に問題行動が頻繁であったり，対応に苦慮している生徒を選び，その生徒にかかわっている教師が相互に意見を出し合い，専門家チームに所属するような数多くの事例を扱っている医療・心理関係の専門家であるスーパーバイザーから支援についてのアドバイスを受け，よりよい支援の在り方について話し合う会議です。選出した生徒とよく似たタイプの生徒が必ず他のクラスにもいるはずなので，その支援方法を参考に他の生徒にも役立てていけるよさがあります。また，お互いに授業の様子や困っていることを出し合うことで，教師間の連帯意識も育ち，支援していく際のチーム力ともなります。

○小学校との連携

小学校では，学級担任が常日頃，丁寧に指導を積み重ねています。6年間の保護者と築き上げてきた信頼関係や，児童に対しての細やかな配慮は中学校生

活を送っていく際の貴重な資料となります。その小学校時代に積み上げた資料から，中学校での目標や配慮点が見つけ出せます。そして，中学校では多面的な目で生徒にかかわっていけるので，小学校時代の支援のうえに，幅広い見方を加えた支援ができます。教科担任や部活動顧問等の意見を聞きながら，担任とのよりよい関係が築けていけます。小学校と中学校が共に集まり，児童生徒の実態や支援を話すなかで，よりよい教育支援計画ができます。今後，同一中学校区の小・中学校で，保護者や関係機関も同席して，共通した形式の個別の指導計画や教育支援計画づくりをめざしていく小・中の連携会議が望まれます。

○専門家チーム・巡回相談の支援

専門家チームの大学教員に教員研修の講話をお願いしたことがあります。また，巡回相談の大学教員に，授業場面の生徒の状況把握やその生徒の支援のポイント，指導にかかる留意事項について助言していただいたことがあります。校内の支援体制をより質の高いものにしていくためには，そういった専門家の支援を受けることが大切になってきます。中学校でも，特別支援教育コーディネーターを中心に研修や生徒への支援が進んでくると，ややもすると，その学校独自での解決を推し進めていこうとしますが，社会全体のなかでよりよい支援を見つけていったり，保護者自身が中学校卒業後もよりよい支援を受けていけたりするように，社会資源を十分に活用していくことを視野に入れます。そういった意味で，校外の支援を現場の教師や保護者が知り，活用していくことをどんどん進めていきたいものです。たまに支援方針が異なり，戸惑うことがありますが，それはあって当然と受けとめ，前向きに進むことです。

○高校との連携

校内での支援体制を卒業後，高校に入学しても続けていけるように願いたいものです。個別の指導計画を入学先の高校に保護者を通じて届けたり，中学校からの連絡資料として，送付し活用していけるようになるとうれしいものです。支援の継続が大切となります。

○特別支援教育便りの発行

年に2～3回教職員に「特別支援便り」を発行して情報を提供し，意識を高めます。具体的な内容として，学習支援のアイデアや生徒の成長の様子，関連性のある行政面の動き等が挙げられます。職員会で簡潔にまとめた視覚資料を配布するのも効果的です。

○関係機関との連携

専門医と定期的に連絡を取り，常に生徒の変容や新しい情報を得るようにし，適宜関係職員との連携を図ります。

校外の関係機関として，教育センター，大学等と連携を取ったり，巡回相談や連携訪問，特別支援教育支援員を活用して，その生徒に応じた支援を受けられるように努めます。

(井上真理子)

Ⅴ　特別支援教育と学校づくり

中学校の学校づくりの実際②
——学年団を中心にした学級担任と教科担任の連携

 学年別ケース会議の実施

　前項で述べたように，中学校では学年団を中心としたチーム支援が必要になってきます。そのためにいくつか方策があります。校内委員会で，生徒の実態把握や指導方針の検討をする役割をもたせているところでは，校内委員会で生徒のかかわりを話し合うことができますが，直接かかわる教師がその校内委員会に所属していないことが多いので，筆者の学校では「学年団ケース会」を持っています。この学年団ケース会議は，発達障害児の事例検討会です。学年部会のチームによる対応・支援の手立ての共通理解を図り，生徒のよさを見つめた指導をめざします。

　その生徒にかかわるほとんどの教師が参加していますので，各教科での様子や支援の仕方について，具体的な話ができます。「○○の時にこんなことがありました。」「○○教科の時間でも同じように○○な行動が見られました。」「そんな時は，こんな対応をとってみると，案外，本人が落ち着いて学習に取り組めました。」……直接指導する教師の情報交換後，スーパーバイザーであるスクールカウンセラー（あるいは巡回相談の指導員であったり，専門家チームのドクターであったりする）が問題行動についての対応だけでなく，発達障害の認知特性や行動特性の話を交えたよりよい対応の仕方についてアドバイスしてくれます。

　このケース会議を続けていくことで，教師自身が指導の力量を高めていくことができます。この事例検討会は定期的に行います。各学年団で年1回，2～3名の事例に絞ることが望ましいです。その際，対応に苦慮している生徒から始めるようにしています。また，異なったタイプの生徒を取り上げることで指導の広がりが生まれます。他のクラスでもよく似たタイプの生徒がいますので，認知特性や行動特性を類型化して，支援していくことができます（たとえば，聞いて理解する力の弱い生徒には視覚的手立てを用いて学習支援をする等）。

　ケース会議を開催する手順は次の通りです。
（1）　対象生徒の選出：学年団の希望優先順で決めます。
（2）　開催時期の決定：生徒の実態把握後，教師の参加しやすい定期試験の発表中にスーパーバイザーへの連絡・日程調整をします。

（3） 資料づくり：担任の作成するケース会議資料（表Ⅴ-2）

校内・保護者・関係機関の情報や

各種検査結果（WISC-Ⅳ等）の分析や

小学校の情報をまとめます。

（4） ケース会議まとめの記録：学年団特別支援教育担当（サブコーディネーター）が記録し，個人ファイルに保存します。個人情報なので，ケース会議資料と共に保存に配慮が必要です。

（5） 校内委員会での報告：学校全体の支援への確認をします。

（6） チーム支援表づくり：学年から全体への周知，現在の状況や支援方針を明示します。

表Ⅴ-2　ケース会議資料

（名前）○　○　○　○					1―○	（生年月日）H. ○. ○. ○（　　歳）		（性別）
（家庭環境）父、母、姉、本人の4人家族 　　父… 勉強は家庭と塾で見るので、学校で勉強することは期待していない。 　　　　　剣道にかけている。 　　母… 充実した学校生活を送らせたい。								
（医療・関係機関・薬・診断名） 　大学支援教室　　　AD/HD								
（これまでの経緯） 　小学校高学年あたりから授業についていけず、小学校の先生からよく注意を受けるようになった。医療機関でも診断してもらい、父親がこの頃から熱心に子どもの様子や学習を見るようになる。 　中学校では、高校進学が一番の課題と考えている様子である。そのためにも、通常の学級への入級を希望したようだ。学校（集団）の中での学習はできないので、勉強は家できちんと見るとのこと。（父） 毎日、生活記録のチェックをし、宿題や準備物が家庭の方に伝わる工夫をしている。								

	国	社	数	理	英	順位	（心理検査等　　）
1学期中間テスト							WISC-Ⅳ
1学期末テスト							動作性　　言語性　　全IQ
2学期中間テスト							
2学期末テスト							

（得意なこと・長所・うまくいったこと） ○　剣道を小学校の頃からしている。 ○　社交的でだれとでも仲良くできる。
（現在困っていること） ○　読み書きが苦手で、授業に集中して取り組めない。 ○　欲しい物があると我慢できない（給食のデザートなど） ○　身の周りの片づけや整頓ができない。 ○　カンニングらしいこと（消しゴムのカバーの内側に書いている）のを発見 ○　よくないことは自分がしていても、してないと言い張る。
（支援方針）

出所：筆者作成。

V 特別支援教育と学校づくり

2 チーム支援体制

　この支援の流れが，スムーズになってくると，学校全体の中にチーム支援体制が生まれてきます。一例として，図V-7のチーム支援図が挙げられます。対象生徒を中心に，それぞれの立場でかかわっていく関係は連帯感となって，教師集団がプラスの方向に相乗効果をもたらします。すなわち，生徒と教師のよい関係が，生徒の成長を生み，教師と保護者のよい関係を築き，さらなる生徒の成長を促します。このチーム支援図にかかわる教師の支援や外部の関係機関との連携が乏しければ，チーム支援が充実するように，支援にかかわる教師や外部機関を求めなければなりません。この支援は，地域によっても，学校の特性，保護者の力量によっても様々です。より望ましい関係がもてるところから，始めればよいと思います。

　また，支援を支えるものとして，日常の情報交換が大切となってきます。

　小学校時代に発達障害の判定を受け，中学校に入学してくる生徒に対しては，保護者の理解もあり，支援しやすいことが多いようです。それは，保護者が小学校時代の様子や小学校での支援の様子を担任に伝達してくれるからです。また，保護者了解の下，小学校担任から支援についての情報も得ることができます。しかし，一方高校入試に不利になるのではないかと考えて，小学校時代の様子を一切伝えようとはしない保護者もいます。また，発達障害が疑われるのに医療機関にかかっていない保護者もいます。後の二例については，根気強い保護者とのかかわりが必要となってきます。一年かけて，医療機関や判定機関にかかっていただくくらいの気の長い働きかけが必要です。判定を受けていなくても，日々の行動の中にLD，AD/HD，ASDの特性が見いだせる時は，その特性を理解したうえで接することで，生徒の心の安定や成長が見られるようになります。それでも，思春期の時期ということで，二次的な障害が表れる前に，保護者に生徒の不調を伝えなければなりません。大変勇気がいります。どう保護者に話を切り出すか随分悩む時期です。放っておくと，ますますひどくなり，回復に時間を要します。担任，特別支援教育コーディネーター，教頭，スクールカウンセラー，養護教諭

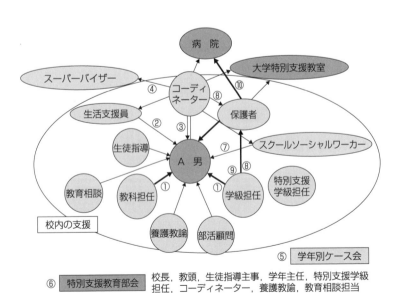

図V-7　チーム支援図

出所：筆者作成。

等のなかから，保護者との人間関係を配慮して，適任者が伝えるようにします。診断を受けていない生徒がいる場合の実態把握や関係機関へのかかり方の手順を，以下にまとめてみます。

（1）学級担任や教科担任からの訴えがあります。

（2）学級担任・教科担任・特別支援教育支援員がそれぞれの担当分野で，対象生徒の実態把握を行い，学級担任に情報を提供します。

（3）学級担任・副担任はLDIなど，各地域で作成されているチェックシートに基づいて，チェックしていきます。

（4）校内委員会で，情報を共有し，今後の支援方針を立てます。

（例）保護者にスクールカウンセラーの相談を促します。

　　　○○病院へ受診を促します。

　　　（※担任等が一緒に行くことで，保護者が安心することもあります。）

　　　巡回相談の相談員に授業の様子を見てもらいます。

　　　心理検査（WISC-IV）等の検査を勧める場合もあります。

（5）引き続き生徒の日々の様子やかかわりの具体的な手立てについて，学年の職員で見ていきます。各学期の終わりに，回覧板を利用して各教科での授業の様子等を記録していきます。

（6）保護者と連絡をこまめにとります。

（7）個人ファイルに実態，目標，支援方針，具体的な支援，変容をまとめ，次年度へ申し送ります。

③ 個別の指導計画の作成と活用

　これらの資料を基に「個別の指導計画」が作成できます。主訴，医療・関係機関の情報，現在までの経緯（乳幼児期・小学校の頃からの情報，本人・保護者の願い），現在の実態（かかわっている教師の情報から，健康面，運動・指先面，生活面，社会性（対人関係など）・情緒面，学習面（国・数・その他）），実態の分析と指導の方向性，記録などをまとめていきます。これらの資料は日々の支援に必要なもので，ややもするとできないものが目に付くのですが，よい面もしっかり記録していきます。この資料を基に保護者と懇談して，新しい目標を設定し，支援を続けます。これらが高校へ進学した際の，引き継ぎの貴重な資料となります。自然な流れで「個別の教育支援計画」ができあがっていきます。これらは，一人の生徒を中心に据えた支援の貴重な財産となります。この「個別の教育支援計画」を作成することで，今までの生育歴，教育歴，家庭環境，関係機関での様子等を何度も保護者が説明する必要がなくなります。また，この支援計画の活用が高校・大学卒業後の就労支援につながっていけばうれしい限りです。日々の小さな積み重ねが我々に要求されます。

（井上真理子）

VI 特別支援教育と学級経営・生活指導

 # 学級経営・生活指導の原則

 「どんな子どもも排除しない」

　すべての人間は，したがってすべての子どもたちは何らかの弱さを抱え，その弱さとともに生きています。にもかかわらず，弱さをも含み込んだ丸ごとの存在として受けとめられ，尊重される経験をもたない子どもたちが増えてきています。昨今の自立をめぐる様々な議論が示唆しているように，自らを律し，自らの目標達成に向けて挑戦し続けようとする者のみが，またその側面だけが過剰に評価され，そうすることのできない者はしばしば自らの幸福追求権が否認される状況に追い込まれています。また，他者と同じように挑戦することができない苦悩を問題行動として表出させる子どもは，ゼロトレランスの思想の浸透もあってか，執拗なまでの排除・抑圧の対象となっています。奇妙なことではありますが，彼ら／彼女らを排除しようとする側は，自らもまたそうした状況に陥ることがありうることを全く想定していないかのように振る舞います。しかし，この振る舞いは挑戦し続けなければ人並みの幸せを求めることすら許されない状況の生きづらさにすでに気づいているがゆえに，挑戦できない者の存在をことさらに否定し，彼ら／彼女らと自分との違いを際立たせることによって，かろうじて自分の存在を承認してもらおうとする必死な姿の表れなのかもしれません。

　仮にそうであるならば，今日の情勢において生活指導の原理を考えようとする際，どのような子どもであっても自らの存在が否定されることなく，弱さとともに生きていることを互いに尊重し合い，その弱さを互いに支え合いながら，安心して生活し，学習できる学級や学校を創造していくことが，その根本に改めて位置づけられる必要があるでしょう。この原理に貫かれた学級や学校では，既存の価値基準への適応や集団への貢献の度合いによって尊重の如何を決定されはしません。そうではなくて，既存の価値基準や組織に適応しづらい者からの異議申し立てを通して，価値基準そのものを問い直し，安心できる空間を日々創造していこうとするのです。

 平和的に共生する学級・学校づくり

　日本の教育思想及び教育実践に大きな影響を与えた一人であるペスタロッチー（Pestalozzi, J. H.）は，「生活が陶冶する」（Das Leben bildet）という教育の

原理を謳いました。それは，無味乾燥した知識を伝達していくことが子どもたちを陶冶するのではなく，生活を営む過程そのものが，つまり生活の営みに参加することが子どもたちを陶冶するという原理であり，近代教育思想の最良の遺産の１つです。

　時を経て，この「生活が陶冶する」という原理は，今日の生活指導の原理のなかに批判的に継承されて息づいています。子どもたちは，平和的に生きることの大切さを伝えられることで，それを体現する人へと成長するわけではありません。そうではなくて，個別具体的な事例のなかで，いかにすれば自分たちが安心して生活を送れるのか，いかにすれば安心して学習に向かえるのかを実際に創造していく過程に参加していくことによって，子どもたちは1947年教育基本法の言う「平和的な国家及び社会の形成者」に向かって陶冶されていくのです。

　しかしながら，生活の営みに参加していくことによって子どもたちが陶冶されていくという原理は，その影の部分も併せ持っています。たとえば，困難な課題を抱えた子どもを排除することで「安全な」生活と学習の空間を創造しようとする過程に参加するならば，当然，その思想を行動原理とするような子どもを育てることにつながるでしょう。その意味で，生活指導の原理は，自分たちが創りだそうとしている生活や学習の組織の在り様は，どのような方向に向かおうとしているのか，どのような価値を創造しようとしているのかを常に吟味していく必要があるのです。

③ 生きる希望と勇気の獲得と「主権者」の形成

　生活を営んでいく過程そのものが人を陶冶していく力をもつ以上，今日のこの国において日々の生活を営んでいけばいくほど，無力感や既存の価値への無批判な服従を自らのなかに根づかせてしまいます。しかしながら，こうした心性は，自らの尊厳を自ら踏みにじる方向へと作用せずにはいられません。こうした矛盾を意識化し，「一人ひとりが自らの尊厳を互いに保障し合う社会はいかなるものである必要があるのか」という問いに真正面から向き合う，小さくとも重要な「実験」の場が，学級や学校に他なりません。

　子どもたちは，また彼ら／彼女らを支えようとする教師を始めとした大人たちは，その大いなる「実験」への参加者であります。「実験」に失敗はつきものでしょう。しかし，その都度その失敗に由来する矛盾を意識化し，今とは違うもう一つ別の，今よりも安心して学習し，生活できるような場を創造していくことによって，一人ひとりが「平和的な国家及び社会の形成者」としての実質を豊かにしていくのではないでしょうか。

（福田敦志）

（参考文献）

　全生研常任委員会編『新版　学級集団づくり入門』明治図書出版，1990年（小学校編），1991年（中学校編）。

　船越勝ほか編著『共同グループを育てる』クリエイツかもがわ，2002年。

Ⅵ　特別支援教育と学級経営・生活指導

 小学校の生活支援と学級経営の実際①
──子どもの内面に寄り添い，共感的に受けとめる

 待つこと，共感することで，自分で立ち直る力を育む

　発達障害などをもつ子どもを通常学級で受けとめていくために大切なことのひとつは，その子どもの気持ちに寄り添い，待つこと，共感することだと思います。言い換えれば，その子どもの言葉や行動の奥に潜む内面を共感的に受けとめて，ていねいにかかわることだと思います。

　1年生で担任した翔太（仮名）は，幼児期に医療機関で広汎性発達障害と診断されており，特別支援学級に在籍していましたが，すべての時間を筆者が担任する通常学級で学んでいました。発達的な遅れはほとんどありませんでしたが，ひとつひとつの行動や場面の切り替えに時間がかかる子どもでした。

　1学期のある日，翔太は，給食当番の牛乳の係で，友だちと2人で牛乳瓶の入った箱を運んで配っていました。牛乳の係は4人で，あとの2人でもう1箱を運んでいました。配り始めてしばらくすると，翔太が急に怒り出すので，訳を聞いたのですが，どうも彼の説明ではよく分かりません。他の子どもたちからも話を聞くと，どうやら彼は，自分の運んできた箱ではない方の箱から牛乳瓶を取り出して配ろうとして，友だちに「翔ちゃん，自分の箱から配って」と言われたようなのです。『はじめに自分の運んできた箱の中の牛乳瓶を配って，終わったら別の箱からも出して手伝いましょう』ということは，みんなで決めたことではないのですが，子どもたちの中では"暗黙の了解"として理解されていたようです。私は，彼はこの"暗黙の了解"がわからないのだと思いました。最初に自分の運んできた箱から出して配ることを説明すると，わかってはくれましたが，泣いて怒っていた気持ちはなかなかおさまらないようでした。

　そして，翔太がまだ，エプロンを片づけ終わらないうちに，給食係の子どもたちが「いただきます」をしてしまいました。すると，彼は，「せっかく気持ちよく食べようと思ってたのに」と言って，泣いて怒り出しました。お代わりもいっぱいする給食の大好きな彼にとっては，辛いことだったのだと思います。

　私は，翔太を抱きかかえて渡り廊下に出て，しばらく，風に吹かれながら，「いややったなあ。せっかく気持ちよく食べようと思っていたのになあ。悲しいな。先生も気がつかなくてごめんね」と話しながら彼を抱っこしていました。

　しばらくすると，彼は，「降りる」と言って降りて，私にはもう背を向けながら，「よーち，がんばるぞー」と言って教室に向かって駆け出していきま

▷1　DSM-5の改訂に伴い，現在は自閉スペクトラム症と診断されることが多い。Ⅳ-4を参照。

VI-2 小学校の生活支援と学級経営の実際①

した。その後は，機嫌も良くなり，いつものようにたくさん食べていました。

翔太は，少しの間，風に吹かれながら抱っこされ，自分の気持ちに寄り添ってもらうことで，自分で自分の気持ちを立て直すことができたのです。

「泣かないで食べなさい」と言うのではなく，子どもの気持ちに共感して待つことの大切さを，私は翔太から教えられました。

❷ 安心感のなかで，今なにをすべきか，自己決定する力を育む

翔太は，ものごとの順序性を崩すことができず，初めてのことへの不安感の強い子どもでもありました。

1年生の1学期，給食当番のエプロンを着るのが遅くなり，「給食当番，行きますよ」と声をかけると，「ああ～ん，翔太，おくれる」と言って怒っていたのですが，「心配しなくていいよ。みんな，待ってるからね」と言って安心させ，彼の側で少し手伝いながら気長に待つようにしました。子どもの中には，「おい，早くしろや」と言う元気者もいるのですが，「今ね，翔太くん，エプロン着てるからね。ちょっと待ってあげようね」と言って待つようにしました。

同じようなことが何度か続くので，「翔太，こんな時は怒らなくていいから，先生，待ってくださいと言えばいいのよ」と教えました。

2学期の中頃には，同じような場面で「宮本先生，まってくださ～い」と言えるようになりました。

3学期のある日，またまた，ゆっくりな翔太を見て，「翔太，もう行くよ」と言うと，彼はエプロンの入った袋を抱えたまま少し考えて，「う～ん，今日はこのままで行こうかな」と言ったのです。

ものごとの順序性をなかなか崩せないという障害特性はあるけれども，何度か同じ場面に直面する中で，今はエプロンを着るよりも，とりあえず，早くみんなと一緒に給食を取りに行く方が大事だという行動を自ら選びとることができたのです。そのことをお母さんにすぐにお話しすると，「とりあえず，～するということができるようになったのですね」と言って喜んでくれました。また，「こんな小さなことで，喜んでくださる先生のことも嬉しいです」と言ってくれました。子どもの成長を保護者と共に喜びあえることを嬉しく思いました。

彼は，この頃から，プリントが終わってなくても休憩時間に遊びに行けるようになったり，「まあ，いいか」と呟いたりするようになりました。順序性を崩して，今したいことをするという行動が般化し，自分に折り合いがつけられる場面が出てきたのです。彼が内面的に成長・発達したのだと思います。

❸ おおらかに，気にしすぎない教師の感性：整理整頓などについて

翔太は，ある時，水筒を片づけるのが面倒で，私が「翔太，水筒片づけや」

95

（水筒を置く場所が教室の端っこにあります）と言うと，「はーい」といい返事はしたものの，片づけに行かなくて，自分の膝の間に挟んで片づけたつもりをしていました。その様子が教室の前の方にいる私からはよく見えていて，とても微笑ましく思えました。

また，ある時は，要らない紙や包装紙で作ったくるくる棒（この棒で子どもたちは闘いごっこなどをして遊んでいました）を自分の椅子の横の床の上に転がしているので，「翔太，くるくる棒，落ちてるで」と言うと，「あんな，先生，それは，置いてんねん」と言うのです。『そうか，翔太にとっては，これは落としているのではなくて，置いているのだ，彼のエリアは広いんだ！』と思い，なんだかおかしくなりました。

きちんと片づける方法を教えることと同時に，子どもの工夫や言い分を受けとめることのできる私たちの懐の広さが求められているのだと思います。子どもの言動の中に，かわいらしさやいとおしさといったものを見つけていくことも，また，楽しいものです。

④ ひとりひとりの子どもたちとていねいに向きあう

3，4年生で受けもった夏樹（仮名）は，診断は受けていませんでしたが，アスペルガー障害と思われる子どもでした。彼は相手の子どもが聞いていなくても，自分の言いたいことを言うと返事を待たずにその場を去っていくような子どもでした。その場の状況や相手の表情から気持ちが読めないようでした。

3年生の時，漢字の小テストをしている時，夏樹はテストをしないで外をずっと見ていました。私が，「夏樹くん，そんなに外ばっかり見たいのやったら，ずっと外見とき」と言ったのです。すると，彼は，ずっと窓の外の方を見続けていたのです。そのことに気づいた子どもたちと私の目が合って，子どもの1人が，「先生，夏樹くん，ずっと外見てるで」と言ったのです。私が「ほんまやな。みんなやったらどうする？」と言うと「僕やったら，先生に注意されたと思って，ちゃんとテストするわ」と言ってくれたのです。すると，その言葉を聞いていた夏樹が，「僕，先生に注意されたと思いませんでした」と話してくれました。夏樹は私の言葉の裏の意味を理解できずにいたのでした。正直に言ってくれた夏樹に感謝です。私はすぐに，「みんなだったら先生に注意されたと思ってテストするよね。でも，夏樹は，先生の言葉の通りにしたんやね。みんなと夏樹のものの感じ方が少し違う時があるから，みんなも気がついたら夏樹に分かりやすく教えてあげてね」と話しました。

いろいろなことに出くわすなかで，学級の子どもたちも夏樹のことが少しずつ理解できはじめ，彼に説明してくれたり，班で活動する時には，待ってくれていたりする子どももいました。

4年生のある日，夏樹が，運動場で数人の男子たちとサッカーボールを使っ

て遊んでいました。この遊びは，円の真ん中に居る1人の子どもが鬼になって，その鬼にボールを捕られないようにして，周りの円に居る子どもたちがパスをまわすというルールです。

ところが，夏樹は，休み時間が終わると，すごい剣幕で怒り，泣きながら教室に戻ってきました。一緒に遊んでいた子どもたちもどうしたものかと困っている表情でした。夏樹から訳を聴いた私はびっくりしました。彼には，この遊びがこんな風に感じられていたのです。

彼は，興奮しながら「僕が鬼になったのに，みんなは僕にボールをまわしてくれへんで，無視する。僕にボールをくれる格好をして，僕にだけボールをくれないで意地悪する」と言うのです。一緒に遊んでいた子どもたちは彼に分かるようにルールを説明したと言うのです。1つのルール理解の不十分さがここまで夏樹を苦しめていることに，こちらのほうが苦しくなりました。

他の子どもたちには図工をしてもらうことにして，私は，夏樹に絵を描いて一通りのルール説明をするのですが，どうも，十分には分かってもらえず，「普通の鬼ごっこやったら，僕にボールくれてもいいのに，僕にだけくれへん」とか，フェイントが理解できず，「意地悪する」と言って引かないのです。それから，給食の時間になって，私は夏樹の班で一緒に食べていました。その時に，男の子たちが，ジャムをまわしあいっこして，1人の子に渡さないということをしていました。私が，「夏樹，さっきの遊び，これと同じやで。1人の子にだけジャムを渡さないようにしてるでしょう。ボールを夏樹に渡さないようにしていたのと同じやで」と話しました。すると，夏樹が，「分かったわ。海賊が，宝物をほかの人にとられないようにするのとおんなじやな」と。私は「そうやで」と言って嬉しくなりました。夏樹のルール理解は，このようにして，半日かかって，自分の言葉で消化されていきました。夏樹の，遊びのルールを理解したい，みんなと一緒に遊びたいというねがいが，ルール理解を可能にしたのだと思います。

子どもの言葉や行動の奥には必ず，理由があります。うまく言葉や行動で表現できないだけで，そこに，その子どもの要求やねがいが隠されています。私たち教師が，そのねがいに気づいたり，読み解いていくことで，子どもたちは救われた気持ちになるのではないかと思います。子どもの絡まった心の紐をほどいてあげ，子どものなかにある力を引き出してあげることが，私たち教師にできるわずかなことのように思います。伸びていく力は，子ども自身のなかにあると思うのです。

障害特性や発達の状況をよく考慮しながら，その子どもをひとりの人格として受けとめ，ていねいに向きあうことが，ほんとうに大切なことだと思います。なによりも，人としての情，ぬくもりをもって，子どもたちと向きあっていきたいものです。

（宮本郷子）

Ⅵ 特別支援教育と学級経営・生活指導

小学校の生活支援と学級経営の実際②
―障害・発達・生活の視点で子どもを捉える

 ごっこあそびで，言葉の根っこの力を育てる

　目に見える力だけにとらわれず，その子どもの学習の基礎となる力，発達の土台となる力を太らせることは，とても大切なことだと思います。

　3年生で担任した誠（仮名）は，発達的には4歳頃の力でした。本来なら，特別支援学級で学習した方がいいと思われる子どもでしたが，在籍はしておらず筆者の担任する通常学級で学んでいました。

　4月当初の10日間程は，教室中這いまわって床の目に入っている鉛筆の芯を集めていました。同じ課題で取り組めることは少なく，アンパンマンやゲゲゲの鬼太郎などの絵をたくさん描いて，ハサミでチョキチョキしていました。

　休憩時間には，誠が作った剣をふろしきでくくり付けてあげて，彼が忍者になり，学級の子どもたちが折り紙で作った手裏剣を飛ばしあいっこして，忍者ごっこを楽しみました。また，ある時は，誠が図書館司書の方に作ってもらった冠を被り，教室ではみんなでふろしきをマント替わりに付けてあげて，王様気分。私が「誠くん，勉強しようか」と言うと，「おおさまは，べんきょう，きらいなの」と言って王様になりきっていました。

　理科の時間に作った糸電話が嬉しかった誠は，国語の時間になっても，その糸電話で遊んでいました。『もちもちの木』の学習で，豆太の気持ちをみんなで考えていた時に，誠は，急に私の所にやって来て，私にその糸電話の一方を差し出しながら，「せんせい，お電話ですよ」と言うのです。私は，おかしくて笑いながらも，その糸電話の一方を耳に当てながら，「もしもし，はいはい，誠くん，なんですか」などと言いながら彼とお話をしました。学級の子どもたちは，その様子をじっと見ていてくれました。授業が一時的に中断しても別にざわつくこともなく。

　学級の子どもたちは，誠にどう接したらいいのかということを，筆者を見ながら学んでいきました。教師が，その子どもとていねいに関わっていたら，自然に優しくていねいなかかわり方をしてくれるようになると思います。まるで，教師の思いが，教室の空気中を伝わって，子どもたちに届くかのように。

　誠は，他にも，校長室に行ってたくさんのフィルムケースや木切れなどをもらって工作をしたり，家や学校の休み時間に子どもたちと西遊記ごっこをしたりして遊びました。そんなことの積み重ねのなかで，彼は言葉の根っこになる

イメージの世界を太らせていったのでした。

　4年生の秋頃には，彼の描く絵は，前向きだけでなく後ろ向きや横向きも出てくるようになり，なわとびも前回し跳びが連続でできるようになりました。三次元の世界が広がってきたのです。お家の人と紅葉狩りに行ったことなどを文章で書けるようにもなりました。

　誠は知的障害でしたが，彼の発達の状況を考慮しつつ，通常学級という制約はありましたが，発達の課題に迫っていくことの大切さを誠から学びました。

❷ 達成感が子どもの自信と意欲を生み出す
——学級全員で，取り組んだコマまわし

　誠のいた3年生の学級を受けもっていた時に，1年間かけて，コマまわしに取り組みました。はじめのころは，こまの紐を巻くこともできない子どもが何人もいたので，子ども同士で教えあいながら，昼休みに毎日のように教室でこままわしをして遊びました。

　この時にみんなで，昼休みに机を後ろに下げた教室で，円陣になって外から内側に向けてコマを投げることや人のいる方に向けて投げない，うまく回せない人がいたら教えてあげるなどの約束事を決めて取り組みました。私も昼休みには，子どもたちと一緒にコマまわしをするようにしました。
そして，コマまわしの級を，10級…自分でこまの紐が巻ける，9級…10秒間まわせる，8級…30秒以上まわせる，7級…回っているこまを下敷きですくえる，6級…紐でおさんぽができる，5級…手のせができる……といった感じで決めて練習しました。

　そして，一人ひとりの腕が上がってくると，“コマまわし大会”を開き，班対抗で，こまが回っている時間をストップウォッチで計って，合計時間で競い合いました。また，個人で何級までいけるか競争したりもしました。

　誠は，こまの紐を巻くのもひと苦労でしたが，友だちや私に何回も教えてもらったり友だちの回す様子を見たりしながら，半年以上かかって，なんとか回せるようになりました。空回りばかりしていた誠が，初めてうまく回せるようになったときには，みんなで拍手をして喜びあいました。

　この時，同じ学級にいた紀夫（仮名）は，体が太り気味で，行動もゆっくり，学習もスポーツも少ししんどい子どもでした。しかし，コマまわしがとても好きになり，みんなと毎日のように練習し，家で，お父さんに教えてもらうなかで，誰よりも長い時間回せるようになり，「手のせ」や「綱渡り」などもできるようになりました。ベーゴマにも挑戦し，回せるようになったのです。

　紀夫は，コマまわしが上達してきた頃から，学習への意欲も出てきて，一生懸命に学習に取り組むようになりました。友だちにコマの回し方を教えてあげる立場に立てるようになり，みんなから頼られたり一目置かれたりするように

なり，彼は，何ごとにも自信をもって行動できるようになってきました。また，お母さんが，「うちの子は，コマまわしのおかげで勉強も頑張るようになりました。それに，紀夫がお父さんのことを見直すようにもなりました」と言っておられたことが印象に残っています。

コマまわしが上達する，ベーゴマまで回せるようになったという達成感，周りの友だちから，頼りにされるという充実感などが，紀夫の自信にもつながり，学習への意欲を引き出すことになっていったのだと思います。

❸ つながりあう子どもたちのなかで，発達障害などをもつ子どもも輝く──みんなで脚本を作って楽しむ学校演劇

筆者は，いつも学習発表会の舞台発表に向けて，劇の脚本を子どもたちと一緒に作るようにしています。絵本やお話をもとにして，子どもたちの意見を取り入れて作るのです。

6年生を受けもった時に，"同窓会ごっこ"という劇に取り組みました。一人ひとりの子どもたちが，20年後に同窓会で出会った時に，こんなことをしているということを紹介しあう場面がありました。この台詞をそれぞれに考えたのですが，自分の将来の夢や希望を語るというものです。知的障害のあった隆志（仮名）も一生懸命に台詞を考えて舞台で大きな声で言うことができました。

また，別の6年生を受けもった時には，『鏡の中のアリス』という本を読んでいる子どもたちが何人もいたので，まず，脚本の大筋は子どもたちで作りました。子どもたちが班ごとに少しずつ持ち回りで考えていくのです。1つの班の子どもたちが放課後一緒に考えて，最後は誰かが家に持って帰って話を書いてきます。それを翌日，私がみんなの前で読んで，みんなの意見を取り入れて少し修正し，また，次の班の子どもたちが，その話の続きを考えて書くという作業を1週間ぐらい続けるのです。そして，最後は，私が脚本として仕上げました。とても手間のかかる作業ですが，みんなが劇のストーリーを自分たちで考えて作っているという実感があり，納得ができ，脚本が出来上がる頃には，みんな，その話のなかみを覚えてしまっているというメリットがありました。役決めの時にも，この役は誰々がぴったりやなあと言って，友だちの性格と劇の登場人物の性格とを重ね合わせているのがすごいなと思いました。途中で挿入する音楽は，ピアノの得意な子どもたちが，その場面に合った曲を自分で選曲して，当日も舞台の子どもたちの動きに合わせてピアノの生演奏を入れるようにしました。もちろん，ダンスの振り付けなども自分たちで考え，大道具，小道具などもいろいろな意見を言いながら作りました。

脚本作りから始まり，みんなで一緒に創る劇は，子どもたちが仲良くなってつながっていき，卒業前の子どもたちの気持ちを高めていくことになりました。

翔太の居た2年生の学級で取り組んだ劇は，『ぎろろん山と10ぴきのかえる』

と『わんぱくだんのきょうりゅうたんけん』という２冊の絵本をもとに，みんなで脚本を考えて作りました。高学年のように自分たちで脚本を全部作るとうことにはなりませんが，かえるたちが，ぎろろん山にしゃっきりだけを採りに行く時にどんなものに出会うか考えたり，かえるの自己紹介の台詞や挿入歌のダンスの振り付けなどもみんなで考え，お互いの演技について意見を言い合ったりもしました。

翔太は，オーディションで勝ちとった竜とかえるの役を場面ごとに，竜の役の時にはしましまの服を，かえるの役の時には緑の服を着てやりきりました。

本番直前，見栄えのいい舞台をつくらねばと焦っていたのは私ひとりで，子どもたちは，校庭の片隅にある築山で"10ぴきのかえるごっこ"を楽しんでいました。その楽しい様子は，「先生，今日は15ひきのかえるになったで」「先生も明日，おいでよ」といった会話や，子どもたちの作文からもうかがえました。

見栄えのいい劇をつくるのが目的ではない，子どもたちが一緒に楽しめる劇を創ることの大切さをこの子どもたちは教えてくれました。学校演劇のもつ力は大きく，一緒に劇を創っていくことを通して，子どもたちはつながりあい，発達障害などをもつ子どもも輝ける学級集団を創っていくのだと思います。

④ 読み聞かせのある教室

国語の時間はもちろん，終わりの会やちょっとした時間を見つけては，子どもたちに絵本などの読み聞かせをしています。お話の世界のなかに入って楽しむ，笑ったり悲しんだりすることで，子どもたちの情は豊かになります。学級の共通の話題も広がります。読み聞かせのある教室は，子どもたちをほっこりとした気持ちにさせます。発達障害などをもった子どもたちを受けとめていける学級集団という"土壌"を耕すことにもなると思います。

⑤ 障害・発達・生活の視点　そして，人としてのあたたかさを貫く

障害特性と発達の基本をよく知り，子どもを障害と発達の視点で捉えることは大切なことです。と同時に，人としてのやさしさ，あたたかさをもって子どもたちに接することの大切さを何度も強調したいと思います。人は人の情やあたたかさに触れて，その学びを自分のものにしていくと思うからです。

また，発達障害の子どもたちのすべてが，通常学級だけでその発達や居場所が保障されるとは思えません。一人ひとりの子どもについて，通常学級で教育が可能な発達と障害の状況を吟味，検討することが必要です。子どもの障害や発達の状況によっては，通常学級だけでなく，特別支援学級での学びや通級指導教室での学びも保障されなければなりません。通常学級の子どもの人数を減らすことや通常学級における支援員（専門の知識や経験をもった教諭）の配置，巡回相談など，多様な支援のあり方が追求されなければならないと考えます。　（宮本郷子）

Ⅵ　特別支援教育と学級経営・生活指導

小学校の生活支援と学級経営の実際③
―― 子どもの声を深く聴きとることを通して，表現する主体を育て，
　　子どもどうしをつなぐ

　子どもの声を拾いながら，ゆっくりていねいにすすむ

　2年生で担任した唯史（仮名）は，診断は受けていませんでしたが，アスペルガー障害ではないかと思われる子どもでした。授業中は，私の言葉をとってすぐにしゃべり出し，『読』という漢字を習った時に，友だちが「これって，言べんやな」と言うと，彼は，「偏だよね。ほかにも旁やりっとうとかいろいろあったりするんだよね…」と言い出したり，四字熟語等が次々ととび出したりするのでした。

　1学期の国語の時間に『のはらのシーソー』という教材をした時に，「のこぎり，使ったことある人？」と私が尋ねると，すぐに唯史が，「あるよ。僕ね，のこぎりでテーブル作ったんだよね。お父さんと作ったんだ…」と，勢いよく話し始めました。誰に話しかけるというのでもなく，しゃべり続けるのですが，途中で私が，「唯史くん，すごいね。お父さんと一緒にテーブル作ったの」と，彼の話した言葉を拾い，「唯史は，テーブル作ったんだって」と，みんなのなかに返していくようにしました。すると，他の子どもたちも，「僕も箱，作ったことあるよ」などと言って話が続いていきました。

　日曜参観の前日に，私が話を始めると「ええ〜，日曜参観で図工するの。なに作るの。ところで，日曜日の時間割ってないよね。何持ってくるの。いったい，何時に帰るの…」と。すぐにしゃべり出す唯史の心の中は，実は不安でいっぱいだったのだろうと思います。なかなかしゃべらせてくれない彼の言葉の合間を縫って，やっと私が，「日曜日はね，月曜の時間割だよ。午前中で終わるよ。何を作るかはお楽しみ」と言うと納得するのでした。

　こうして，独り言のように話す唯史の言葉は，宙に浮いているようでしたが，授業中に話す彼の言葉をひとつひとつていねいに拾って，「今ね，唯史君はこんなこと言ったよ。よく知っているね。すごいね」と言って，みんなのなかに返し，彼のことを褒めるようにしました。

　クラス替えした当初は，少しばかにされたような感じもありましたが，彼の言葉を解説しながら学級の子どもたちのなかに返していき，褒めることで，彼は，うるさいと叱られたりばかにされたりする存在ではなく，褒められる存在として学級のなかに位置づいていきました。また，宙に浮いていた言葉も次第に「先生，僕って宿題出してる？」というように，人に向けて語られる言葉に

なっていきました。

　子どもが話し始めることをすぐに止めてしまわずに，その言葉を学級の子どもたちに返していき，学級の話題にしていくことで，話をしている子どもが主人公になっていくことができると思います。

2　共感的笑い

　国語の時間にカタカナの学習をしていた時です。私が，「なんでもかんでもカタカナで書くのじゃないよ」と言っただけで，唯史は，「外国の地名とかはカタカナで書くんだよね。外国から来たものもカタカナで書くんだよね」と私が言いたいことを話してくれるので，「みんな，今，唯史が解説してくれているね。唯史が言ったとおりだよ。唯史，よく知っているね」と言いました。褒めることのたくさんある唯史でした。彼の物知り博士ぶりは，ずっと続きました。褒めると嬉しそうな顔をしてくれるようになってきたことが，私にとっても嬉しいことでした。

　2学期になって，運動会の作文を書いたときに，唯史の作文の中に，『…犬のしみつなひき…』というのがあって，「唯史，これ，なに？」と私が聞くと，唯史が，笑い出して「先生，これ，"た"やで。"たのしみつなひき"やで」と教えてくれたのです。私は，唯史の少し歪んだ"た"という文字を"犬"と読んでいたのです。そのことが唯史にはすぐにわかったらしく，2人して大笑いをしてしまいました。唯史はよっぽどおかしかったらしく，お腹を抱えて座り込んで笑っていました。

　ひとりで解説したり，ひとり笑いをすることの多かった唯史と，この時はじめて一緒に笑い合えたのです。

　「はじめてやなあ。唯史と先生がこうして一緒に笑えたのは」と言うと，「うん」と言いながら，とても嬉しそうな笑顔を見せてくれた唯史の姿が，今でも目に浮かんできます。

3　たくさん話すことを通して，文脈形成の力，伝える力を育む

　前述した翔太は，授業中に「〜ってなに」を連発していました。私が具体的に説明したつもりでも，「苦労って，なに」とか，よもぎの説明をした後でも，実物がないとわかりにくいのでしょう，「先生，よもぎって，なに」という質問がくるのです。翔太が，聞いてくれるおかげで，もう一度，詳しく具体的に説明することができるので，そのことは，翔太だけでなく，わかりにくいと思っていた他の子どもたちにとってもよかったと思います。

　夏休み明けに，子どもたちが，順番に思い出を語っていた時に，女の子が，「私は，水族館に行ってきました。ジンベイザメを見ました…」と言い始めると，彼は，急に「僕の見たジンベイザメとおんなじですか」と言い出したので

VI　特別支援教育と学級経営・生活指導

す。その女の子は，どう答えようかとびっくりした様子でしたが，すぐに「は
い，そうです」と答えてくれました。それから，翔太は，ひとしきり，自分の
見てきたジンベイザメのことを話していました。彼は，いろいろな場面で，こ
ちらの話をとって，途中からたくさん話をしてくれました。

　授業中などに，友だちや私の話をとって話し始める翔太は，内言の獲得がや
や弱く，自分のなかでずっと，言葉をもっておくことができず，話さずにはい
られなかったのだと思います。初めのうちは，翔太の言っていることがよくわ
からないこともありましたが，彼が，何度も一生懸命に話そうとしていること
を聴いてあげるうちに，だんだんと彼の言いたいことが，わかるようになって
きました。たくさん語ることで（こちらがていねいに聴きとってあげることで），
彼は，結果として，文脈を形成する力を培っていったのだと思います。

❹　思いを綴る

　翔太のいた2年生で，生活綴り方（つづりかた）の授業に取り組みました。
技術的にうまく書くことが目的ではなく，自分の生活をみつめ，ありのままに
書くこと，書きたい意欲を育てることを大切にしました。そして，子どもたち
の書いた作文を読みあい，感想を言いあったり質問しあったりして，みんなの
なかに返していくことで，お互いがよく知り合い，仲良くなることができます。
生活綴り方を通して，子どもたちはつながりあっていきました。

　翔太は，1年生の時には，空想の入り混じった絵や作文を書いていました。
2年生になって，友だちの作文を読みあうなかで，作文って，なにを書いても
いいんだ，出来事を順番に書いていけばいいんだということを，彼なりに学ん
でいったようです。

　6月の梅雨時に漢字の学習をしていた時に，大雨が降ってきて，みんなが窓
にへばり付いて外の様子を見ていました。その時に，子どもたちが，ひとり一
鉢育てているミニトマトのことを思い出して，「僕のトマト，どうなっている
かな。大丈夫かな」などと話していました。そして，書いた作文が次のもので
す。

どしゃぶり

おとついにかん字のべんきょうをしていると，
どしゃぶりがふりました。かみなりがでました。
かん字のべんきょうがおわってから，
すげえどしゃぶりを見ていました。
ミニトマトはどうなってたんだろうと思いました。
それからどしゃぶりがやみました。
それからどしゃぶりじゃなかったけど雨がふりました。

出来事を綴る中に，自分の思いも織り込むことができるようになりました。友だちの思いに自分の思いを重ね合わせることができたのだと思います。集団の学びの良さだと思います。

⑤ 子どもたちとの対話から授業をすすめる

唯史のいた２年生の学級で，７月のある日，男の子が，虫かごの中にセミを入れて学校に持ってきていました。私が，「セミの一生は短いからね。逃がしてあげようか」と言うと，その子も他の子どもたちもみんなキョトンとした顔をするのです。もしかして，セミが１週間しか生きられないことをこの子たちは知らないのではないかと思いました。

そこで，私は，子どもたちに問題を出しました。「では，ここで，問題です。さて，セミはいったいどれくらい，生きるのでしょうか」と。私の質問に，きっと短いのだろうという予想は立てたみたいですが，やはり１ヵ月ぐらいと思っていた子どもが多くて，１週間と知って驚いていました。その後，「第２問。では，セミはいったいどれくらいの間，土の中にいるのでしょう」という質問にも，３択問題で出しましたが，７年間と答えられた子どもはほとんどいませんでした。第３問は，鳴くのは，オスかメスかというもので，これは，多くの子どもが知っていて，「オスがメスを呼ぶために鳴くのでしょう」とか「子孫を増やさないといけないから」などと難しいことを言ってくれる子どももいました。

子どもたちと対話をしながら授業を進めていくのは，おもしろいものです。子どもの持ってきたセミという生きた教材での，にわか授業は，クイズ形式を用いて楽しくできました。その後の休み時間に，その子は，友だちと一緒にセミを逃がしに行っていました。はかない命について，２年生の子どもなりの理解ができたと思います。

（宮本郷子）

Ⅵ　特別支援教育と学級経営・生活指導

 小学校の生活支援と学級経営の実際④
　　──どの子にも安心と自由が保障される学級集団づくり

 子どもは子ども集団の中で育つ

　"子どもは子ども集団の中で育つ"このあたり前のことが，最近，発達障害をもつ子どもの教育が語られる時に，脇に追いやられている感じがします。学校生活，とりわけ，集団のなかで，友だちとの関わりや集団行動などにおいて困難を感じることの多い発達障害をもつ子どもたちに，個別の対応を行うことだけで，力をつけることができるとは思えません。もちろん，一時的にクールダウンできる場所も必要ですし，静かな場所で子どもの気持ちをていねいに聴いていくことも大切なことです。通級指導教室に通って，その子どもの発達課題に合った学習を行うことも必要なことです。しかし，そのことが，通級指導教室の先生に任せておけばいいとか，あるいは，通常学級にいると困るなあといった「排除の論理」にならないようにしなければなりません。また，「通常学級のなかに一緒に居るだけでよい」といった単純な発想であっても困ります。子どもが子ども集団のなかで育つためには，質の高い学級集団が求められます。発達障害などをもつ子どもにとっても居心地のいい学級，言い換えれば，そうした子どもを受けとめることのできる"土壌"としての学級集団を耕すことが必要だと思います。

 子どもの思い，ねがいを受けとめる

　１年生のはじめ頃，校内巡りの時間に，翔太は途中でしんどくなって座り込んでしまいました。その時，周りに居た２，３人の元気者の男子が，彼に「早く行けや」と言って，叩いたり蹴ったりしました。その時には，彼の気持ちを受けとめつつ，周りの叩いていた子どもたちにも「みんなもしんどくなることあるでしょう。蹴ったらあかんで」と言いました。そして，違う場面で，その子どもたちのいいところを見つけて，「よっちゃんは，おうちでお母さんのお手伝いをしてサラダを作ってるんだよ。それに，弟と一緒にお風呂に入って，体を洗ってあげてるんだって。えらいね」と言って，みんなの前で褒めるようにしました。

　子どもたちは，みんな，「先生，見て見て，聴いて」というねがいをもっています。一人ひとりの子どもの話を授業中や休憩時間によく聴いて褒めてあげる，認めてあげる，追い詰めないということを大切にして，自分が学級のなか

VI-5 小学校の生活支援と学級経営の実際④

で大事にされているという実感をもてるようにしていくことが大切です。

前述した隆志のいた6年生を受けもっていた時のことです。隆志は知的障害で発達的には4，5歳頃の力でしたが，特別支援学級には在籍しておらず，筆者の担任する通常学級で学んでいました。彼の話を，言葉を添えながら聴いたり，絵日記に取り組んだりして，言葉の力を豊かにしていく取り組みをしました。

彼は，自分の気持ちをコントロールする力もまだ弱かったので，学級の子どもたちとよくトラブルを起こしていましたが，「隆志は今，こんな気持ちでしたんだよ」「隆志は，まだ我慢ができなくて～してしまうんだよ」と常に彼の言動を子どもたちに解説するようにしていました。

6年生の1学期，学級の子どもたちが，隆志とけんかした後，彼がみんなから叩かれて一件落着ということが何度か起こりました。この時，私は，きっと，子どもたちは，「先生，隆志のことばっかり見てんと，僕らのことも見てえや！」というサインを送っているのだと思って，隆志の気持ちと同時に，学級の子どもたちともたくさん話をしたり遊んだりして，子どもたちの気持ちも受けとめるように心がけました。しばらくすると，子どもたちが，隆志にきつく当たるということはなくなっていました。

ある時，隆志が怒って自分のハサミを振り回すという事件が起こりました。休み時間だったので，私は教室にいなかったのですが，学級のリーダー的な存在の2人の男子が，彼の体を押さえて，彼の手からハサミを取り上げてくれていました。「先生，こんなことがあったけど，僕らがちゃんと隆志からハサミ，取っといたからな」と説明してくれる子どもたちのことをたのもしく思いました。もちろん，その後，彼の気持ちも聴きました。子どもたちが，隆志だけでなく，自分たちも大事にされているという実感をもてることの大切さを感じました。

③ 楽しく，どの子にも出番のある学級づくり

"学校は楽しいところ"でなくてはならないと思います。朝の会や終わりの会，体育や学級会の時間などを使って，みんなで集団遊びをよくしています。

また，私は，お誕生日会や"学級オリンピック""運動会の成功を祝う会"などの楽しい会をみんなで準備してよく行います。

お誕生日会では，グループで紙芝居や人形劇，合唱や合奏，ダンス，手品，クイズなどの出し物をしたり，みんなで集団遊びを楽しんだりします。また，お誕生日の子どもの保護者に前もって，わが子が生まれたときのことやわが子への思いなどをメッセージとして書いてもらっておき，それをお誕生日カードにお友だちからのメッセージや写真とともに載せ，当日，みんなの前で読むのです。本人は少し恥ずかしそうにしていますが，いい思い出になるみたいです。

VI 特別支援教育と学級経営・生活指導

　学級オリンピックでは，入場行進や，うそっこの火を持っての聖火入場，宣誓，競技，表彰式などを行います。競技は，借り物競走や障害物リレー，スプーンレース，二人三脚，パン食い競走などみんなで楽しめる競技を考えて行います。司会やはじめの言葉，競技の準備や進行，プログラム作り，表彰状やメダル作りなど，すべて子どもたちが行います。うまく進められるように，1ヵ月ぐらいかけて準備をします。準備の段階では，いろいろ相談にものり，必要なものを揃えたりしますが，当日は，自分たちの力で進められるようにします。子どもたちは，学級行事を楽しみにしながら学校に来ています。

　こうした取り組みは，授業中だけでは見えない子どものいいところや得意芸が発見でき，その子が周りの子どもたちから見直されたりします。いきいきできる出番があることは，なかなかいいものです。準備の過程で喧嘩もしながら人との関わり方や折り合いのつけ方も学んでいきます。楽しい行事をすることで，学級の雰囲気がほっこりとしてきます。

　こうした学級集団づくりの積み重ねのなかで，発達障害をもつ子どもなど，より弱い立場にいる子どもたちも理解され，受けとめられる学級集団という"土壌"が耕されていくのだと思います。

❹ ゆっくり流れる時間を大切にする

　時間的にも忙しくなってきている学校ですが，私は，意識的に，ゆっくり流れる時間を楽しむことにしています。子どもたちも教師もゆったりとした気持ちになれる時，子どもの声に耳を傾けると，子どもらしさやかわいらしさを味わうことができて素敵です。

　前述した唯史の居る2年生を担任した4月に，生活科の時間で『いま，イチョウの木はどうなっているだろう』というテーマで，予想を立てて校庭に観察に行きました。子どもたちの予想は，「秋にイチョウの葉っぱは黄色くなって散ったから，きっと今は，はげ坊主」というものでした。ところが，校庭のイチョウの木はなんと，1cmくらいのかわいい緑色のイチョウの葉っぱをつけていたのです。びっくり仰天しながらも観察画を描いていると，すぐに気の散る康夫（仮名）が，いち早く虹が出ているのを見つけて「あー，先生，虹が出てる」と教えてくれました。「ほんとだ。虹だ」と，みんなでしばし，虹にみとれていました。観察に校庭に出る度に，「先生，わたげが笑ってるみたい」という子どもの言葉に，「ほんまやね」と言って，わたげをみんなで追いかけたり，みんなでグミの実を食べたり，おにごっこをしたりと，子どもたちと一緒に，ゆっくり流れる時間を楽しみました。

❺ 生活のなかで，言葉の使い方を学ぶ

　算数の宿題ノートを前日に忘れていた翔太は，翌朝持って来たそのノートを

手にしてどうしたらいいのか悩んでいるのを，隣の席の女の子が気づいてくれて，「翔太，先生にそのノート，持って行き」と言ってくれました。私の所へやって来た彼は，その場でなんと言ったらいいのか困った表情でした。「翔太，なんて言ったらいいの」と尋ねると，彼は，「算数のノート，忘れました」と。「翔太，ノート忘れてないやん。持ってきてるやん」と言うと，もうなにがなんだか，訳が分からなくなってしまった様子でした。きっと，ノートを忘れましたとか，忘れてないやんかといったやりとりの中で，彼の頭の中は混乱してしまったのでしょう。「翔太，こういう時は，『昨日忘れていたノートを持ってきました』と言えばいいのよ」と教えました。

発達障害をもつ子どもにとって，昨日は忘れていたけれども今日は持って来ているという状態，過去と現在で状況が正反対になっていることを，言葉では説明しにくいのかもしれません。

言葉の生きた使い方は，子どもの生活や遊びのなかで，タイムリーに教えていくことが，一番いいのではないかと思っています。

ソーシャル・スキルトレーニングは，生活のなかで網羅しきれない様々な場面を想定して，正しい言葉の使い方や行動のあり方を指導できるというメリットはありますが，発達障害をもつ子どものなかには，目の前で起こっていることではない状況を想定することが難しい子どももいるのではないかと思います。

6 ほっこりとした楽しい学級づくりを

障害があってもなくても，どの子にとっても安心できて，ほっこりとした気持ちになれる学級というのは，居心地のいい居場所です。

「ゼロ・トレランス」ではなく，失敗してもいい，やり直しもできるよという寛容度100％の学級でありたいと思います。子どもは，小さな失敗を重ねながら，社会性を身に付けてかしこくなっていくと思います。子どもは，人生における"発展途上人"なのですから。7歳なら7歳を，10歳なら10歳を存分に生きる，子ども時代を豊かにすごすということを私たち大人が保障していかなければならないと思っています。

そのために必要な施策をきちんととることが，行政に課せられた仕事だと考えます。私たち教師が，子どもたちとていねいに向かいあい，実践を積み重ねていくことと同時に，人，もの，お金，通常学級における条件整備など，行政が積み重ねていかなければならない"実践"もまた，たくさんあると思います。

（宮本郷子）

参考文献

青木道忠ほか編著『通常学校の障害児教育』クリエイツかもがわ，2003年。

宮本郷子共著『発達障害と向きあう』クリエイツかもがわ，2007年。

Ⅵ 特別支援教育と学級経営・生活指導

中学校の生活支援と学級経営の実際①
──「いじめ」を予防する学級づくり

 学級開きまでにやっておきたいこと

　いま、子どもたちの多くは、習い事や少年団・塾といったあらかじめ規制された子ども集団しかもっておらず、自分たちで集団をつくる営みの経験は皆無であるといってもいいような状況に置かれています。

　筆者たちは、こういう状況にある子どもたちを新しい学級に迎え入れるために、子どもたちを個人または集団の中で分析し、どの子どもにも居場所があるような編成になるように組み分けを心がけ、そこからどんな集団づくりをするのか実践構想を立てます。

　筆者の学年では、次のような合意をしながら学級編成作業に入りました。
（１）学年で討論したり、様々な取り組みをするなど歩調が合わせやすいので、どの学級も同じような課題をもつようにします。

　この合意は、「自分の学級だけ…」という学級セクトをこえ、「学年の課題を共有し、みんなで子どもたちを成長させる」という、教師集団づくりにも生きてきます。
（２）学級づくりの『実践の柱になる子ども』の課題を見極め学級数に分けます。

　私たちは、学級をつくっていくときに、実践の柱になる子どもの分析を誤ったために、１年間苦労した経験をもっています。これは、教師サイドばかりでなく、子どもたちにとっても不幸な出来事でした。この合意は、担任が学級集団をつくっていくときに、迷わずに実践に入っていくことができると共に、分析に誤りがあれば、学年教師集団で再分析できることも意味しています。

　この時の『実践の柱になる子ども』は、ツッパリであり、不登校の子であり、「いじめ」に関わる子どもであり、学習に抑圧をもつ子どもであり、発達の障害をもった子どもたちです。
（３）「実践の柱になる子ども」の居場所になれる子どもを複数配置します。

　「実践の柱になる子ども」たちの起こす問題が、学級開き当初から起こってくると、その対応に追われ、教師と子どもとの関係はますます悪化の一途をたどり、再構築するまでに多大な時間と労力を費やすことになります。学級の発表があったときに、「あっ、あの子とは友達になれそうだ」という子どもが一人はほしいものです。逆に「この学級、おわってんな」とはしたくないものです。
（４）「実践の柱になる子ども」たちの不平不満を正当な要求として、集団へ

提起できる子ども（リーダー），もしくはその可能性のある子どもを配置します。

「実践の柱になる子ども」たちの，不平不満の中に，多くの子どもたちの願いが凝縮されていることが多いものです。彼らの不平不満を要求として引き受けられたとき，学級集団は大きく成長していきます。その不平不満を要求として集団へ広げていける者が，当面のリーダーとして登場してくることになります。

（５）リーダーとして頑張れそうな子どもと彼らの居場所になれる子どもを配置します。

最近の子どもたちは，どんなにリーダー的な力量をもっていても，一人で頑張れるほどの強さはありません。かつては，地域へ戻ってからの友達関係や家族の中で癒され，頑張れた子どももいましたが，彼らもまた，新しい人間関係を作れるだけの力が弱まっていると言えます。

（６）学力は均等になるようにします。

学習集団づくりを構想したとき，学力的にしんどい子どもが多いと，実践構想が立てにくいし，授業そのものの不成立を引き起こし，進路問題で窮屈な実践を強いられることになります。

以上のようなことを考慮しながら新しい学級を編成します。

しかし，このような学級編成がされたとしても，「いじめ」や問題行動は必ずと言っていいほど起きます。この学級編成方針は，「いじめ」や問題行動が起きることを予想し，その後の集団づくりを想定しています。

２ 学級開きでの子どもたちとの出会い方

学級開きで失敗して，その気まずさを１年間引きずったという話は，まわりでもよく起こっていることです。私の学年では，子どもたちに指導拒否されないために，次のようなことを確認して学級開きを迎えます。

○楽しく前進的トーンで進められるように組み立てます。てきぱきとテンポ良く，いきなり指導する場面をつくらないように工夫します。

（１）座席配置の工夫をします。

友達関係に配慮し，教師があらかじめ作っておくようにします。特に，「いじめ」・「いじめられ」の関係にある子どもやトラブルを起こしそうな子どもどうしは隣り合わせにならないように工夫します。

（２）学級通信を準備します。

子どもにも保護者にも印象に残ることがらを入れます。もし，予測できないトラブルや雑然とした中で学級開きを失敗しても，この通信だけは何人かの子どもは読むし，保護者にも読んでもらえます。

（３）活動を入れます。

教師の話ばかりを聞いていたのでは，子どもたちの反応は分からないし，評価もしにくいものです。学級づくりのポイントを書いたくす玉を割る，簡単な

レクをする，アンケートに記入する，掃除場所をじゃんけんで決めるなどの活動を入れます。

（４）　今後の連絡を具体的にわかりやすくします。

「実践の柱になる子ども」たちは，よく忘れ物をします。最初からそれで失敗しないように，連絡ははっきりと具体的にします。

３　班づくりの順次性

「いじめ」にあっている子どもがいるような場合，彼らは人間関係で傷つき，また外されるのではないかという恐怖心をもっていることが多いものです。そこで，当初は名簿順やくじ引きなどの偶然性による班編制をします。期間を決め，その間に子どもたちの様子を観察するのに都合がいいからです。また，子どもたちも偶然性と期間が決まっているので，関係の悪い仲間が隣にいても我慢しやすいからです。偶然性による班編制と班活動を繰り返している間に，仲間関係が豊かになるような活動を入れていきます。特に「実践の柱になるような子ども」の居場所ができる見通しの中で，「好きな者班」や「班長立候補制」へ移行していくほうがいいでしょう。

４　はずされて不登校になったA子

◗「心が痛い！」

隣クラスの女生徒４人が，「心が痛い！」と訴えて保健室に来ました。この子らは，もともと５人グループでしたが，その中の美智子をはじき不登校に追い込む形になっていました。私たち学年の教師は，美智子が不登校になっている状況や指導に入った担任と美智子以外の４人がもめていることや美智子の保護者が我が子の不登校の原因になっている４人を追求する一歩手前であることも聞いて知っていました。そして，いつ学年として指導に入ろうかと相談している矢先でした。たまたま授業がなくて空いていたので，担任の了解の元に彼女たちとの相談に入りました。

「心が痛い！」理由を聞いていくと，美智子がいかにわがままで，５人の友達関係を壊しているかを切々と訴えました。「美智子のわがままさを注意した自分たちのことを『悪口を言われた，無視された』と誤解して，学校に行けなくなったとみんなに言っている。担任も保護者も学級の仲間も美智子の言葉を信じているが，本当の被害者は自分たちだ」と話しました。しかし，発言するたびごとに良子の顔色をうかがうのが気になりました。

彼女たちの話をコメントをはさまずに冷静に聞き取り，事実関係を明らかにしていきました。そして，聞き取ったことをまとめて文章にしてくる約束をして教室に戻しました。

VI- 6　中学校の生活支援と学級経営の実際①

◯「私たちにも非がある！」

早速聞き取ったことを学年会で報告し，次の方針を立てました。

（1）　今回の件は，ボス的な良子によって引き起こされており，この事実を明らかにしながら，良子自身の友達づくりの間違いや5人のグループの子どもたちの友達づくりの間違いを指摘し，今後の友達づくりをどうしていくのか相談します。

（2）　双方の保護者の動きがあるので，早急に保護者会を開き，事実と今後の方針について相談します。

（3）　子どもたちには，保護者にも事実を話し今後どのように学校生活を送っていくのかを相談することを告げて了解を取ります。

（4）　学級の子どもたちは，今回の事を知り心配しているので，事実と解決の方向へ向かっていることを報告し話し合うことの了解を取るようにします。

　4人との話し合いで，聞き取ったことを文章にしてくると，「そんなに美智子ばかりが悪いわけではない」「私たちにも非はある」という発言が続きました。4人は，自分たちの発言を文章にして客観的に見たとき，事実と違うことにとまどいを感じたようでした。

　これをうけて，美智子をわがままだと言ったのはだれで，注意しようと言ったのは誰で，話しかけないようにしようと言ったのは誰かと，主語を聞いていくと全て良子に結びつきました。この後，小学校時代からの友達づくりを聞き取ると，「はずし，はずされ」の関係で，常に良子が中心にいて，良子だけが一度もはずされたことがないことも明らかになってきました。

　そのなかで，グループのメンバーから常に良子の気に入るように振る舞っていてしんどかったことなども出されました。また，良子が「グループをもっと仲良くしよう。グループを壊さないようにしよう」と思ってのことだった事も引き出しながら，良子や美智子も含めて対等平等な友達づくりは今後どうすればよいかの相談に入りました。

　4人の子どもたちと相談したことを美智子に伝え，その結果をもって保護者との懇談に入りました。保護者からは，いろいろな意見が出されましたが，我々の指導を聞き，最終的に指導の方向性を支持してくれました。それ以後もいろいろな展開はあったものの，基本的には立てた方針通りに進んでいきました。

　一方で美智子が不登校になり，再び登校してくるまで，担任を中心に夜に学習会をして，不安感を少しでも小さくしていく取り組みも行っていました。

（牧本富雄）

Ⅵ 特別支援教育と学級経営・生活指導

中学校の生活支援と学級経営の実際②
―― 他の子どもへの説明と障害告知

「アスペルガー症候群」の隆夫と学級づくりの見通し

　学級に，他の子どもたちとは違う行動をとる発達障害のある子どもがいたり，他の子どもたちを侵害するツッパリたちがいるとき，他の子どもたちへの彼らの行為行動の説明と障害告知は重要な実践課題になってきます。

　いろいろな情報が少ない学年（２年生）に突然はいることになり，新しい学級を受け持つことになりました。この学級には『アスペルガー症候群』の疑いがあると養護教諭から連絡のあった隆夫がいました。私にとっては，初めての経験なので，次のような方針の下に隆夫を迎えました。

（１）　アスペルガーという発達障害の学習と隆夫の障害について調べます。
（２）　隆夫とのパイプは誰を通じてつくれるか。このパイプになれる子どもが，隆夫の当面の居場所になれる子どもです。
（３）　隆夫がトラブルを起こす前に，隆夫と話せる関係をつくります。
（４）　リーダーとして育てようとしている子どもと隆夫たちの関係を調べます。
（５）　隆夫が起こすトラブルを子どもたちとの関係から読み取ります。
（６）　隆夫と学級の子どもたちが共同で取り組める活動をつくり，隆夫理解を深めます。
（７）　保護者の不満から要求をくみ取ります。

---

❷ 仲間はバケツだ！

　アスペルガー症候群についてインターネットで調べると，次のように書かれていました。

アスペルガー症候群と診断された子どもは，教育現場で特別な問題を出してきます。同級生からは，よく奇人変人だと見られ，人づきあいが下手なためしばしばいじめられます。不器用さと理解しがたい強迫的な興味ゆえにますます「変なヤツ」と思われます。人間関係の理解が難しく，人づきあいをする上での約束ごとがわかりません。ナイーブで常識に著しく欠けています。柔軟性が乏しく，変化に対応できにくいために，ストレスがたまりやすく，精神的にもろいのです。同

▶１　アスペルガー症候群の子どもの理解：教師のための指針（ミシガン大学医学センター児童青年精神科病院　カレン・ウイリアムズ）

時に，アスペルガー症候群の子どもは，知能の点では平均，あるいは優秀であり，単純記憶は優れています。自分が興味を持つことにはのめり込むので，その分野で後々大きな業績を上げることもあります。

これを，学校の職員が利用するパソコンの画面に貼り付け，アスペルガー症候群の理解をまず職員に広げる意図を持ちながら学級開きを迎えました。

1年の時には，様々なトラブルを起こす隆夫をめぐって，「隆夫に関わってトラブルになる方が悪い」という，誤ったメッセージが子どもたちの中に受け止められ「隆夫には関わるな」という雰囲気がありました。

そこで子どもたちには，関わって初めてその人がわかるのであり，人を一面だけで決めないでほしいというメッセージを込めて，「仲間はバケツだ！」という標語を書いたくす玉を準備しました。

学級開きで，バレーボールとバケツを用意し，「仲間を見るときは，バレーボールか，バケツかどちらの見方がよいのか」と問いかけました。活動的な子どもたちから「ボールは，どこから見ても裏表がないのでボールがいい」との声が上がり，それが支持されました。

それに対して「私はバケツ派だ。今君たちの見ている仲間は，一面であって全てではない。だから，表から見たり裏から見たりして，仲間の本当の姿を丸ごと分かるようになってほしい。決して，これまでの見方だけで決めつけることはしてほしくない。もちろん私もそうします」と話して，最初から隆夫を『変なヤツだ』と決めつけて，関わらないようにしないでほしいとの願いをこめました。

❸ トラブルが起きたときが集団へ説明するチャンス！

集団へ説明するときは，彼らのことを共感的に受け止める条件が集団にあるときでないと，偏見や差別をさらに助長してしまうことがあります。

様々なトラブルを乗り越えたり，生活を共にする中で隆夫の居場所になれる子どもやリーダーが育ってきた時，隆夫が一方的に加害者になることはないとの見通しがあって，隆夫の起こしたトラブルを学級集団に開きました。

英語の時間に，隆夫が前の席に座っていたヤンチャな明に対して，椅子を振り上げて殴りかかろうとしました。この事件をめぐって，双方から事情を聞き取り，「今回の件は，みんなの見ている前で起こっているし，どうしたんやろうと心配している人が多い。このままでは，『授業中に，隆夫が突然椅子で殴りかかった』ということしかわからずに，また誤った噂が流れる可能性がある。事実をちゃんと話して，みんなにもどうしていけばよいのだろうかと考えてもらった方がいいと思うがどうや」と提起して，当事者の納得のもとに紙上討論に入っていきました。

○事　実

　英語の時間にドリルをしていると，前の席に座っていた明が隆夫に対して「何でそんなに早くできるんや」と声をかけました。これに対して「からかわれている」と思った隆夫は，「俺は毎日家で勉強しているんや」と応戦しました。これを皮切りに，売り言葉に買い言葉が続き，「お前，ガイジちゃうんけ」という明の言葉に隆夫がキレて，椅子を振り上げました。

○二人に確かめたこと

ア　「何でそんなに早くできるんや」に隆夫が『からかわれている』と感じた
　　のはなぜですか。

　以前同じ英語の授業中にからかわれたことがあったので，また同じことが繰り返されると思ったからです。

イ　「ガイジ」という言葉を使ったのはなぜですか。

　口喧嘩になったときに，悪口のひとつとして使っていて，特別な理由はありません。

○君たちに聞きたいこと

ア　隆夫が「何でそんなに早くできるんや」の言葉に『からかわれている』と
　　感じた気持ちは分かりますか。

イ　「ガイジ」という言葉について，明の説明とそれにキレた隆夫の気持ちは
　　わかりますか。

　子どもたちの反応は，隆夫の気持ちは分かるが，自分は椅子まで振り上げることはしないというものが大半でした。また，明の「ガイジ」発言は，自分も言ったことのある者は，明の説明に納得していますが，言われたことのある者や自分の弟に障害のある者からは，「もし，自分に障害があったり，家族や友達に障害があったら，そんな言葉は出ないはずだ」という批判が出されました。

　この紙上討論は，3回のやりとりで終わりましたが，これはあまり深く入りしすぎると「隆夫に関わるとこんなじゃまくさいことになる」というマイナスの効果が，子どもたちの中に生まれるのを心配したからです。

❹　障害告知について

　隆夫は，ストレスがかかっているときや電車にまつわる話しが出てきたときに，授業中であろうがなかろうが，電車の車掌のアナウンスをまねて何回も何回も繰り返します。注意するとますます大きな声でアナウンスを始め，授業は成立しなくなります。また，何かのきっかけで過去にあったことがフラッシュバックのようによみがえり，突然「殺すぞ，家に火をつけたるしな」と叫んだり，椅子を振り上げたりしました。

　このようなことは，周りの子どもたちや保護者には理解できず，「変なヤツ」と見られ，「関わらないでおこう」という子どもどうしの交わりまで奪われて

▷2　大和久勝編『困った子は困っている子──「軽度発達障害」の子どもと学級・学校づくり』クリエイツかもがわ，2006年。

しまうことがあります。もちろん同僚たちもどう接して良いかわからずに，トラブルを続発させる隆夫に対して，他の子どもたちに「関わるな」というメッセージを送っていました。

こういうときに，奇異に思われる行動を出ささないような接し方，また出たときの対処の仕方，彼のトラブルを読み解くキーポイントなど，「障害」について解っていればと思うことが沢山ありました。

一方で，事件を起こした当事者に「軽度発達障害」があったという報道を見聞きするにつれ，障害について話すことが，逆に彼らにレッテルを貼り，子どもたちとの交わりからますます遠ざけていくことにならないか，かつて以上に慎重になるべきだと思っています。

また，保護者も我が子の起こす度重なるトラブルが，自分の子育ての失敗だと思い，自分を責め続け，結果としてますます子どもを抑圧することに出会うことがあります。こういうときには，保護者に発達検査を受けることを勧めたりしますが，あくまでも保護者や本人にとって，それがプラスになる方向での選択でなければなりません。

私のまわりでも，告知することで，何か解決できるような捉え方をしている雰囲気がありますが，決してそうであってはならないと思います。子どもを仲間から遠ざけるために，障害を告知するようなことは決してあってはならないし，彼を成長させ仲間と豊かに交わるための告知でなければならないと思います。

隆夫のアナウンスに付き合っているとき，最終駅まで来るとそのアナウンスがなくなるのに気づきました。それ以後，隆夫のアナウンスが始まると，最終駅のひとつ手前の駅名を言い，最終駅にしてアナウンスが終わるようにしました。これがわかると，授業中に隆夫のアナウンスが始まっても無理に止めなくても次に進むことができるし，安心して接することができるようになりました。それを職場の仲間に話すと，隆夫のアナウンスが始まったときに実践してくれ，隆夫自身も注意されることが少なくなってきていらつきも少なくなってきました。不思議なことですが，隆夫の突如のアナウンスも減ってきました。

この時に，自分で接してみて初めてわかることが多いというのに，改めて気づかされました。

（牧本富雄）

Ⅵ 特別支援教育と学級経営・生活指導

8 中学校の生活支援と学級経営の実際③
―― 非行・犯罪の予防と指導

 政夫という子

　非行や犯罪に走る子どもたちの多くは，自分では背負いきれない苦悩を背負っていることが多いものです。こういう子どもたちは，その兆候をいろいろな場面で表出しますが，早い時期にそれに気づき，適切な指導が展開できれば，彼らを非行や犯罪に走らせずに，自立の道を支援することができます。

　しかし，多くの場合，集団生活の中で彼らの行為・行動をやめさせることに主眼が置かれ，結果として「困った子」だとしてますます抑圧され，不信感を募らせて我々の目の前に現れます。

　新しい学校に赴任してすぐに，2年生の担任になり，小学校・中学1年生と荒れた政夫を担任することになりました。新学期が始まってすぐに，政夫が1年生に「サッカーボールを貸してくれ」と言うと，1年生は一目散に逃げ出しました。理由のわからない政夫たちは，その1年生を追いかけ捕まえました。その時にたまたまひっかき傷ができ，政夫たちは謝罪に来ましたが，その噂を聞きつけた他の保護者から「あんな子は，隔離せなあかん！」という長い抗議の電話がありました。

　小学校時代から，兄弟で様々な問題を起こし，兄の家庭内暴力によって家を追い出されることも度々で，パトカーの出動もありました。こういう状況の中で，地域からも「あの家の子は何という子や。親の指導はどうなっているんや！」という評価を受け，発達検査をする必要があるのではないかという中で，傷ついてきた子どもです。

　政夫を担任することになって最初にしたことは，彼の生育史をできるだけ詳しく集めることでした。それは，政夫の他者の対する侵害行為や攻撃性などがどうして創り出され，何を解決していけば，政夫の自立を支援できるのかを探るためです。そこには，彼が共に歩んできた子ども集団のもつ課題も隠されており，政夫の自立は，子ども集団の自立にも結びついていくからです。

　政夫の生育史は次のようなものでした。

- 母子家庭で男だけの3人兄弟で末っ子です。
- 学力は低く，国語と社会が少しましです。
- 外国籍で幼い時に父母が離婚しています。
- 父親はギャンブル好きで，父親の役割を果たさず，自分の思ったこと

は何でも通そうとしました。この傾向は，政夫も同じです。長兄の家庭内暴力で，政夫が小学校低学年から母親と共に裸足で逃げ出すこともあり，幾度となくパトカーの出動がありました。

保育所には，次兄が送り迎えをしてくれ，次兄のことがとても好きでした。ところが，小学校高学年になったころ，次兄にAD/HDの症状があると診断され，養護学校に通うことになりました。それ以後次兄に対して「あいつはガイジだ」というようになり，次兄を攻撃するようになりました。長兄は，閉じこもり状態で現在も在宅のままです。

父親が亡くなり，初めて父親の実家を訪れた際，次兄はお金をもらって喜んでいましたが，政夫は顔も知らない父親にすがり付いて泣き崩れました。ここが次兄との違いで，物事がきちんと判断できるところです（養護学校の先生談）。

- 少年サッカーに所属していましたが，乱暴であったためチームでも扱いに困っていました。政夫が中学でサッカー部にはいるので，この時のメンバーは全て，地域の少年団に留まりました。
- 小学校低学年から粗暴な行動が続き，自立支援センターの発達検査を受けるようにすすめられています。母親は，次兄と同じように発達障害があれば，経済的な援助があるし，そう思わなければ彼の粗暴な行動を理解できなかったようです。これに対して政夫は猛反発し，一応検査を受けるものの測定不可能な結果になりました。

中学に入学後も，発達検査の話が引き続いていましたが，全く耳を貸さず荒れました。

- 政夫と一緒にいる子どもたちは，母子家庭や母親に障害があるなど，親との関わりがきわめてうすい感じのする子ども達でした。また，兄が不登校で，親の目が兄にいき，自分はかまってもらえない孤独感をもっている子どももいます。

彼らは，掃除時間に隠れて遊んだり，鬼ごっこ，プールへ侵入するなど，大人の見えないところで自分たちのグループでの遊びを満喫しています。

しかし，政夫が何かトラブルを起こすと，その場にいて楽しんでいるにもかかわらず，「見ていただけや。政夫は止めてもやめないし，何で僕らが聞かれなあかんの」と不満を口にしました。

- 中1の時に，同級生への暴力，嫌がらせ，教師反抗，卑猥な落書き，部活動での傍若無人な振る舞いで，サッカー部を壊滅的な状況に追いやるなど，大変な状況をつくり出していました。保護者も彼の行動に手を焼いていましたが，学校からの要請に対しては反応が悪く，本人の言い分だけを聞いて学校不信を表し，協力が得られませんでした。

政夫の歩んできた道を知ると，彼や彼の母親が他者を信じることができずい

ろいろなアドバイスに対しても，抑圧されているような気持ちになるのは理解できました。

❷ 政夫を集団の中で育てよう

政夫と，政夫と一緒に遊んでいる子どもたちの分析と共に，政夫たちと共に生活してきた学年の子どもたちの分析をし，集団の中で育てていく方針を学年教師と合意しました。

◗学年全体の子ども達の状況

（1）　学級長会に集まったメンバーは，彼らのルール破りについて，「注意しても聞いてくれない人」「自分勝手で，注意したら反撃する人」という先入観を持ち，関わろうとしません。

（2）　班での掃除や仕事の分担でも，話して合意を作ることができません。授業中でも隣の仲間に聞けないので，すべて教師に頼ろうとし，待つことができません。

（3）　遠足の係活動で，話し合って合意を作ることにためらいをもち，やる前から困難だと考えています。

（4）　男子は，鬼ごっこ・プロレス・だるまさんが転んだ，女子は，お手紙・お絵かき・おしゃべりで遊んでいます。

◗学年全体の子ども達の課題の分析

（1）　一般的には，男子が幼いとされますが，この学年の女子も小学校高学年のような遊びや仲間との交流をしています。つまり，まさに男女ともギャングエイジ期の子どもたちと思われます。

（2）　今後，友達関係や恋愛・進路など思春期的な課題も含まれてきて，混然とした仲間関係が続くと思われます。

（3）　対話し交流することで，相手のことが考えられるような力をつけることができます。相手のことが考えられるようにならないと，この学年の子どもたちは，課題を抱えた仲間を緩やかに排除したまま時を重ね，いつ自分自身が排除されないかと恐怖心を抱きます。そして，ますます自立していくのは困難になってきます。

◗課題克服の方針

対話し交流をできる力をつけるために，

①　集団で遊べるもの（ルールがあり，たのしい遊び）を，学級長会や班長会で提起し実行します。

②　①の中から，教訓（こうしたら上手くいった。失敗したが，次はこうしたい）を導きながら，集団に返していきます。

③　起こる問題について，ていねいに聞き取りながら，事実・背景・解決策などを同じ失敗をしないための教材として提起していきます。

私は，生徒会の担当だったので学級活動の時間を利用して，連続的なレクレーションを企画しました。最初は，学年の子どもたちに何をするのかの希望だけを聞き，運営は全て教師がしました。それからだんだんと学級長会の手に委ね，最後は全て子どもたちの手で行われるようになりました。レクレーションのルールは，最初は既成のルールで行いましたが，だんだんと学年の実態に合わせたものにしていき，自分たちのルールが作れるようにして，多くの子どもたちがより楽しく参加できるものに変わっていきました。

こういう楽しく遊べるものを自分たちでつくりながら，お互いの違いをわかり，実質的に平等になるように，話し合って決めていくことを学ばせていきました。

政夫は，こういう学年の取り組みの中で，みんなで楽しく遊べるようになっていき，子どもたちの中に受け入れられるようになっていきました。もちろんこうした中で，学年のリーダーも育ってきました。

この学年の取り組みと並行して，政夫が最も積極的に活動できる部活動で，仲間との交わり方や居場所づくりをしようと取り組みました。

③ 政夫の肯定面が引き出せる部活動での取り組み

前年度まで，政夫の傍若無人な振る舞いで部活動が成立せず，練習試合さえ組めない状態でした。部活動が始まるまでにトラブルが起きるので，まず誰よりも早くグランドに行き子どもたちを待ちました。準備運動を軌道に乗せると，サッカーの専門の同僚に練習の指導は任せ，サポートに入りました。練習が終わると，グランド整備を子どもたちと一緒にやり下校まで見守りました。

政夫は，当たりが強く上級生にも遠慮なくぶつかっていくので，政夫がボールを持つとだれも取りに行かず避けます。そして，政夫に当たられて「死ね」と言われたと３年生が訴えてくることもしばしばでした。子どもたちの訴えを聞き，どうしてほしいかを訪ねると聞いてもらえただけで気が済むようでした。これは，指導に当たる教師と政夫がトラブルを起こし，さらに事態が悪化していくことを見ていたので，聞いてもらえたことだけで満足する部分もあるようでした。

政夫は，自分の暴力行為が原因で練習試合が組めないことなど意に介さず，練習試合がないことに不満をもっていました。練習試合でルールを守ることを確認して前年度まで顧問をしていたチームとの練習試合に臨みました。結果は散々たるものでしたが，チームとして初めて力を合わせようとする姿が見えました。

（牧本富雄）

VI　特別支援教育と学級経営・生活指導

9 中学校の生活支援と学級経営の実際④
―― 保護者への情報提供と進路指導

 肯定面を引き出し保護者と共有する

　子どもたちのことを保護者と相談するときは，何かトラブルが起こったときが多いものですが，課題の大きい子どもの保護者ほど苦情に近い情報しか耳に入っていません。保護者と共に子どもの自立を援助しようとするとき，子どもの良さや成長を確認できるような取り組みをし，それを保護者に伝えていくことが大切です。そして，「この教師は我が子の良さも認めてくれる」という信頼関係をもとに，子どものもっている課題に迫っていく構想が成果を上げます。

　政夫はサッカーが好きでした。いろいろな取り組みや指導の中で練習が成立するようになり，練習試合もできるようになりました。それを通して政夫もチームプレーの必要性を実感としてわかってくるようになると，ほめる部分もたくさん出てきました。最初の練習試合では，ほとんどの部員が相手がボールを持つと当たろうともせず，体を寄せることもできませんでした。ただ，政夫だけが果敢に攻め込んでいきました。練習試合後このことを話題にし「今日の試合でいい動き方をした政夫は，普段の練習の時から体を寄せてぶつかることを避けないからだ」と評価しました。

政夫「先生，うちのチーム終わっているやろ」
私　「おまえはどこが一番あかんと思っているねん」
政夫「体寄せんとこやろ」
私　「確かにそうや。どうしたらいい」
政夫「練習で体寄せて，ぶつかりながらフジィカルを強くせなあかんやろ」
私　「先生もそう思う。でも練習中に体寄せるとすぐ切れる奴おるし，怖がってようせんやろう」
政夫「俺は，練習の時やったら絶対に切れへんで」
私　「ほんまか。それやったらみんなにこの事言うてもええか」

政夫「ええよ。そんなこと当たり前やんか」
　　次の練習試合で大敗を喫した後に
私　「君たちの最大の弱点は，ボールを持っている相手に体を寄せずぶつからないことだ。これを克服しようと思えば，練習の時から体を寄せぶつかることを恐れないようになることだ。それには絶好の練習相手の政夫がいる。これまではどうだったかわからないが，政夫はサッカーで体を寄せられたり，体をぶつけられても決して暴力はふるわないと言っている。なぁ政夫」

　政夫が私の話を肯定しているのを確認し，次の練習の時から体を寄せることを要求しました。われわれ教師が練習を見守っているときは，他の部員もどんどん体を寄せるようになり，政夫とのぶつかり合いも起こりましたが，すぐに治まり大事にはいたらなくなってきました。政夫の口から「ごめん」という言葉も出るようになってきた頃，政夫がチーム内で一目置いていた部長には，政

夫が手を出しそうになったらすぐに止めに入るように頼みました。

　政夫の傍若無人な振る舞いが収まるにつれて，練習を休む子どもも少なくなり，部活動そのものが好転していきました。そして試合でも好結果を残すようになり「俺たちのチームは終わってんねん」と話していた3年生が，「サッカー部を辞めずに良かった」と言って部活動を卒業していきました。

　こういう政夫の変化を母親にも伝え，試合の観戦を促しました。母親は，政夫から練習の様子を聞いたり，試合の結果を聞いて知っていましたが，「あの子がほめてもらうなんて初めてです」と喜んでいました。「観戦に行きたい」と言っていたものの，小学校時代に母親が観戦に来ると負けていたというジンクスにこだわっていた政夫の反対にあい，校舎の陰からこっそりと観戦することになりました。

　政夫の肯定面をひきだすことによって，母親との関係も好転してきました。何か問題が起きたときでもすぐに対処し，相手の家庭に謝罪にも行ってくれるようになりました。1年時には，家庭訪問も3者懇談も拒否されてできませんでしたが，2年生になり快く迎えてくれ，政夫の進路についても相談することができるようになりました。政夫は進学して，サッカーを続けたいという希望をもっていましたが，経済的に進学が可能かどうか母親と相談しました。母親には関係機関との相談もしてもらい，経済的にはとても大変だが，政夫の希望を叶えてやりたいという結論に達しました。

　政夫は，部活動でも学年でも居場所ができ，穏やかな生活を送って2年生を終えました。しかし，政夫には対等平等な友達はできておらず，いずれ再び揺れが起きるだろうと予想しながら，3年生でも担任することにしました。

❷　トラブルを続発させる政夫

　3年生になり，政夫は部活動も頑張り学年の中心的な子どもたちの中に入って遊べるようになっていました。一方で，これまでは，サッカー部内でのトラブルが主でしたが，他クラブとのトラブルが中心になってきました。練習中にテニスボールが入ってきたり野球ボールが入ってくると，「練習のじゃまをするな」と怒りを露わにし，入ってきたボールを外へ投げ出しました。

　また，1・2年生への威嚇行動が目立ち始め，何人かと一緒に他学年の階へ行き，真っ先にプレッシャーをかけました。その理由は，「3年生にあいさつをしなかったとか，目立つ行為があった」などでした。指導しても何回も同じ事を繰り返し，行為がエスカレートしていきました。

　一緒にやっていた子どもたちは，指導の中で落ち着きを取り戻していきましたが，政夫だけはどんどん孤立を深めていきました。ついには，同学年の仲間にも暴力行為をはたらき，「仲間に対して，同じように暴力をふるうと付き合わない」と宣言され，不登校状態になりました。

VI 特別支援教育と学級経営・生活指導

　私たちは，政夫の一連の行為を次のように分析しました。

　3年生になり，遊びの中心になっていた子どもたちと仲間関係を作れたと思い，仲間内で出る「あいつはなまいきだ」的な話に真っ先に飛びつき突出行動をしています。これは，サッカーの練習中，他の部のボールが入ってきたときに，「練習のじゃまやな」というサッカー部員のつぶやきに反応しているのと同じです。やっと自分も仲間に入れてもらったと思い，外を攻撃して仲間の信頼を得ようとしている行為と見ることができます。また，仲間内で自分に対する批判的な発言が出ると，暴力でしか返す術を知らず，ますます孤立を深めていきました。自分の行為は仲間から支持されていないことがわかり，どうすることもできずに仲間の前に出られなくなったのです。実際に「俺は何というあほなことをしたんだ。もうみんなは許してくれないだろう。だから，学校には行きません」とのメールを学級のリーダーや友達宛てに送っています。

　これまでは，自分の間違った行為でも真剣に受け止めることができずに曖昧にしてきましたが，やっと向き合おうとしての不登校だと思います。また，度重なる暴力的行為に「このままでは高校進学は無理だ」の母親の言葉に，「それやったら登校する意味もない。学校には行かない」という売り言葉に買い言葉的なやりとりもきっかけになっています。

❸　閉じこもり状態の政夫の進路指導

　閉じこもり状態の政夫とつながれるのは，唯一サッカーでした。「何とか閉じこもり状態から救い出してほしい」という母親と相談しながら，夏期休業中に開かれる3年生対象のサッカー教室に誘い出しました。この誘いに乗ってきた政夫は，水を得た魚のように活き活きとしていました。

　定期的にサッカー教室に通うようになり，再び「進学してサッカーがしたい」という希望が出てきました。母親との進路相談で，「寮があって，サッカーのできるところ」が希望でした。兄が閉じこもり状態になっていて，政夫とぶつかり暴力に至ることが多くなっていました。これまでは，兄が一方的に力で勝っていましたが，政夫の成長と共に力関係が拮抗し，このまま行くと大変なことが予想されるということでした。また，政夫が兄と同じように閉じこもりにならないためには，外へ出て他人の中で生活してみる経験も大切だと話していました。私自身も母親のこの気持ちは十分理解できたし，たとえ途中で挫折することがあっても，政夫が社会に出て生活していく上で，とても貴重な体験になるだろうと思いました。

　政夫は，「自分は朝起きるのが苦手だし，夜遅くまでサッカーがしたいので，寮生活がよい」と，寮生活について前向きに捉えていました。本人や母親の希望を学年会で相談して，それが実現できるように援助しようということで一致できました。「寮があってサッカーができる高校へ進学する」という政夫の希

望が実現できるように，府内・府外を問わず進路担当に調べてもらいました。

高校の体験入部のため，かなり遠方に行くので保護者の同行が必要でしたが，旅費のことや政夫と二人で向き合う事への不安が母親にはありました。母親から「政夫と同行してもらいたい」と頼まれた私は，政夫と二人で向き合えるまたとないチャンスだと思い引き受けました。

政夫は，全くと言っていいほど対話の成立しない子どもでしたが，片道4時間の車中でサッカーに対する思いや今後の生活について話し続けました。また他府県への体験入部では，朝4時に出かけましたが，隣で無邪気な顔で寝ている姿は，あの険しい顔をしながらつっかかっていく姿とはほど遠い素直な顔でした。これは，見知らぬ土地で私しか話し相手がいなかったことや車中で隣に座っているので話しやすかったことがあったと思います。またこの間の取り組みや仲間との交わりを指導してきた私に対して，徐々に心を開きかけているのではないかと思われる場面でした。

帰路の電車の中で，政夫は体験入部でほめてもらったことに自信を深めていることがわかりました。これからの生活については，「昼夜逆転の生活を立て直し，サッカーだけでなく受験に合格するだけの学力もつけなければならないこと，そして寮生活のために共同生活ができるようにすること。これらができるようになることは，高校に進学するためだけでなく，社会に出たときに役にたつ力である」ということも合意ができました。

昼夜逆転の生活については，昼までに登校していなかったら私の方から電話を入れること，電話は必ず自分でとり，起こしてくれた母親にあたらないこと，学習は放課後や夜に特別の時間を作って特訓すること，家事は頼まれたときには手伝うことを確認し，このことを母親にも伝える事も了解しました。

そして，政夫は昼夜逆転の生活を何とかしようといま動きだしています。先日の2者懇談会のためのアンケートに，「進路に対しての不安はありますか」の問いに，『朝から学校に行けないことが不安だが，午後からでも行こうと思う』と決意を語り，合格の可能性を50％と答えています。その根拠は，「これからの努力で何とかなるかも」でした。

私が政夫に援助していることは，子どもたちは知っており，政夫に近い子どもたちは政夫が登校してきたときの居場所をつくってくれています。そして，近いうちに彼らと共に，学習会を開きながら，社会に出ても前向きに生きていける力をつけてやりたいと思っています。

進路指導は，まさに生き方の指導です。政夫に寄り添い続けることは，政夫が人に対する信頼感を築くきっかけになり，これから人生を豊かにする意味で重要だと思います。また，政夫のような子どもに援助している指導を見たり，援助に参加することで，多くの子どもたちは，自己中心的な自分から他者を思いやれる価値観を身につけるきっかけになると思います。 　　（牧本富雄）

コラム3
保護者にどう話せばよいでしょうか？

❶ 「特別な子」に「特別な支援」を提供するのではない！

　学校で特別支援教育の研修会を行うようになってから，学校職員の子どもの見方が少しずつ変わってきました。特に変わってきたところは，「子どもの困難」を「家庭のしつけ」のせいにしたり，「子どもの努力」に還元したりしなくなった点です。その一方で，発達障害の疑いのある子どもに対しては，「そういう子どもは特別支援学級などの特別な場で支援を受けさせた方がよいのではないのか？」といった意見も多く出されるようになりました。

　1年担任の野原先生が校内委員会に事例を出した落ち着きのない子，仁志君もその例外ではありませんでした。野原先生は何とか工夫をしながら仁志君をクラスの中に包括しようと頑張っていました。しかし，保護者にも学校での実態を知ってもらった方がよいという意見が管理職から出され，保護者と面談をすることになりました。

　この面談には，特別支援教育コーディネーターの三木先生も同席することになりました。担任の野原先生とコーディネーターの三木先生は保護者との面接をどのように進めていくかを十分に話し合い，次のような方針を立てました。

　「仁志君を特別な子どもと思わせないようにすることが大切。特別な支援は仁志君だけに提供するものではなく，すべての子どもに提供するもの。」

❷ 一緒に考えていく「教育相談」

　こうした方針で教育相談に臨むことは管理職にも伝えておきました。そして，保護者との話は一度きりで終わるものではなく，必要に応じて継続していく，ということも担任，特別支援教育コーディネーター，管理職で確認をしました。

　そして，いよいよ保護者と面談するときがきました。保護者は「今日は何を言われるのだろう」と，少し緊張気味で教室に入ってきました。そうした気持ちを察したコーディネーターの三木先生は子どもの良いところから伝えようと明るく話しはじめました。

　「この前，仁志君は私のクラス（わかば学級＝特別支援学級）にやってきて，子どもたちが遊んでいたおもちゃとかを一緒に片付けてくれたんですよ。とっても助かりました。」その言葉に保護者は，「ちょっとおせっかいなところがあるんです……」と言いながら，ほっとした表情を浮かべました。続けて，野原

コラム3 保護者にどう話せばよいでしょうか？

先生が，「私たち教員の力不足もあって，仁志君がまだ十分に勉強できていないところがあるんです。今後の仁志君への支援のために，親御さんから少し話を聞きたくて，今日は来てもらいました」と言い，教育相談がはじまりました。保護者は幼少期からの仁志君の様子や特徴を話しながら，どんな思いでこれまで育ててきたのかをまとめて話すことができ，すっきりして帰っていきました。

❸ 「うちの子，ほかの子と違うのでしょうか？」

発達障害の疑いのある子どもの実態を保護者に伝えるのは容易なことではありません。仁志君の保護者も，教師に対して素直に話しができる関係にはなっていましたが，子どもの様子を見ても「うちの子は一人っ子だから」とか，「私が厳しくしなかったのがいけなかったのかしら」というように，「障害があるのかも……」といった受け止め方がなかなかできないでいました。

しかし，運動会のとき，同じ学年の子どもと同じように集団で行動できない様子をみて，保護者の態度が少し変わりました。運動会が終わった数日後，仁志君の両親が教育相談を申し込んできました。「この前の運動会の様子を見ていると，うちの子，ほかの子と何か違うのでしょうか？」。野原先生と三木先生は，ここがチャンスと捉えて，「もう少し専門の機関に相談に行ってみませんか？」と勧めました。

（新井英靖）

ポイント解説

保護者に子どもの様子を伝えるときの原則は，「学校側の工夫がまだ足りないから」というメッセージを加えて話すことです。教育相談で保護者が「責められている」と感じてしまったら（学校側にそのような意図はなくても），対等な話し合いを継続させることは困難です。まず，保護者が今までの子育てについて赤裸々に話ができる関係を築き，できれば保護者に役立ちそうな情報を提供しながら進めるのがよいでしょう。

発達障害児の支援は，理想的には早期に子どもの障害や特性を理解し，保護者と協力して適切な支援を提供することです。しかし，保護者の「心の準備」が整わないうちに「医療機関への受診」を勧めることはかえってマイナスになります。保護者のほうから「うちの子はほかの子と違うの？」という疑問をもったとき，初めて「受診」に向かう「心の準備」が整うと考えるべきでしょう。まだ「準備」が整っていない保護者に対して教師ができることは，学習の状況や進路の話を通して「子どもも学校もがんばっているのに，どうしてうちの子は…？」という気持ちをもってもらうよう働きかけることです。

Ⅶ 特別支援教育と授業づくり

 授業づくりの原則

授業づくりの局面と個別支援

　通常の学校で特別なニーズもつ子どもは通常学級での支援，通級教室や特別支援学級など，多様な形態の授業に参加します。

　通常学級の一斉指導では，①着席できにくい状態を許す，教室外の音から遠ざけ，不注意の原因になる刺激を遮るために座席を工夫するなどの個別支援が必要です。さらに，②学習の見通し（方法と手順）がわかりにくい状態を予測して，制作活動では教師がモデルを示してやってみせる，思考課題での発問では何をどのように考えればいいかを具体的に示す支援が求められます。

　授業指導の本質は，①と②を踏まえて，③教科内容の習得に向かって子どもたちの学習活動が展開し，わかり方やでき方を交流しながら認識・表現を深めていく過程にあります。◁1　この局面の個別支援では，発達障害のある子どものつまずきを，認知の特性を踏まえて見極めることが必要です。◁2　加配教員によるサポートや，場合によっては通級教室との連携が必要です。また，制作を持続することができにくい状態，一斉指導の問答についていけない状態への支援も予測しておかなくてはなりません。「100点にこだわる」行動への対処など，学習活動における自分のこだわり（自己評価）を見通した支援を構想することが求められます。◁3

2　個と集団の統一としての授業づくり

　❶で述べた支援を意識することは，発達障害のある子どもへの支援の方向を明確にするとともに，学級の他の子どもたちの授業参加を保障するためにも大切な視点です。つまずきの状態を克服する手だてを明らかにすることは，教材の習得でどの子どもも陥りやすいつまずきの箇所を知ることにつながります。

　授業づくりでは，こうした個別支援が当の子どもの側からどう要求されるかが課題です。わかりやすい指示や発問を教師に対して要求すること，自信のもてない活動に支援を求めることなど，支援を主体的に要求する力を育てることも授業づくりの課題です。こうした主体性が発揮できるためには，それを支える教師との関係づくり・学級づくりが基盤となります。個別支援が生きるための学級づくりを進めなくてはなりません。

　発達障害のある子どもは単に支援の対象ではなく，もっている能力が発揮で

◁1　授業過程の意義については，『学級の教育力を生かす吉本均著作撰集』全5巻，明治図書出版，2006年を参照。

◁2　「つまずき」の教育実践的意義については，東井義雄『村を育てる学力』明治図書出版，1957年。これを踏まえつつ，学習障害の子どものつまずき等をさらに厳密に把握しなくてはならない。「つまずき」については Ⅶ-2 を参照。

◁3　別府哲ほか「通常学級に在籍する広汎性発達障害児の学習困難とその対応」『障害者問題研究』第32巻第2号，2004年。

きる場を構想することによって主体的な参加をみせることができるのです。た
とえば，社会科の得意な分野の知識が問題の探究場面で発揮されたり，総合的
な学習ともなれば，体験的な学習活動において，能力が学習集団の中で輝きを
みせることもよくあります。発達障害の子どもの能力を学習集団につなげる教
師の技量が求められます。個別支援とともに，すでに獲得している能力を発揮
できる学習課題や場面の構想によって，通常の学級集団の授業に参加すること
が可能になるのです。

　できないことを繰り返して練習するだけでは効果を発揮しないので，生活に
即してゆっくりとていねいに指導することも原則です。しかし，生活に立ち帰
ると，その文脈と学習内容をどう結びつけていけばいいかが混乱しがちになる
ことにも留意しておかなくてはなりません。

③ 「取り出し」指導と授業づくり

　一斉指導で特別なニーズに配慮した授業を構想するだけでなく，「取り出し」
指導の場を設定することも授業づくりの課題です。この形態には主に○クラス
の授業と平行した個別支援の場，○通級教室，○特別支援学級があります。

　これらの形態では，①読み書きや計算の認知特性に即した能力の形成，②ク
ラスの授業でのつまずきをフォローしたり，次の授業の予習などが重点的な課
題です。また，取り出し指導で形成された能力をクラスの授業で発揮するなど，
クラス授業との連携を図ることが求められています。

　同時に，特別支援の場を受けとめ，「できなさ」に挑もうとする学習意欲の
形成も見逃すことはできません。特に思春期以降，自己の学びをより意識する
発達段階では，この点に留意することが必要です。取り出し指導による少人数
の学習集団でも子ども相互の情動的な交流を図り，自他の関係を形成して，学
びへの自信をつける取り組みが求められます。

　取り出し指導と一斉指導という多元的な授業を構想するとき，通常学校での
基礎集団である学級の仲間づくりが土台になります。また，こうした多元的な
授業づくりを，特別なニーズをもつ子どもにとっても，通常の子どもにとって
も必要な仕事だと理解し，合意する教師集団の連携が不可欠です。

　習熟度別の学習形態も，特別なニーズをもつ子どもの支援の一環だと考えら
れます。しかし，独特の認知を示す発達障害児に対して，一般的な指導方法で
対応するだけでは，困難さを克服することはできません。発達と障害にそった
特別な指導を構想することが必要です。同時に，「できなさ」を前提として展
開する習熟度別学習の場における子どもの意識にも留意するなど，よりていね
いな指導が求められています。

（湯浅恭正）

▷ 4　『発達』110号「特
集・発達障害児の学びを支
える」2007年。

▷ 5　湯浅恭正・新井英
靖・吉田茂孝編『特別支援
教育のための子ども理解と
授業づくり』ミネルヴァ書
房，2013年。

▷ 6　「子どもの人格形成
に大きな役割を果たす集団
の中でたえず接触し合い団
結している集団」吉本均編
『現代授業研究大事典』明
治図書出版，1987年を参照。

(参考文献)
　成田孝・廣瀬信雄・湯浅
恭正『教師と子どもの共同
による学びの創造』大学教
育出版，2015年。
　インクルーシブ授業研究
会編『インクルーシブ授業
をつくる』ミネルヴァ書房，
2015年。

VII 特別支援教育と授業づくり

小学校の学習支援と授業づくり①
——「国語」のつまずきと学習支援

 読むこと・書くこと・話すこと

○読むこと

　まず，子どもがどの部分に困難を抱えているかを観察してみましょう。こちらの話を聞くこと―入力（input）はどうでしょうか。話が聞けない，聞かないのでは指示の理解は難しいことです。子どもの入力状態をよくするにはどうしたらよいでしょうか？　話しことばという音声のみではなく，身振りや手振り，絵カードや写真など，様々なものを使って伝えていくことも大事です。たえず話している子どもに，ジェスチャーで口に指を当てて「シーィ」といったり，「いまはしずかにしよう」というカードを黒板にはって注意を促したりするなどのちょっとした工夫で聞く態勢ができる場合もあります。ゲームやテレビに親しんでいる子どもは視覚優位（視覚による情報を多く受け取る）であるといえます。子どもの目につきやすいちょっとした小物などを出してみたり，たとえば本や資料を提示する場合でもわざと逆に出して「先生逆だよ！」と子どもたちに注目させるなど，視覚の情報をうまく使って入力状態を良くしていくということも考えられます。

　一斉指導の場合，先生がみんなに話していることが自分に話していることとして感じ取れていない子どもがいます。話す場所を変えたり，状況によってその子の前で話すなど，「どの場所でどのように話をするか」ということによってもずいぶん違います。

　この入力に対して，「読むこと・書くこと・話すこと」は出力（output）と押さえることができます。

　「読むことが苦手」である場合，①文字そのものがわからない，②文字が小さくて読めない，③たくさんの文章のどこを読めばいいかわからない，④一字一字を目で追っていくことが難しい，などが考えられます。

　①文字そのものがわからない場合は，読み方を教えていく必要があります。ひらがなでは，特に似たような形（ほとはとま，あとめとぬ，わとね，きとさ，など）で読みが違っていないかを注意してください。ひらがな五十音がまずきちんと読めることが大事です。そのために「こくばん」「つくえ」「いす」など，ことばあつめでいろいろなことばを集めてカードにして書き出すなどの方法も有効です。また絵カードを使って，単語とモノを対応させていく学習もこの段

階の子どもには必要です。

②文字が小さくて読めない場合，これは拡大してやればほとんど解決できます。ただし，弱視など視力に障害がある場合は当然拡大して行うべきですが，そうではない場合，いずれは教科書の文字の大きさに慣れていってもらわなければなりません。また1人だけ大きくしてその子がまわりから特別視されることもできるだけ回避しなければなりません。最初は全員で拡大したものを読んでみる，そのプリントを徐々に小さく（大・中・小）していって読むなどの経験を学級の中でしておくと，その子が拡大したものを使っていても「ああ，あの大きいプリントだ」と違和感を小さくすることができます。状況に応じて工夫してみてください。

③たくさんの文章のどこを読めばいいかわからない場合は，フレーズや文字でまとめてしまうことも一つの方法です。

　　わたしはいしゃにいきくすりをもらってきました。
を
　 わたし　は　いしゃ　にいき　くすり　を　もらって　きました。

というように読みやすく，わかりやすくしてみるのです。

また，自分の読んでいる行がわからなくなってしまうような場合は図のような一行だけが見えるような道具を作ってやることも有効でしょう（図Ⅶ-1）。

④一字一字を目で追っていくことが難しい場合は，さきほどのように文字でまとめてみることが一つのアイデアです。実は「わたしはいしゃに」では，「私歯医者に」なのか「私は医者に」なのかわかりません。これと似たようなことが子どもにも起こっている場合があります。子どもがどこにつまずいているのかを観察していきましょう。自分で指差しをしながら読んでいくと読めるというケースもあります。目をどこにもっていくかわからなくて読めない場合などは有効でしょう。必要ならば，最初は指導者の方で指差ししてやることもかまわないと思います。

◯書くこと

「読めるのに書くことができない」「書くことに苦手意識をもっている」子どもにとにかく「書かせる」ことを強要することはあまりお勧めできません。そのことでいっそう書くことがいやになってしまうケースが多いのです。まずは，指導者側に「無理に書く必要はない」くらいの気持ちで指導を始めたほうがいいでしょう。その上でどうすれば書くことができるのかを考えていきます。

① なぞり：マーカーなどで事前に書いておいてその上を鉛筆で書くという形です。文字を書くことに自信がない場合でもこれならできると取り組めたりします。通常学級で

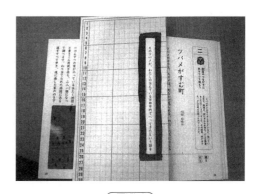

図Ⅶ-1

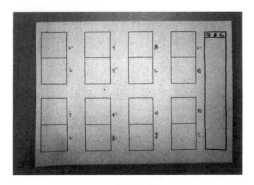

図VII-2

は，毎回なかなかそこまでの配慮は難しいと思いますが，保護者の手助けを借りるなどして工夫してみてください。「プリントができた」という満足感は，たとえなぞりでも，子どもの中に生まれてきます。

② 視写：お手本を見て写すことです。「黒板の字を見てノートに写す」ことができればいうことはありませんが，実はこの「黒板」という離れた所にある文字を近くの「ノート」に写すという作業はそれほど簡単なことではありません。なぞりを卒業した子どもはまずすぐ横にお手本として示してそれを書きます。このときお手本は原則左ですが，左利きの場合は右にするなどの配慮が必要です。さらに，進んでいくと同じ大きさではなく小さくしていきます（図VII-2）。

そして自力で書ける字が出てきたら，その部分はお手本を入れずにやっていきます。

続いて書く紙から離れてお手本を作ります。この場合は，必要に応じて，手元に持ってこれるようにしておきます。この段階までくると黒板の字を写すこともできるようになってきます。

③ 自分の考えを書く：「自分の考えを書きなさい」などというと，とたんに書けなくなる子どもがいます。短文すら書けない場合があります。そのような場合はまず指導者が話を聞き取って文章として書いてみせることが第一歩です。子どもが発する「でんしゃ」「どうぶつえん」といった単語を「でんしゃにのってどうぶつえんにいきました」と翻訳して書いてあげるわけです。また前後関係や時間の経過がバラバラな場合があります。そうした場合は「おべんとうをたべた」「ぞうをみた」「でんしゃにのってどうぶつえんにいった」など，フレーズで書き取っていって，それを子どもとともに，並べ代えていく作業をすることで徐々にそうしたことを意識できるようになります。

書くことを伸ばすには，子どもが書きたいことがあったときにとにかく書かせてみましょう。そして書いた物はまず「よく書けたね」といってほめましょう。文法や表現，てにをはなどの指導はその後でも十分です。書くことに苦手意識をもたせることなく，逆に意欲を持てるような指導がまず求められるといっていいのではないでしょうか。

❷ 物語を読むこと・説明文を読むこと

「物語を読む」ときに大事なポイントは何でしょうか。その情景が頭にイメージできているかがとても重要だと思います。低学年であれば，教科書にさし絵が載っています。その絵を効果的に使いながら，子どもたちの頭の中にイメージを作っていくことが物語の理解につながります。作品によっては，絵本と

なって出版されているものもあります。そうした絵本を読むことも有効です。またよく行われることですが、登場人物を整理し、その人物がどのようなことをしたのかをまとめていく作業をしてみます。そのときも、人物の絵などがあれば、その絵を常に表示して、イメージをはっきりさせていくのがよいと思います。

　一方「説明文を読む」というのは、その内容をきちんと把握することが求められます。イメージのみでは説明文の理解までたどりつけません。文章を読みこなす力も求められます。この場合もまずは子どもがどこにつまずいているかをまず分析してみてください。「読むこと」でのつまずきはないでしょうか、その上で、キーワードとなる文字や一番大事な主張を取り出してみる。そのことを子どもと共有するところから始めていくと、意外と理解ができることがあります。「子どもに探させてみる」という形で提示されて苦戦している子どもは案外多いものです。たまには指導者側が提示したものを子どもと共有する場面があってもいいのではないしょうか。

③ 漢字の学習

　漢字の学習はテスト等で力を計りやすく、また子ども自身も評価しやすいものです。漢字検定を活用するケースも増えています。そうした点で、漢字嫌いにならないように進めたいものです。比較的障害が重く、書くことが難しいケースでは、まずは漢字を「読める」ことに力を注ぎましょう。イメージ化をしながら学習していくのも一つの方法です。

④ 短歌・俳句・詩歌

　五七五七七の短歌や五七五調の俳句は、日本人の語感として定着しているといっていいでしょう。「自分で俳句を作りましょう」など創作の場面も学校ではみかけます。短歌・俳句・詩歌は文化的な価値として子どもと共有したいものです。リズムも大事です。音読や先生がたくさん読んであげることでリズムとして身体に刻み込まれます。長い文章が苦手という子どもがここでは生き生きと学習に参加していることがあります。その意欲をうまく使いながら授業をしていってみてください。

（高橋浩平）

VII 特別支援教育と授業づくり

3 小学校の学習支援と授業づくり②
──「算数」のつまずきと学習支援

1 はじめに──個人の差をどうしていくか

　子どもに「苦手な教科は？」と聞くと算数であることが多いのは皆さんご存じの通りです。しかし，基礎学力としてはやはり「読・書・算」を思い浮かべる方が多いでしょう。「算数の力が伸びてこそ，学力がついたと言えるのではないか」と考える保護者は少なくありません。一方で，小学校低学年の頃は「算数が好き」と答える子どもも多いものです。そうした子どもたちに苦手意識をもたせずに，意欲的に算数の授業をやってもらうには，いくつかこつがあります。ここでは，主として通常学級で展開される算数について考えましょう。
　まず算数の授業の中には3つの足踏みがあります。
　①できるのに解かせてくれない。
　②できてしまってすることがない。
　③わからないのに教えてくれない。
　①については，すべての子どもに説明をきちんとしてから始めるという授業をしていれば当然出てきます。「そんな説明なんて聞かなくてもわかってるよ」という子にとっては足踏みです。②は，「この問題をやりましょう」といってすべての子どもができるまで待っている授業をしていたら当然出てきます。さっさとやっている子にとっては足踏みです。③が，ここで扱う学習支援の必要な子どもとなりますが，実は①や②のケースにも対応していないと算数の授業としては不十分だということになります。
　算数というのは個人の差が出やすい教科と言われています。ですからその個人の差に対応してどれだけできるのかを考えなくてはいけません。とはいえ，40人の学級で40通りの方策を考えても指導者一人で対応することはまず不可能でしょう。できる子には「どんどんやらせる，たくさん考えさせる，そして解法（解き方）はできるだけ共有していく，様々な解法があることを学習する」といったことを保障していく必要があります。その手立てなしに，「できない子」だけに支援していこうとすると難しくなるということを踏まえた上で，「やり方がわからない」子にどのような支援をすればいいかを考えていきましょう。

② 数と計算

いうまでもないことですが，数には系統性があります。この系統性を無視して学習を進めることはできません。通常学級の教科書を見ても数と計算の領域においては，教え方に順序があります。たとえば1位数と1位数の加法を学習したのちに2位数の加法を学習します。そうすると「2位数の加法」の学習に際しては「1位数と1位数の加法」は既習事項（すでに習っている内容）になります。子どもがこの既習事項をきちんと理解できているかどうかによってその学習の理解は左右されます。「この単元の既習事項はこれとこれ」と押さえておくことが必要です。

さて，算数の最初の部分，数の概念をもつということは，「☆☆☆☆（具体物）─○○○○（タイルやおはじきなどの半具体物）─4（数字）─よん（数詞）」の四者関係がはっきりと定着していなければなりません。数唱はできても，数を量的に把握できなければ数の概念はついていきません。それ（数の概念）以前の学習が必要な場合は，特別支援学校の学習指導要領に依拠した算数の内容も考える必要があるでしょう。また，1＋4＝□などの問題にはすらすら答えられるのに，1＋□＝5のような穴埋めになると答えるのが難しくなる場合も要注意です。一桁の足し算は暗記してしまえばできることがありますが，数の関係がわかっていないと，とたんにこうした穴うめ問題ができないということも出てきます。こうした場合は，「3と□を足すと10」とか「□と3を足して10」など，10の合成・分解を徹底的にやって数の関係をしっかり把握させることが重要です。

ここでは，通常学級における算数を理解できる能力はあるが，何らかの学習支援が必要な子どもへの支援をいくつかあげておきます。

① 単純な計算ミスが目立つ場合：「4＋5＝8」など単純なミスが続く場合，数を○で書いて表し，それを数えていったり，補助教材としてタイルやおはじきを使うなどが考えられます。具体的な操作活動（タイルやおはじきを操作する）を少し入れるだけで，イメージがはっきりしてきてミスが減る場合もありますから，子どもの状況を見ながら，必要に応じて取り組んで見てください。

② たてがきの計算（筆算）での支援：位の部分をしっかり意識できずに，筆算がずれてしまったり，そのことで計算ができない子どもには，ノートのます目をはっきり使ったり，小さい定規を使わせてきちんと書かせるなどの工夫でうまくいく場合があります。さらに，一の位同士に注目して，まず計算するということが難しい場合は，下敷きやボール紙などで他の部分を隠して計算させることも一つのアイデアです。道具を使うことで混乱したり，道具の使い方が難しい場合は道具そのものを変えていくことも必要でしょう。あまり大きいと机の上で操作することが難しい場合もあります。その子が操作しやすい形や大

きさを見て支援したいものです。

③　文章題への支援：「りんごが4つあります。みかんが5つあります。ぜんぶでいくつありますか」というような文章題がわからないというケースは，どこにつまずいているかをよく見てあげる必要があります。よく出てきた数字をとにかく（足し算の学習をしていたら足し算にしてしまうなど）計算式にして答える子どもがいますが，そうした子どもは「りんごとみかんがあわせて9つあります。りんごは4つです。みかんはいくつですか」という問題に疑問もなく「9＋4＝13」と答えたりします。指導者の中でも文章題を解くときに「まず数字に注目しなさい」と指導する場合がありますが，それがあまり強すぎても困りものです。「何を聞かれているのか（何を答えるのか）」ということがまず理解できているかどうか見てください。そのうえで，「今わかっていることはなにか」を聞いてみましょう。文章題というのはつまるところ「『わかっていること』を使って『わからないこと』を答える」わけですから，その関係性を理解できるようになると意外とできるようになります。子どもによっては，実際に模型など使って具体的に操作させ，その場面をイメージしていくことも必要でしょう。

❸　量と測定

　長さ，かさ，重さ，時間，面積，角の大きさ，体積，速さなどを扱う領域です。このときに大事なのは，「どこをきちんと見ておく必要があるのか」を子どもが理解できているかということです。たとえば長さでは最初の始点の部分，終わりの終点の部分を見ているか，時間なら短針，長針の針の先を見ているか，などです。そこを見ること（注目すること）が難しい場合は，色を付けて目立たせる，事前に指摘しておいて確認する，などの支援が有効でしょう。

❹　図　　形

　図形でつまずきやすいのは，作図です。三角定規や分度器，コンパスをうまく使えない場合があります。量と測定のところとも関わりますが，定規や分度器の目盛りがうまく読めないという困難さをもった場合もあります。子どもは操作自体は好きな場合が多いですから，少し時間をとって子どもたちの技能的な側面はどうかということにも気を配りたいものです。図形遊びや何かゲーム的要素を入れて楽しく図形と関わることも一つの方法です。

❺　数量関係

　数量関係は3年生から扱います。表，棒グラフ，折れ線グラフ，伴って変わる数量の関係（関数），円グラフ，帯グラフ，百分率，比例などの領域です。知的障害のある子どもの場合には，この数量関係を理解することは難しい場合

が多いものです。3年生レベルの簡単な表やグラフを理解することはできても，それ以上はなかなか理解できないというのが実際のところです。しかし，一方で通常学級で健常な成長をしているという子どもたちがこの数量関係を理解できているかというと，これもまた難しかったりします。この数量関係を理解するためには，先にあげた，数と計算領域，量と測定領域，図形領域の理解があってはじめてわかってくるという側面があります。

　ここでは「伴って変わる数量の関係の学習」について押さえていきましょう。
【問題】同じ長さのストローを使って正三角形を横に並べた形をつくります。ストローの数と正三角形の数を整理しましょう。

正三角形の数（こ）	1	2	3	4	5	6
ストローの数（本）	3	5	7	9	11	13

　このような伴って変わる2つの量の決まりを調べるとき，上のように表をまず作る訳ですが，つまずきのある子どもには，具体的に操作活動を入れていき，この表の示す意味を押さえていくことが大事です。この問題でいえば，実際にストローを使って正三角形を作っていくことです。そのときに「ストロー3本で正三角形ができる」ことがわかっているかどうかをみましょう。難しいときには，事前に正三角形を作っておき，ストローで3本作るたびにその上に重ねていき，実際に正三角形ができたと意識させていくことで理解できることがあります。また上の問題では，「二つの正三角形に共通なストローの一辺がある」ことを見抜かないといけません。これも実際に正三角形を置いてみて，重なるところを確認していくと混乱が少なくなります。

6　「実際にやってみる」ことが大切

　子どもたちのつまずきは一様ではありません。しかし，同じようなつまずきをしている子どももいます。上に述べたことは一つの方法です。うまくいく場合もあるし，うまくいかない場合もあると考えてください。まずは子どもをよく観察することをお勧めします。「何がわからなくて，どう支援すればうまくいきそうか」ということを徹底的に考えてみましょう。そしてその支援を実際にやってみる。そうすると意外に解決に向かうことが多いものです。「支援を実際にやってみる」―ここがポイントです。一斉指導の中でなかなか支援ができないということは承知していますが，実際に形として動き出さないと現状を変えることは難しいと思います。支援をしてうまくいかない場合は，その支援でうまくないのはどこなのか，また徹底的に考えることです。長い道のりのようですが，算数の学習支援を考えたときに，これが王道ではないかと感じています。

（高橋浩平）

VII 特別支援教育と授業づくり

4 小学校の学習支援と授業づくり③
―技能教科における学習支援

 体育：基本の運動・ゲーム・器械体操・水泳

　体育では体操着に着替える，という「着替え」の活動が入ってきます。ここにつまずいている子どもには個別の配慮が必要でしょう。触覚的な感覚過敏をもっている子どもは着替えそのものに困難をもつ場合もあります。必要に応じて体操着でなくてもよいなどの柔軟な対応も必要でしょう。また，着替えたものがあちこちに散乱してしまって元に戻せないなどは，体育というよりは身辺の自立の問題ですが，そうした子どもには「どの場所」で着替え「どこに脱いだものを置く」かをきちんと目で見える形で提示してあげることが必要になってきます。

　さて，体育の授業では，子どもがまず自分の場所にきちんと並ぶことができているかどうかを見てみましょう。まわりの子どもに促されていたり，あきらかに自分の場所がわかっていないときには何らかの支援が必要です。印をつける方法もありますが，印にこだわって変更がきかなくなるというパターンもありますので，注意が必要です。また「○○くんの後ろ」というように，人を目印にするやり方もありますが，これもその子が休んだりするとうまくいかないといった欠点があります。あまりこだわりにならずに，その子にとっていいと思われる方法を見つけましょう。案外簡単なのは，並ぶ前に，さりげなく，さっとその子をその場所に連れて行く方法です。間違い＝失敗とストレスになるようなタイプにはこの方法をお勧めします。

　体操や身体の動きでなんとなくぎこちなさを感じる子どもがいます。いわゆる協応的な運動が上手にできていないというケースです。単純な運動がどれだけできているか（腕を前・上・横に伸ばす，腕を回す，まっすぐ立つ，片足でバランスをとって立つ，など）を見ながら，いろいろな動きの体験をまずさせてみることが必要です。低学年の段階で表現リズム遊びなどのところで，犬歩き（よつばい歩き）くま歩き（ひざをあげてよつばい歩き）など多くの動きを経験させることでぎごちなさが減ってくる場合があります。動きがなかなか改善できないようなときは作業療法士など，専門の指導者のアドバイスを受けていくことも一つの方法です。

　運動的な技能にはつまずきはないが，注意力が散漫という子どもがいます。ボール運動などをやっていてもボールに注目しきれないとか，笛の合図で運動

の方向を変えるといったことが難しいとか，他の子どもにぶつかってしまうなど，周囲の状況や今課題としていることが見えてないといったタイプはまず注意力を高める支援が必要です。「ここを見て」「ここが大事だよ」などと声かけをしながら注意を促したり，必要に応じて絵カードなどで注意を喚起したり，「まわりをよく見てスタートする」「ボールをとるまでボールから目を離さない」などのルールを全員で確認しながら進めるとよいでしょう。

　ゲームのルールがわからないというケースについては，まずはゲームそのものをしっかり把握できるような工夫から始めましょう。チームごとに色分けしてゼッケン等を付けてはっきり区別できるようにします。どこに攻めるのか（ゴールはどこか）をはっきりさせ，必要に応じて大きさを変えたり色を使ったりします。最初から細かいルールでやらずに，まずは単純なところ（「相手のゴールにボールを入れたら１点」など）から始めて，徐々にルールを増やしていくという方法もあります。「ルールがわかっても守れない」というようなケースは，社会性に課題がある，ルールを遵守することが困難である，という場合であることが多く，これは体育の授業だけに限らず，学級での活動全体を通してこつこつとやっていくことが必要です。すぐに改善されるという類のものではないので，地道に取り組むことが大切です。体育の授業に限っていえば，小さい集団でのゲームなどでは，ルールが参加者に共有されやすく，比較的わかりやすいということがあります。当然のことながらこの場合，集団の構成人員に配慮する必要があります。

　器械運動では，たとえば跳び箱運動やマット運動などは，お手本を見て「さあやってみよう」と言われてもできない子どもがいます。そのような場合，「スタート→助走→踏みきり→ジャンプ→着地」等，部分に分けて，できれば写真や絵カードなどの視覚的手がかりを用意して提示するのも一つの方法です。スタート位置，踏みきりの場所等，ポイントを色のフロアテープなどではっきりと明示することも有効です。身体に触っての直接の介助をいやがらない場合は，マットの回転や跳び箱での体重移動などを介助することで，そのイメージをつかませていくというのもいいと思います。

❷　図工：描画・工作

　図工は描画と工作に分けて考えていきましょう。描画は，位置の把握や文字を書くことに困難をもつ場合，まず描くことが難しいのです。ただ「描け描け」といっているだけでは，問題の解決にならないばかりか，描くこと自体がいやになってしまいます。そうした場合は，用紙を小さくしてみる（描くスペースが小さくなるだけでも心理的負担は減っていきます），一つのものだけを描かせる，などの工夫が考えられます。その子が得意ならば，粘土やスタンプなどを使って，描画へ持っていくというのもいいでしょう。

工作では工作の手順，道具の扱いなどでつまずきをもつ子どもがいます。工作の手順は，ただ言葉で指示するだけではなく，順番を明示し，絵カード等を使ってわかりやすく提示することが理解をすすめるコツです。

たとえばペットボトルを使った工作で，①どんなものをつくるかきめる②ペットボトルをその形できったりして加工する，③ガムテープなどで部品を付けていく，④色をつける，⑤完成，と最後までの見通しをもたせながら手順を説明すると子どもは次は何をするのかと不安に陥ることが少なくなります。この手順は，状況によって細かくしたりすることも必要でしょうが，経験的には，だいたい4～5個ほどの手順が受け入れやすいようです。9個も10個も手順があると頭が混乱してしまうこともあります。そうした場合は，④色を付ける——（1）塗りたくないところにマスキングテープを貼る，（2）ペンキの缶スプレーをかける，（3）乾いたらマスキングテープをはがす，などのように一つの手順の中で分けて提示するとよいでしょう。

道具の扱いでは，どうしても道具の扱いが不器用だったり難しい子どもがいます。左利き用のハサミなどは一般的になりましたが，ちょっとした力で切れるハサミなど，その子の状況に応じて使いやすい道具（支援ツール）を選んで使わせるということも一つの方法です。ハサミやカッターで切るといった活動の場合，切る線を赤の油性ペンなどで見えるようにはっきりと書いてやることだけで活動がスムーズに行くこともあります。「できなさ」を本人のせいにするのではなく，「どのような支援をしたら子どもが自分でできるか」を常に考えていきましょう。

また，図工という教科では意外と指導者の直接の支援がしやすいという側面もあります。一緒に絵筆を握って塗り方を教えたり，色を塗る場所を指差しして指示したりといった直接的な支援も効果的に活用していきましょう。

③ 音楽：歌唱・器楽

音楽は，文字通り「音」のある学習です。つまり聴覚の刺激に過敏だったり，うまく処理できない子どもにとっては，まずプレッシャーがかかる教科だと考えた方がいいでしょう。ここでは，歌唱と器楽に絞って支援を考えていきます。
① 歌　唱：「歌を歌う」ことに苦手意識をもつ子どもは意外に多いものです。人前で歌うことに恥ずかしさを感じていたり，以前に失敗経験があって周りから笑われたりしていると自分から意欲的に歌うということはかなり難しいものです。伴奏と歌う旋律がうまく聞き分けられない場合や，リズムがうまくとれない，メロディーを覚えられない，音をはずしてしまう，歌詞を忘れてしまうなど，「歌えない」という理由はいくつか考えられます。小さくても成功した経験を作ることで少しずつ歌えるようになっていく場合があります。この成功経験は，たとえば，「音がそろった」「リズムがそろった」ということでいいと

思います。

「大きな声が出せたね」「やさしく歌えたね」「気持ちを込めて歌えたね」「ていねいに音の高さを考えて歌えていたね」など，ほめ方にバリエーションをつけて，成功経験を増やしていきましょう。リズム遊びやダンス・表現など身体を使ってウオーミングアップする，こころやからだを解放する感覚を育てていくことで，音楽の時間が好きになっていく場合もあります。改善がなかなか難しいときは，指導者の側が表現を固定的に考えないで，「歌うことを楽しむ」ことをまず考えてみましょう。そこをまず出発点として進めてみて下さい。

② 器　楽：聴覚刺激の処理が難しい子どもの場合は，授業の中で音を出す部分を分けたり，整理したりして「オン・オフ」のメリハリをつけると効果的だったりします。場合によっては場所を変えて個人や少人数で練習するなどの配慮も必要でしょう。合奏では，メロディー楽器がよいかリズム楽器がよいか，子どもの実態にもよりますが，リズムが得意な子はリズム楽器，メロディーが得意な場合はメロディー楽器と，得意なところで選んでいくのがうまくいくことが多いようです。器楽の場合，「演奏する」という技能的側面が入ってきます。けんばんハーモニカのように鍵盤楽器の場合，同じような鍵盤が並んでいて混乱してしまうことがあります。必要に応じて印を付けることでずいぶん本人の負担は少なくなります。なお印については，まわりの子と違うことを嫌うような場合は，その子だけにわかるような小さなものにするなど配慮が必要でしょう。

④ 家庭科：裁縫・調理

家庭科の学習では，作業的な要素が多く出てきます。その中でもよく取り上げられるのは裁縫と調理でしょう。ミシン，裁縫道具，調理道具をうまく使えるかが一つのポイントです。

ミシンの使用方法については，どの子にも支援が必要と考えた方がいいでしょう。教科書やビデオや指導者が実際に手本を見せることで理解して実際にできれば，通常の学習でやれるということです。ですから，そういう子を増やしていく中で，指導者がいかに個別に指導できるかにかかっています。

家庭科の場合，特別な支援が必要な子どもには個別に指導することなしには，その指導は難しいでしょう。できる子を増やし，場合によってはその子たちを指導者にしながら，個別に指導できる時間等を作り出すことが必要になってきます。もちろん，運針などで針を刺す位置に印をつけておく，等のできる工夫はしていくのが基本原則です。

（高橋浩平）

VII 特別支援教育と授業づくり

小学校の学習支援と授業づくり④
――特別支援教育の授業づくりをすすめるために

授業づくりの基本理念

　子どもが学校の大半をすごすのは授業です。したがって，「授業の充実」こそが最大の支援という視点を大事にしたいと思います。授業づくりの基本理念として，以下の5つをあげておきます。
　① 子どもがおもしろいと思う授業を：楽しい授業・おもしろい授業
　② みんなで一緒にやる授業を：一体感・共感のある授業
　③ 課題が明確である授業を：ねらいがはっきりしている授業，一人ひとりの課題が明確である授業
　④ ていねいに言葉を添える授業を：概念化の手がかりとして「ことば」を大事にする授業
　⑤ 満足感を感じる授業を：学習したという手応えが感じられる授業
　これは特別支援学級の授業を念頭においた理念ですが，通常学級でも同じことが言えると思います。特別な支援が必要な子どもによくわかる授業とは，すべての子どもにとってよくわかる授業であると考えます。特別支援教育を行うということは，決して特別なことではありません。すべての子どもが「わかる」「参加できる」授業をすることは教師にとって必要なことです。その意味では日々の学級経営の充実こそが特別支援教育の充実につながることを意識しておきたいと思います。

2 子どもの実態をつかむ

　特別支援教育を進めるに当たって，「児童の実態把握」ということがしきりに言われます。WISCなどの発達検査等，アセスメントをやって実態を把握しなさいと言われると，通常学級の担任としては途方にくれる場合もあるのではないでしょうか。
　子どもの実態をつかむというとき，まずは今の，日々の学習の中で見ていくことが大事だと思っています。たとえばテストを行ったときに，その解答がどうなっているかを見ていきましょう。「記号を答える問題はできているが記述式になるとできていない」とか「文章題の内容を理解して答えていない」などの情報を得ることができるはずです。
　また日常の場面で見ていくことは以下のようなことが考えられます。①初め

ての教材を読む場面で「読解力」を見てみる，②授業の場面で「他のことをする」「支援を待つ（要求する）」「隣の子をのぞく」「ふらふらする」など行動の様子を見てみる，③給食や掃除の場面で友達とのかかわりや行動の様子を見てみる，などです。

前の担任や幼稚園・保育園からの情報，保護者からの情報も実態をつかむ上で参考になることが多いものです。

まずは，冷静に子どもたちの様子を見ていくことから始めましょう。その実態をもとに具体的な支援の方法を考えていきます。

③ 学習参加を高める机間指導

個別の支援ということになると，個別指導を念頭に置かれる方もいると思います。授業中に個別指導をするいい機会として机間指導があります。机間指導ができるときは，子どもに作業や活動をしている時ですが，その作業や活動をどのくらいの子がどれだけの時間でできるか，ということを押さえておくことが必要です。また個人差がありますから，終わって時間をもてあます子に対する手立ても必要です。そうしておいて特別な支援の必要な子に机間指導の時に何を支援するかを明確にしておくことです。

5分間程度の机間指導の場合，特別な支援の必要な子を含めて，集中的に見る子を5人程度押さえておき，声かけをしていきます。支援の必要度に応じて，赤ペンやマーカー等で記したり，副次的な教材を与えたり等をしていきます。

また，たとえば国語や社会科等で教師が教科書を範読するような場合，教師がどこで読むかということも大事です。子どもの周りを動きながら読む，集中力の弱い子の近くで読む，うしろから読む，など，工夫することで，子どもに個別にちょっとした支援をしやすい場合があります。教室の前から声をかけられるのと横で声をかけられるのでは子どもに与えるプレッシャーが違うことを意識したいものです。

朝学習など，自主的に学習する時間がある場合，その時間も有効に活用していくことも一つの方法です。たとえば計算のプリントをやっているときに，わからない子を集めて指導する等です。学校の時間は限られています。時間を有効に活用することを心がけたいものです。

④ 宿題や補習の効果的な与え方

宿題を出す場合，その課題を本人が支援なしでできるかどうかをまず考えましょう。支援が必要ならば，①保護者に手伝ってもらう，②その子ができるような形で出す，ということになります。①は保護者の協力が必要ですから，ここでは②について考えましょう。よく市販のドリルなどを何ページ分などと出す場合がありますが，付箋等をはってそのページを明確にしておく，赤ペンや

マーカーなどでどこに答えを書くのか明確にしておく，などちょっとした支援で取り組めるようになる場合があります。子どもの実態によるので一概にいうことはできませんが，文字を書くことが困難な場合，宿題はなぞりにしておくことも一つのアイデアでしょう。宿題はマルをつけて子どもに返す形が多いと思いますが，よくできている場合に「特別なハンコ」を押しておくとか，シールを貼ってあげるとか，子どもが励みになるような小道具を活用するのもいいと思います。「子どもが意欲的に宿題をやるようにするにはどうしたらいいか」を考えてみてください。また子どもにとって宿題ができた，やったという成就感や満足感をもたせることができるかどうかもポイントです。

　一方，補習は，個別に学習を支援するチャンスです。忙しい教育現場で補習をする時間がなかなかとれない悩みもありますが，無理のない範囲で，放課後など使える時間を使って補習を組みましょう。10分でも15分でも意識的に補習時間を作ることです。そのときに，「できない子」ばかりに補習をするのではなく，すべての子どもを念頭において補習を進めたいものです。補習に参加することが子どもの中で変なレッテル貼りにならないよう配慮も必要です。学級の子どもたちが補習を楽しみながらやれるようになるとしめたものです。「先生はすべての子どもができるようになってほしいと思っている」というメッセージを常に子どもたちに発信しておくことです。「この子ばっかりずるい」「ひいきしている」という声が出ないように，「支援が必要なときは誰でも支援するんだ」という意思を明確にしておきましょう。「誰でも支援の対象である」ということは意外と忘れられがちです。このことを忘れて「○○くんにとっての支援」ということを考えると，学級の中でうまくいかなくなることもあるので注意したいものです。

⑤　校内での体制をつくる

　特別支援教育が法制化されてから，すべての学校に特別支援教育のための校内委員会が置かれることになりました。また特別支援教育のコーディネーターが指名されています。そうした特別支援教育の校内体制がうまくいっているかどうかは，学校によってまだまだ格差があるようですが，積極的に校内委員会やコーディネーターを活用することを考えましょう。逆にコーディネーターなら積極的に校内委員会を活用し，支援の必要な子どもたちの共通理解や支援の方法について話し合いを進めて行きましょう。管理職も含め，校内で誰がどの時間に支援者として動けるかを整理しておきたいと思います。学習支援員やボランティア等の外部の支援者の活用も考えましょう。コーディネーターでない場合は，コーディネーターの先生に相談して，共同して，学校として動く体制作りを進めていってください。

　まだ，「特別な支援が必要な子は特別な場で支援してもらえばよい」といっ

た考え方をされる先生がいるようですが，「特別な支援が必要な子に特別な支援を行う」ことが特別なことなのではなく，一人ひとりの子どもを伸ばすためのことであるということを共通に理解して進めることが大切です。

　特別支援教育とは「通常学級の先生方の意識改革である」と主張されている方もいます。通常学級の担任であれ，特別支援学級の担任であれ，特別支援学校の担任であれ，誰もが特別支援教育を「特別なもの」ではなく，当たり前のものとして行っていくことが特別支援教育の理念でもあると考えています。

❻ 学級経営：すべての子どもにとって大事なことを

　「特別な支援が必要な子」を含めて自分の担任する子どもすべての成長を願い，そのために努力していくことが担任の勤めです。何度も言うようですが，特別支援教育は特別なものではなく日々の学級経営の充実の中で実施できるものです。

　「支援の必要な子」に手立てをすることは，すべての子にとってわかりやすくなることが多くあります。つまり，「特別な支援をすることがすべての子どもにとって幸せである」ということです。このことを共通理解できるようにしたいものです。一方で，通常学級担任としては，そうした「特別な支援の必要な子」を引き受けたときに「他の子にしわよせはいっていないか。学習の進度の遅れはないか」ということに気を配る必要があります。これは裏を返せば保護者が心配することでもあります。子どもたちにも，保護者にも心配がないことを実感させることが，特別支援教育を進める際に大事なことだと考えています。

　どうしても難しさを感じるのが競争場面です。クラス対抗や全校対抗などとなると「○○くんがいるから無理だ」となったり，本人がそれを察して辞退したり，ということがあります。このことについては，なかなかこれといった解決策がありません。教育現場にできるだけ競争原理を持ち込まないようにしたいものですが，現実には競争は存在しますし，そのことで子どもたちが伸びる側面も実際にあるわけです。こうした場面に直面するとうまい解決策はなかなかないと肝に銘じた上で，自分なりに考えていくことでしょうか。

　担任が学級経営について，すべての子ども・保護者に対してしっかりメッセージを発信し，説明し，理解してもらうことが重要で，逆にいえばそうしたすべての子ども・保護者に理解してもらえるような学級経営をすることが求められていると言えるでしょう。担任しているすべての子どもの幸せをめざして，学級経営をしていきましょう。それが特別支援教育の充実にきっとつながるはずです。

（高橋浩平）

VII 特別支援教育と授業づくり

6 中学校の学習支援と授業づくり①
――学習内容と環境の変化

 中学校の学習

　中学校での学習支援を考える場合，小学校での学習支援とどのような違いがあるのでしょうか。基本的に発達障害の生徒たちの各状態における学びの困難さは，進学後も変わることはありません。中学校でも同じように支援を継続していかなければならないことは言うまでもありません。

　中学校では，成長とともに学習内容は深化し，より専門的内容へと発展していきます。小学校で学んだ基礎的な事項を基に，さらなる思考を形成していく段階と言うことができるでしょう。情報量は増え，広範な思考力も求められます。中学校での学習支援を考えるには，このように学習内容がどのように発展し，そして，その学びの中で，発達障害の生徒たちがさらにどのような点で困難さを感じていくのかを，しっかりと教師が認識しておかなければならないのです。

○学習の発展的要素

　小学校から中学校への学習内容における発展的要素の一つに，「具体から抽象」があげられます。たとえば「読むこと」において，小学校段階では，文字，単語，語彙，文法など，言語の基本的な内容を身に付けながら，文字情報を直接的に理解していく学習を中心に行うのに対して，中学校では，それらを含みながらも，さらに文字として表現されていない部分をも読み取ることの要求度が増します。数学でいえば，加減乗除といった数の規則的操作技術を中心に，それを使った量や質の計算から，文字式や関数などに代表されるような仮定事象の計算へと発展します。

　また，部分から全体を，全体から部分を，と統合的または分析的に思考していく学習スタイルも多くなります。たとえば社会科では，グラフ等によって示されたいくつかのデータから，ある一定の事象を解釈したり，逆に一つの社会的事実が描き出された背景を，一つずつ分析的に紐解きながら，その時代の人々の考え方を理解し，現代，そして未来の在り方へとつなげていくことも行います。ここでもやはり，具体的には見えないものを見えるものから統合したり分析したりしながら，ある見解を導き出すことが求められるわけです。

　理科などの観察や実験，技術・家庭科での生活と環境，もの作り，美術科などの鑑賞や表現，保健体育科の身体運動や心の動き等々，自然科学，人間生活，

文化的感性，身体運動，内面への気づき等，様々な領域において知識の醸成のみならず，気づきや発見をもとにしながら，自然環境や人間社会の中でよりよく生きることを追求していく学習も，中学校では随所で単元化されます。ここでも分析的・統合的思考は要求され，その中で新たな気づきをもってよりよい生活を創造していこうという思考形成がなされます。

○ 自己実現・自己創造へ

このように抽象的内容，さらには思考の統合や分析といった学習を積み上げることで，より様々な事象をより具体的に，より立体的に理解する力を身に付けていくのです。そしてその力を他へ有効に転移させる力をも身に付けながら，自己実現，自己創造をめざした「生きる力」の礎を形成していくことが求められるのです。ここに中学校の学習における大きなテーマがあると言うことができるでしょう。

② 中学生が抱える意識の問題

このような学習内容の特徴をふまえると，発達障害の生徒たちにとって様々な困難が予想されることは容易です。発達障害の生徒たちの中には，イメージしたり，統合や分析をしたりすることが苦手な生徒が数多くいます。見えないものをイメージすることも苦手です。ADHDに見られる不注意や多動，またLDやADHDなどに見られる短期記憶の困難等，その他様々な困難は，発達障害の生徒の学習内容習得に，大きく影響してくるのです。

○ 不得意感からくる劣等意識

さらに，中学生にとって学習内容以外にも意識的に困難を助長する要素が付加されていきます。様々な困難は，小学生の段階から継続的に生徒の意識の中に積み上げられています。先生の言っていることが聞き取れなかったり理解できなかったり，また板書をうまく写せなかったりした経験に始まり，わかろうと一生懸命努力してもなかなか理解できなかった経験，様々な情報が錯綜してまとめることができず，課題を解決できなかった経験，友達はいろいろなことに気づいたり見い出したりしているのに，自分にはその気づきが得られず，周囲の状況が把握できずに孤立化していった経験等，自分の力だけではどうにも克服できない現実の中で，「不得意感」は積み上げられてきました。まず，このことを支援者はしっかりと認識しておかなければなりません。励ましの言葉をかけることも大切ですが，それ以上に，生徒の劣等意識を理解し，共感することを第一に考え，一つずつ「わかる」，「できる」実感をもたせるための方法を示していくことが重要なのです。

○ 意欲の醸成・継続の難しさ

積み上げられてきた劣等意識は，意欲の醸成と継続をも困難にします。「どうせやってもわからない」，「私には無理」と，やる前からあきらめてしまう生

徒は決して少なくありません。また，たとえ意欲をもってやり始めたとしても，分からない感覚をもった瞬間から先へ進もうとしなくなることも多々あります。とかく意欲は意識で操作できるものと思われがちですが，そうではなく，一つ一つの理解や小さな達成感が連続して作り上げられていくものであって，その経験を味わわせない者に，意識の上で意欲をもてというのは無理な話なのです。材料のないところで何かを作れといっても難しいのと同じです。中学校はそういう意味で，スタートに位置しているのではありません。小学校からの継続によって積み上げられてきた内容をさらに発展させながら学習していくわけです。それだけに，他の生徒と同じ内容を，同じペース，同じ方法で行うことが難しい状況となることも多々あります。この点をふまえない限り，生徒の意欲はますます減退し，学習効果もほとんど得られないということになってしまうのです。

　わたしは，小学校のときから先生の言っていることがよくわかりませんでした。聞いているときはわかっているつもりなのですが，話がおわって問題を解こうとすると，先生がなにを言っていたのかぜんぜん思い出せませんでした。だから，国語の授業でさされたときは，いつも答えられずにだまってしまいました。そのたびに「ちゃんと聞いていたのか」と怒られました。自分では聞いていたつもりなのですが，「ボーとしていたらダメだぞ」といわれ，とても辛かったです。「わたしは，頭が悪いんだ」といつも思っていました。

　　中学2年生女子（聴覚系に困難を示すLD生徒）面接時の聞き取りより

　毎日毎日計算ドリルをやらされました。かんたんな足し算や引き算はできるのですが，数が多くなると答えがわからなくなりました。九九もなかなか覚えられませんでした。割り算は大の苦手で，何を何で割ればいいのかわかりません。文章問題は，まったくやる気が起きません。中学校の数学はできる気がしません。友だちからもできが悪いやつだと思われているのがとても嫌です。

　　中学1年生男子（算数障害の診断を受けた生徒）面接時の聞き取りより

○周囲の目

　人間の発達段階を考えると，小学校の4・5年生くらいから自我の確立がなされ始め，自分を自分で客観視することができるようになります。集団の中での自分の存在を認識し，自分の置かれている状況や立場を考えるようにもなります。「みんな一緒」という意識は薄れ，差別化，区別化が進み，仲の良い友達集団を作り始めるようになると，それとは逆に排他行動も並行して現れます。また，ある基準に照らし合わせて，自他を区別する力も備わってきます。

　中学生にとってのこの比較能力における一つの基準が，学習能力・学習成績

です。小学生の段階では，その差はあまり問われません。しかし，中学生になると，学習の習熟度，達成度が数値によって提示されます。順位や偏差値といった形で現実的にその評価を手にすることとなる場合，そこには歴然と他の生徒とは違う自分を認識しなければなりません。人間的にその差を認め合うまでには，まだ心の成長が不十分な時期でもあるだけに，中学校での学級集団は，発達障害の生徒が勉強する場としては辛い場所となることも十分考えられるのです。もちろん，学校・学年・学級等の経営上の問題は大きく，また，人権意識の醸成も並行してなされていかなければなりません。

　しかし，現実的に中学生は，学習能力を自己の存在価値を示す一つの指標に用いるのです。あからさまには表現しないとしても，これは友だち集団では日常的に行われます。きれいごとで処理しようとすると，教師はこの部分を見落とし，対応が遅れてしまいます。生徒たちは，最低でも周囲と同じラインを維持しようと必死です。行動面でも自分を殺して周囲に同調することは少なくありません。比較する能力は優越と劣等を生み，没個人を誘発するものとなっていくのです。

　ただ，これは中学生にとって，成長段階の一過程として通るべき道でもあります。発達障害の生徒たちにとっても避けては通れません。問題は，このことをどのように教師が理解して支援をしていくかです。学習に大きなウエイトがある中学生の意識の中に，どのように教師がアプローチできるのか。みんなと同じ方法で学習できないことや，みんなと同じような行動がとれないこと，また，一風変わった言動をとってしまうことを教師はどう受け止めて支援することができるのか。

　発達障害の生徒たちは，このように周囲の目の中で，常に自己否定を繰り返しているかも知れません。校外にある通級指導教室では，生徒たちはわからないことをわからないと表現します。わからないことは，小学校の内容に遡っても学習します。素直に自分の力を認識し，その補充に取り組みます。そこには比較される周囲の目がないという安心感があるからでしょう。思春期を迎えた中学生にとって，学習環境が比較の場所となった場合，学習障害の克服を考える以前に，心理的な障害を併発して，元来の困難さの克服に意識が集中できない状況へ追い込まれてしまうのです。

　中学校での学習支援では，このような発達段階における生徒の心理状態も十分に念頭に置いて，自尊感情を損なわないように支援していくことを考えていかなければならないのです。

（佐藤宏一）

VII 特別支援教育と授業づくり

 ## 7 中学校の学習支援と授業づくり②
――学習における様々な配慮：見えない部分をどう教えるか

VII-6 で述べたように，抽象化が進む中学校の学習において，中学生が困難を示す場面は随所で見られます。もちろん小学校に継続して，読み書きや計算といった基礎的な指導も必要な場合は多いのですが，その方法論は小・中学校で差があるものではありません。ここでは，中学校の学習内容をふまえて考えてみます。まずは，「抽象」をキーワードとして，それをどのように具体的に理解させていくかを考えてみます。

発達障害の生徒たちの中には，言葉や文字で示されていないものや目で見て判断できないものを理解することに困難を示す者がいます。

たとえば，「幸福」という言葉の意味を問うた場合，それがどのような状況や心理状態なのかイメージできないのです。「幸福」を目で見ることはできませんから，それがどういうものか理解しきれないのです。また，あるものが何かの陰に隠れて，その一部分しか見えていない場合においても，見えている部分から想像してその全体像を把握するということが難しい場合もあります。

このような困難さを示す生徒への指導は，「見せる」「感じ取らせる」「認識させる」といった配慮が重要なのです。

国語科学習の指導例

国語の授業でよく見られる作者や登場人物の心情を探る学習は，困難な課題の一つです。部分的な見解で終わってしまったり，言葉の裏に秘められた真意を読み取ることができなかったりします。いずれにしても，表現されている内容（見えているもの）から表現されていない心情（見えないもの）を探ることはなかなか容易なことではありません。

ここで，向田邦子の作品「字のないはがき」（東京書籍，光村図書出版等収録）の一場面を例にとってみます。この作品は，父親の娘を思う気持ちが，作者の感じたままに描写されていますが，愛情表現は直接的ではなく，父親の行為から読み取らなくてはなりません。特に自閉症スペクトラム障害や社会的コミュニケーション障害の生徒にとっては難しい題材となり得ますが，逆に，家族愛や人間の心情を理解させるのには適した題材でもあります。

この作品での読み取らせたい内容は，「普段は頑固で横暴だが，その裏には常に子どもを思いやる愛情あふれた父親像」です。かつての日本の典型的な父親像とも言えるかもしれません。

VII-7 中学校の学習支援と授業づくり②

そこでまずはじめに，日常の父親像を読み取らせていきます。以下の文面から生徒たちは日常の父親を，「短気で，いつも威張り散らし，気にくわなければすぐに手を上げる横暴な父」と読み取っていきます。この点は，直接的に表現されているので比較的容易に読み取れます。

例 ○「おい邦子！」と呼び捨てにされ，「ばか野郎！」の罵声やげんこつは日常のことであった…。
　○ふんどし一つで家中を歩き回り，大酒を飲み，かんしゃくを起こして母や子どもたちに手を上げる父。

次いで本題の，父親の愛情を読み取らせるわけですが，その部分は父親の行為から読み取らなければなりませんから，発達障害の生徒たちの中には，その部分に気づかない者もいます。つまり，直接表現されていない部分なので見えにくいのです。まず，最後のエピソード部分である次の二文を考えさせてみます。

　茶の間に座っていた父は，はだしで表へ飛び出した。防火用水桶の前で，やせた妹の肩を抱き，声を上げて泣いた。

この父親の行為について二人の生徒に意見を求めると，A「悲しいから泣いた」，B「娘に会えて嬉しいから泣いた」と述べました。Aの場合は，泣くという行為が悲しいという意味と連動しており，文字上の意味を捉えたものとして理解できます。また，Bの場合でも，離れていた娘に会えたという喜びからの嬉し泣きとして，やはり泣くという行為の意味からの解答と理解できます。Bの解答は，必ずしも間違えとはいえないかも知れませんが，父親の詰まるような思いを読み取っているかといえば不十分です。読み取りの程度の違いこそあれ，ともに人間の関係性や心情を読み取るまでには至っていません。
　生徒の解釈は，あくまでも「泣く」という，表現されている言葉，見えている言葉からの解釈なのです。ここでは，当然，「はだしで」と「声を上げて」という言葉を読み取らせなければなりません。支援としては，この二つの言葉の意味を考えさせ，もしくは教えなければならないのです。日常の状態とは違う動作を生徒はどのように解釈するのか，教師はその読み取り方を把握した上で，指導することが前提となります。先ほどのAの生徒の場合，「はだしで」の部分を，「たまたま靴がなかったから」と答えました。やはり，行為としての解釈のみで，父親の内面にたどり着くには距離があります。つまり，これがAの生徒の困難な部分なのです。意識を，「履き物を履く」という行為の段階から，「普段は当然履いて出るのだが履くことをしなかった」という理解に転

151

じさせ、その理由を問いかけることで、「時間的切迫感」を実感させていく。そして、この中に「早く会いたい父親の気持ち」が裏付けされていることを感じ取らせていくのです。ここの読みをしっかりと認識させることで、手紙のエピソードを考えさせ、言葉や行為と父親の気持ちをリンクさせて考えられるように以下の部分を読み取らせながら支援していきます。

> ○三日にあけず手紙をよこした
> ○一日に二通来ることもあり
> ○父はおびただしいはがきにきちょうめんな筆で自分あての宛名を書いた。

通常は、生徒たちが自ら手紙・はがきの行為の意味を読み取り、最終のエピソードにつなげていくわけですが、発達障害の生徒たちの中には、このような手紙の行為が何を意味しているかに気づきにくいわけですから、まず、全体像をつかませてから、手紙の意味に立ち返って考えさせる方が、指導としては適していると思います。教師が見えない部分を一生懸命見せようとしてもあまり効果は得られず、かえって生徒は見ることのできない自分を見るだけで、やる気をなくしていくだけなのです。

❷ 数学科学習の指導例

このような考え方は、数学においても同じです。次のような方程式の文章問題を例にとって考えてみます。

> 60円の消しゴム1個とノート3冊を買ったところ、代金が420円でした。ノート1冊の値段を求めましょう。　　　　　　　　　　　（中学数学1）

方程式のドリル計算は答えを出すことができるのに、文章問題になると式を作ることができない生徒。xという見えないものの存在が、頭を混乱させてしまうと言います。何をxとして計算したらいいのか見当がつかないのです。そこで、次の2つの方法を準備します。

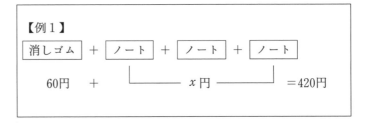

VII-7 中学校の学習支援と授業づくり②

【例2】

消しゴム	＋	ノート	＋	ノート	＋	ノート

60円＋120円＋120円＋120円＝420円

【例1】は，作るべき式を視覚的に表現したものです。これは通常の指導においても示すものですが，ここではノートの値段を$3x$として〔$60+3x=420$〕という式を作らせることを目的にするのではなく，まず，わかっている数字について処理させていきます。つまり$420-60$を計算し360という数字を見えるものとして明らかにします。そこでノート3冊に360円払ったのだから1冊はいくらになるのかを問います。計算する内容が1つですから容易さは増します。

【例1】で理解が得られない場合は，【例2】に移ります。ここでは，全てが見えた状態です。そこで，消しゴムの値段とノート3冊の値段を質問します。生徒は60円と360円と答えます。次にノートの値段360円はどうして分かったのかを質問します。生徒は1冊120円が3冊だからと答えます。それはどんな計算をしたのかと問い，「120に3をかけた」と答えたところで120を隠します。つまり見えていたものを見えなくするのです。それを空欄にしたままで，見えているものだけでもう一度式を作らせます。

$60+$ □ $\times 3 = 420$

ここでは，生徒の頭の中に □ に入れる数字が120であることは残像として見えています。つまり，その意味が分かっているということです。最後に空欄をxという文字に置き換えて式を作らせれば，生徒は容易に〔$60+3x=420$〕と作ることができるでしょう。式ができたところでxについて「何をxとしたのか？」と問いかけます。生徒は「わからないもの」，つまり「見えないもの」であることに気づきます。この方法で，いくつかの類似問題に取り組ませ，xという文字は「わからないもの」（見えないもの）というキーワードを意識させながら，方程式の意味や作り方の理解につなげていきます。分からない数字の操作をいくら強いても，数字から離れる一方です。できないというプレッシャーを与えるのではなく，考え方をしっかり身に付けさせるために，先に答えを示し，数式の意味を口頭で言えるようにしていくことで理解につなげていくことも効果的な指導法の一つです。

（佐藤宏一）

VII 特別支援教育と授業づくり

8 中学校の学習支援と授業づくり③
―― 学習における様々な配慮：学習構造と環境の工夫

　特別支援学校や特別支援学級における障害のある生徒に対し，授業のスモールステップ構造は以前から研究され実践されています。通常の学級においてもこの発想で授業を構成することはとても意味があります。ここでは以下の二つの側面から考えてみます。
　（1）　能力に応じた目標設定とステップアップ
　（2）　注意集中とその連続
　学習障害のため学習内容の習得に，より時間を要する生徒に対して，通常の学級で指導をしていくことは，実際には容易なことでありません。一般的に，授業は一定の共通した知識と理解の上に構造化されて実践されていくもので，理解度の異なる生徒を含んだ構造としては限界があるからです。もちろん授業環境の整備や視覚系・聴覚系の困難に対する配慮，さらには，ヒントカードや授業内での個別の指導など，様々な支援を行うわけですが，それでも難しい現状は多くの先生方が感じられているところでしょう。
　授業は，限られた時間の中で，学習内容を習得させることを目標としますから，自ずと教師の意識は「本時の目標」に向かって授業を進めることに向けられます。しかし，たとえば，特急や，急行列車に乗って進む生徒に対して各駅停車で進んでくる生徒を限られた時間内で同じように最終目的地に運ぶことがどれだけ可能なのでしょうか。結局は，支援半ばで授業を進めてしまう場合も少なくなく，目標に到達できなかった生徒は，理解も不十分であり，また，到達できなかった焦りや劣等感が募ることになってしまうのです。教師も，思うような指導の成果を得ることができないことに，やるせない思いを抱くのも実際でしょう。

モジュールの発想に立った授業構造

　そこで，授業の構造をモジュールという発想をもって組み直すことを考えます。内容的モジュール，時間的モジュールと授業によって編成の仕方は工夫ができますが，一つのモジュールごとに，必ず段階に応じた目標を設定します。教師は，1時間の授業内容を段階的に分析，細分化し，生徒の能力に応じたモジュールを準備しつつ全体の授業を構成します。以下に基本的なモジュールの構成モデルを示します。

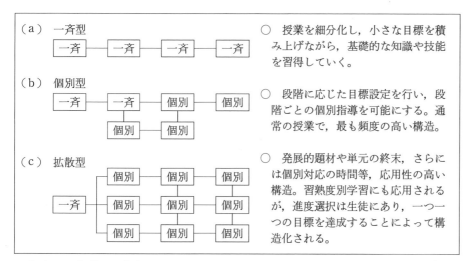

（a）の一斉型は，内容モジュールとしても時間モジュールとしても有効です。全体に，一つ一つの目標を達成していくことで，本時の学習目標に到達していくスモールステップ方式と同じです。また，数学の計算問題のように，いくつかの問題に当たり，計算の方法や考え方を，練習を重ねることで身に付けていく技能面の習得にも効果的です。内容のバリエーションを図ることも可能です。

（b）の個別型は，個に応じてどのような目標設定をするかということが課題となります。そのためにも，全体の目標値をどこに置き，学習困難を示す生徒の目標がどこなのか，個別の指導計画との照合が前提です。学習指導要領に示される指導目標に対応しつつ，全体の目標設定と学習困難の生徒の目標設定を明確にし，決して不十分な状態で進まないための確実な定着を目指します。各モジュールで使用するワークシート（モジュールシート）にも，その目標設定を明記し，個々の生徒に達成感を味わわせつつ，習得の段階を自覚させていきます。なお，ここでは，全員を同じ目標に到達させるという発想はもちろんありません。前述の通り，全員の習得を前提とした場合の弊害を考慮した構造であり，個に対応する基本的なパターンです。

（c）の拡散型は，発展，補充的な学習において効果的です。生徒は，自己の学習課題に応じてレベルに応じたモジュールを選択して学習します。いわば，各モジュールの間を自由に歩き回りながら，自己の学習を充実させていく構造です。全ての授業をこの構造で行うことは非現実的ですが，単元の終末や習熟度別学習等では効果的です。ただ，準備に時間を要すること，また，多くの生徒に対応しようとすると複数の教員が必要になることもあるかもしれません。どの場面で構成するかは十分な計画のもとに行われる必要があります。

また，前述の3パターンに加え，外国語科などに見られるモデルを考えてみましょう。英語の授業では，一つのスキットに対して「聞く（ヒアリング）」「読む（発音）」「書く」「話す（コミュニケーション）」といった学習作業が1時間の中に包括的に構成されます。これは，一つの学習内容が，必然的にモジュ

VII 特別支援教育と授業づくり

図VII-3 包括型

ール化され多面的な展開をもって構成されているということです。この展開は生徒に集中力を持続させることが可能なモデルとも考えることができます。また，各領域にそれぞれの目標があり，しかもそれは段階的ではなく，並列的に位置していることから，生徒の不得意な部分を他の部分で補いながら習得させていくことも十分可能です。全てを一律に習得させることを求めなければ，内容的にも十分授業についていくことができるという実感をもたせられる構造です。以下に示した生徒作文はそのことを考えさせてくれるものとして示唆的です。授業での集中と学習意欲の向上にも有効な価値のあるモデルとして様々な教科で応用が期待できます。

> 私が，とってもわかりやすい授業は「英語」です。英語は最初，DVDを見ます。そして聞き取れた単語を紙に書いて6つ以上だとAがとれます。英語はDVDだけじゃなく，発表や暗唱テスト・単語テスト・リスニング・英語のビデオというように，私たち生徒にとって，わかりやすくとっても楽しい授業だと思います。　　　　　　　　（ADHDの診断を受けた生徒の作文　一部抜粋）

このようなモジュールによる授業の構成は，生徒一人ひとりの能力や進度に応じた編成を可能にするばかりでなく，教師が個別に指導する時間をも確保できるとともに，生徒の意欲化にもつなげられる方法として効果的な授業形態だといえます。授業は効果的なストラテジーによって意図的に構成するものであり，学習に困難を示す生徒の支援を考えていく上でも，この効果的なストラテジーが重要なのです。

2 「板書を書き写す」ことへの配慮

視覚系に困難を示す生徒や書字困難を示す生徒，または不注意や多動，衝動性のある生徒に共通して見られるのが，板書をノートに写し取る問題です。中学校では，学習の情報量が徐々に多くなります。板書内容を減らすことができるのであればそれも一つの配慮ですが，しかし，説明や学習に必要な内容を減らすことはやはり難しいのが実情です。また，配慮の一つに「全員が書き終わるまで待つ」ということが言われますが，これも現実的な配慮とは言い切れません。それだけの時間をとれることの方が実際には難しいからです。

> ～一生懸命写そうと思うのですが，すぐ字をまちがえたり，飛ばしたりしてしょっちゅう消しゴムで消します。ノートもすぐぐちゃぐちゃになるし，写し終わらないうちから先生は説明を始めるので焦ります。だんだん分からなくなって，やる気もなくなり，もうどうでもいいという気持ちになります。
> 　　　　　　　　　　　　　　　　　生徒の感想文より（文末等一部筆者修正）

VII-8 中学校の学習支援と授業づくり③

　ここで考えたいことは，板書を書き写すことがどれだけの意味をもつかということです。たとえば，視空間認知に困難がある生徒や目と手の協応性に困難のある生徒に，板書を写すことで指導していくことはありえません。通常の学級で指導する場合，板書は授業の本質ではなく，情報の伝達や思考の表現，展開の説明等であり，授業の内容を理解させる方法の一つと考えます。必ずしも目的というわけではないでしょう。よく社会科の授業などでは，始めに教師が授業内容を一気に板書して，その後で説明する場面を見ることがあります。数学でも，計算の問題が始めに書かれ，その解法過程を生徒が黒板に書き込みながら説明し答え合わせをしていく授業を見ます。どちらも板書の視写ができなければ授業内容を記録していくことはできない状態です。文字を書くことが苦手な生徒にとっては，それだけで大きな課題を強いられており，焦りから来るストレスは大きなものがあると言えます。不注意の生徒や視覚系に困難のある生徒は写し間違いも多くなりますし時間もかかります。多動・衝動性のある生徒は集中が続かず途中であきらめてもしまいます。これでは，授業内容は当然定着しません。

　まずは，生徒の状態にあわせて，板書内容をあらかじめワークシートにして配布したいものです。本時の学習内容の全体が把握できる利点もありますし，それ以上にストレスの緩和には大きな意味があります。もちろん思考のポイントや重要な部分については，生徒の状態にあわせて空欄を作り，その部分を書き込ませることで集中を促し，理解を図ります。不注意や多動・衝動性の生徒にとっても集中のポイントがわかりますから効果的です。色チョークを使用する場面では，マーカーで線を引かせればいいだけです。また，生徒に応じて，更なる補説やヒントも書き込めますので，生徒が自ら学習できる状態を作れるとともに教師が対象生徒に付いて支援する場面も少なくできるので指導効率は良くなります。

　また，授業中の発言や新たな発見的内容，もしくは予定外の展開により事前にワークシートに書かれない項目の板書については，授業が終わった後の板書内容をデジタルカメラで写し，プリントアウトして渡すことも考えてしかるべきだと思います。生徒には事前にこのことを周知しておくことで，ストレスや焦りはほとんどなくなります。A4判のノートを使い，左頁にはB5判で印刷した事前配布プリントを貼らせ，右頁には同じくB5判で印刷したデジタルカメラで写し取ったプリントを貼らせます。A4判とB5判の差でできた余白は，生徒個々の課題や事後の学習補助に活用させます。

　ノートをとりきるということは，学習への参加と充実感を得る大切な自覚材料の一つです。板書の視写に対するストレスを緩和し，一つ一つの授業に対する充実感を味わわせることは，思った以上に学習効果を上げることにつながるのです。

（佐藤宏一）

VII 特別支援教育と授業づくり

9 中学校の学習支援と授業づくり④
――教科担任の連携と複数教員の活用

　中学校の学習で常に問題視されるのが，教科担任制による生徒理解の難しさです。一人の教師がほとんどの教科を担当する小学校とは違うため，生徒の学習状況を全体的に把握することが難しいというのがその理由です。ある教科担任は生徒の困難さに気づき，問題意識を抱いていても，他教科の教師はさほど感じていないという現状も少なくないでしょう。生徒の障害種や得意・不得意の状態によってもそれぞれ異なりますが，この教科担任間の連携をいかに図るかは，一人の生徒を全体で支援する重要な鍵となります。

1　教科担任の連携

　教科担任制の問題点は，これまでにも議論されてきましたが，逆に利点は何なのでしょうか。それは，連携の在り方を考えることで組織的な指導が可能になるということです。複数の教師の見取りと支援は，生徒にとっても利益が増します。また，心理的にも教科ごとに教師がかわることは，精神的なゆとりを生みます。生徒にとって得意教科，もしくは，接しやすい教師が，その生徒の支援の軸となって構造的支援集団を作ることができれば，学習環境は充実したものとなるのではないかと考えます。

　たとえば，「数学が好きで，計算問題は速く正確に行うのですが，文字は乱雑で創造性に乏しい生徒」の場合，支援の中心となる教科は数学です。この生徒にとって計算は生徒の能力を引き出し，学習の意欲化を図る鍵です。各教科では，この特性を常に支援材料として意識し活用するのです。

　先に示した国語科の「字のないはがき」における父親像を読み取る過程で，感性的理解の難しさを補うために（＋）と（－）の認識を付加してみます。父親の罵声や暴力的行為を（－）として認識させ，それに対して娘を思う行為を（＋）として理解させていくことで，人物像の表と裏を整理しながら考えさせます。さらに，感情の奥行きをベクトル的な考え方で助言していけば父親のある行為を方向と長さで認識させることができます。

　また，文字については，数学の授業の中でしっかりと書く意識を植え付けていくことを考えます。解答は出ても読みにくい文字での表記に対してはしっかりと指摘をしていくことが重要です。得意教科における指摘は生徒に与えるストレスも少ないはずです。そして「他の教科でもしっかり書いていかないと数学だけ丁寧な文字が書けることはないからね。これは習慣だよ」と生徒の意識

VII-9　中学校の学習支援と授業づくり④

を広範化しておきます。他教科はこれを受けて指導の強弱を図りながら丁寧さが出てくるのを見守ります（個別の書字指導が必要な場合は別に取り出し指導を行う）。成果が見えてきたら，数学の担任が「良くなってきたね。他の教科もきっと丁寧に書いているんだろうね」と声をかけ，他教科でも並行して，同じ歩調で賞賛をしていきます。やはりここでも数学科担任がキーパーソンとなり連携を図っていくのです。生徒は多くの先生に褒められることで自信をもち自ずと意識改革が図られていくわけです。これは，他のことでもまったく同じ原理です。生徒の得意・不得意をしっかり認識し，誰がどの場面で指導していくか，共通して指導する項目は何か，連鎖的指導のタイミングは…，など，その都度教師間で連携を図ることができれば，中学校の教科担任制の利点が十分に見出されるはずです。

❷　教科間のばらつきを分析

そこで，共通理解，共通実践を図るための生徒理解をどのようにするかを考えてみます。ここではできるだけ客観的に見取ることを心がけるわけですが，ここでいう客観は必ずしも数値的データだけではなく，指導のプロとして生徒の状態を感じ取る教師の目もその一つとして考えます。多くの生徒を指導する教師の目は，比較判断に基づく客観的データとして信頼性のあるものと考えるからです。もちろんそこには，視点の共通化が必要であることは言うまでもありません。

客観的な見取りを考える場合，一般的なスクリーニングシートを活用して，共通チェック項目をピックアップしていく方法もありますが，この場合，生徒の状態の基本的要素を見出すことはできても，教科間の好みや生徒意識を把握するには少なからず不十分な点もあります。そこで，次の2つの方法で客観的分析を試みることを考えます。

①　定期テストの偏差値分析

②　教科担任による生徒の状態分析

まず，定期テストにおいて生徒がどのような教科間でのばらつきを示すかを偏差値という指標で分析します。ここでは，単純に順位や得点で計ることも考えられますが，問題の内容等による変動を考慮して全生徒の平均から判断した方がより客観的なデータが得られるのでこの方法をとります。現在ではほとんどがコンピュータを使って成績処理をしていますので，各定期テストで偏差値を算出することにさほど手間はかからないでしょう。

サンプルとして図VII-4のグラフを示します。数学と理科においては全体の中で平均以上をマークしていますが，逆に国語，社会，音楽，美術は落ち込みが目立ちます。このデータが，生徒の得意・不得意感と一致するのか，さらに教師からみた生徒像と一致するのか，この後，照らし合わせていきます。（Wisc

159

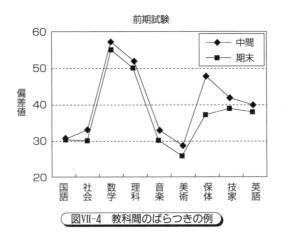

図VII-4　教科間のばらつきの例

などの心理検査データがある場合は，下位検査項目の結果を照応させ，特性要素として因果づけていく。）

　次に各教科担任による生徒の実態を書き出していきます。それには共通のシートを使い，観点の統一を図ります。各学校で工夫できると思いますが，あまり書く欄が多いと返って手間ですし，問題点が集約できなくなります。あくまでも各教科での得意・不得意の特性や態度の把握を目的とします。次に示した表は，一つのサンプルです。どの教科にも共通した左枠の内容は，○△×に加えて簡単なコメントが書ける程度，得意・不得意の欄ではその授業において，どのような特性を示すか，もしくは，どのような授業形態の時にどのような特性を示すかを書きます。さらに，その他の欄では，授業に対する姿勢や意欲，また，特に気になる事項をメモ書き程度に記していきます。

生徒氏名：		教科：	教科担任：	
読むこと		好んでやること（得意）		困難と思われること（不得意）
書くこと				
聞くこと				
発表・発言				
思考・想像				
器用さ				
その他（授業での態度，状態など）				

このような情報を教科間で共有し，生徒の実態を教師間で共通理解すれば一貫した指導は可能になります。得意な要素を十分に認識し，各教科の授業の中でそれを活用できるポイントをしっかりと見出して，生徒の理解促進に努めます。また，困難なポイントは事前にそれをカバーできるよう準備し，意欲の減退を極力取り除くよう配慮します。また，全教科で共通して指導する内容は何なのか，各教科担任が一貫して指導する内容を明確にし，全員が同じ指導をしていくことも，ここから見出していきます。

さらに，授業の形態分析も行えます。基本的には，動きの少ない授業（講義型授業など）は意欲を低下させ困難を助長することは周知の通りですが，生徒が意欲的に取り組み力を発揮しやすい教科や授業形態を見出し，それを基準として，各教科がそれぞれに応用しながら，有効な授業展開の在り方をリストアップしてみるのです。このことは，支援を要する生徒への配慮のみならず各教科の授業構築における改善や活性化にもつながり，学校全体の支援体制づくりにも大きな効果があります。生徒は，授業スタイルや教師の姿勢，言葉がけ等で大きく変わります。教科担任制の利点をフルに発揮し，生徒が意欲的に学習に取り組めるようにすることができれば，中学校での支援は大きな力を発揮できるのです。

（佐藤宏一）

VII 特別支援教育と授業づくり

中学校の学習支援と授業づくり⑤
―― 個別の評価とテストでの配慮

　発達障害によって，学習に困難をきたしている生徒を評価する場合，二つの評価を考える必要があります。一つは，通常の評価である学習指導要領に示された指導内容に準じて，各学校，各教科で定めた評価基準をもとにした評価。もう一つは，発達障害の生徒の状態に応じた個別の個人内評価です。もちろん，生徒にとって前者の評価基準に達することが精神的な満足感を得るものであることは言うまでもありません。しかし，その基準に達することが学習困難によって得られないために，全体の中で数値的評価が下がることが，現実的な問題点であり，教師の苦慮するところなのです。では，全体の中での評価をしなければよいのかといえば，これもそう簡単に答えの出せるものではありません。生徒にとっても，全体の中での評価が得られないことは，学習到達の程度がわからず，学習の意義を感じられなくなってしまうのと同時に，特別に扱われることで劣等意識がさらに増していくということもありえるからです。

 個別の評価

　そこで，個別の評価をいかに全体の中での評価につなげていくかということを考えていきます。評価の二重構造はこの点における考え方です。

　図Ⅶ-5は，中学校の授業の一単元を示したものです。基本的には二重線のラインを授業のスタートレベルとし，それまでに習得しておかなければならない基礎的内容がAの部分です。この単元での必要な基礎学力 a〜g（もしくは観点）のうち，反転部分は生徒が身に付けている内容ですが，その上の空白部分は，学習困難によって十分身に付けられていない部分です。

　この状態の中，Bの部分のみで評価をしようとすれば，当然数値的には低いものとならざるを得ません。Bの部分だけの評価では，二重線にたどり着くまでは評価に変化はなく，生徒の努力もレベルアップの度合いも認識することができないのです。仮に，二重線ラインを"ゼロ"としたら，そこにたどり着くまでは，ずっと"ゼロ"という評価を受け続けなければならず，生徒の意欲向上にはつながらないでしょう。

　そのためにも，空白部分は個人内評価をする部分として，しっかりと教師がその達成を評価しなければならないのです。生徒とともに目標を立て，小さな達成をその都度評価しながら，遅れて

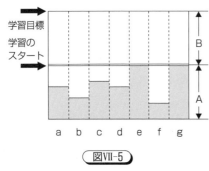

図Ⅶ-5

習得している部分の達成度を生徒に実感させていくことが大切です。評価における表現の仕方については，基本的には，筆記によりその達成度を丁寧に記載することがわかりやすく，具体的理解につながると思いますが，それと並行して数値で表現することも考えていいと思います。達成度が端的に理解できるので，自ずとその数値を上げることを目標に努力することができるからです。いずれにしても意欲の向上につなげていく工夫が大切です。

　また，十分に理解できている内容については，その部分を十分に評価しながら，その力を他に転移していくことができるよう助言していくことも重要です。「できる」「分かる」という実感は，他の困難な要素を引き上げるためにも大きな力を発揮するものとなるのです。

❷ テストでの配慮

　テストは，基本的には文字を介して行われますので，文字の読み書きに困難のある生徒は，もちろん支援が必要です。また，外国語科や国語科では，聞き取りによる問題が出されますから，聴覚系に困難のある生徒にも配慮が必要となります。これは，試験に際する環境整備の問題として問題用紙や解答用紙の工夫，放送機器や音声を文字表記で代替えする工夫など，すでに配慮がなされているところだと思います。

　そこで，ここではテストの作り方について考えていきます。学年全体の学習内容の達成度を評価するテストですが，先述の個別の評価にも連動し，個別に支援した内容がその生徒の個人内目標を達成しているかどうかもあわせて評価できるものを考えます。

　そこでまず，テストは新しく学習した内容のみを問う問題にしないことを基本的な考え方とします。新たな学習内容は，どのような基礎的学力の上に成り立っているのかを教師側がしっかりと分析し，その基礎的部分をも含めて問題を作成します。つまりこれが，個別の支援を行った生徒に対する個別目標の達成を測る部分となります。図VII-6は，前述の図に新たな学習で支援した内容とテストの出題範囲の下限を示したものです。■ の部分は，今回の学習で支援をした部分ですが，この内容をふまえてテスト内容を考えます。各内容，各観点に応じて，基礎的内容から発展的内容を組み合わせることは，学習困難な生徒のみならず，他の生徒たちにとっても意味のあることです。平面的な羅列ではなく，知識，技能，及び考え方等が，立体的に問えるテスト問題を作成すること，そしてその中に，支援を要する生徒の個人内目標が含まれること，このことは，通常の学級で指導していく場合の評価として考えていかなければならない大切なことなのです。

（佐藤宏一）

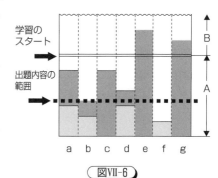

図VII-6

VIII 特別支援教育の体制整備と地域資源

1 特別支援学校のセンター的機能

1 地域支援の一翼を担う特別支援学校

2007年度から施行された特別支援教育関連法では，学校教育法第74条という条項が新設されました。この条文が新設されたことによって，特別支援学校は，自校に在籍する子どもに対する教育に加えて，幼稚園から高等学校までの幼児，児童，生徒に対する助言または援助を，通常の学校からの要請にもとづき実施することが役割の一つになりました。この役割を特別支援学校の「センター的機能」と呼んでいます。

実際には2000年以降，文部科学省の答申等を受けて，特別支援学校では教育相談の充実や地域の学校職員と連携した研修会の開催などを実施し，センター的機能を少しずつ充実させてきました。特別支援学校のセンター的機能を担うスタッフは校内の教員から選出され，校長から「特別支援教育コーディネーター」の指名を受けて活動しています。現在，多くの特別支援学校で自校の児童・生徒に授業を行わず，地域支援を専らの業務とする「専任」のコーディネーターが配置されています。

ただし，新たに法令に記述された「センター的機能」については，「〜を行うよう努めるものとする」といった「努力義務」規定となっています。加えて，特別支援教育コーディネーターの人的加配に関することや，特別支援学校でセンター的機能を担う教員の専門性および支援する地域のエリア等について，法改正が行われた時点では，あいまいな点が多く残されていました[1]。そのため，センター的機能の内容は都道府県ごとに，あるいは，特別支援学校によって異なっているのが実情です。

▷1 たとえば，視覚障害児や聴覚障害児を中心に対応してきた特別支援学校は，所在地の小・中学校の支援を中心に行うのか，県内の視覚障害児や聴覚障害児の支援を中心に行うのか，など。

2 特別支援学校のセンター的機能の内容

それでは，特別支援学校のセンター的機能はどのようなことを実際に行っているのでしょうか。実際の内容は特別支援学校によって異なりますが，多くの学校で行っている内容を以下に紹介したいと思います。

● 教育相談機能

地域の幼稚園から高等学校に在籍する「障害のある子ども」（疑いを含む）に関して，学校や教員（場合によっては保護者が同席することもあります）に対し，子どもの発達や療育・指導，就学・進路に関する相談を行い，情報を提供しま

す。より専門的な対応が必要と判断した場合や，医師による診断を保護者が希望している場合には，医療機関や教育研修センター，教育委員会が設置している専門家チームによる会議等を紹介することもあります。

◯ 学校支援機能

障害のある子どもの保育・教育をしている機関等（所属する個人も含む）からの要望に応じて，小・中学校等を巡回訪問し，教材・教具のアドバイスをしたり，支援計画を立案する支援をします。学校全体への支援をする中で，特別支援学校の特別支援教育コーディネーターが講師となり，校内研修会で発達障害児への支援方法について講義をしたりすることもあります。

◯ 教員研修機能

近年の特別支援学校では，自校で開催する校内研修会のうち，外部に公開できる内容のものについては，近隣の小・中学校の教員が参加してもよいことにして，教員研修の機会を提供している学校が多くあります。地域の小・中学校に公開されている内容は，発達障害児等の支援方法が多く，その他に，心理検査の実技や学校カウンセリングなどの研修もあります。

◯ その他

その他として，障害のある子どもに適した教材・教具を貸し出したり，地域のボランティアを養成する講座を開催している学校もあります。

3 特別支援学校のセンター的機能の今後の課題

特別支援学校がセンター的機能の一環で，地域の小・中学校に支援を提供するようになり，支援を受けた学校は校内の特別支援教育体制が進んだところも多くあります。こうした取り組みは近年，幼稚園や高等学校にも広がり，特別支援学校では複数のコーディネーターを指名して校内の仕事をやりくりしながら地域支援を提供しています。

こうした実情をふまえて，今後は，人的配置を含めてセンター的機能を果たすための校内組織を構築していかなければならないとともに，特別支援学校が支援を提供するエリアと内容についても検討していかなければならないでしょう。また，特別支援学校のセンター的機能は，原則として「学校からの要請に応じて」行われています。しかし，保護者が支援を要請したくても，学校が必要ないと判断した場合など，学校と保護者の意見が異なっているときに特別支援学校はどこまで支援するかなど，今後の検討課題も残されています。

（新井英靖）

VIII 特別支援教育の体制整備と地域資源

個別の支援計画と個別の指導計画

個別の教育支援計画が作成される背景

2002（平成14）年12月に，2003（平成15）年度から10年間にわたる計画を示した「障害者基本計画」が公表されました。この「障害者基本計画」において，「障害のある子どもの発達段階に応じて，関係機関が適切な役割分担の下に，一人一人のニーズに対応して適切な支援を行う計画（個別の支援計画）を策定して効果的な支援を行う」と明示されました。これが個別の教育支援計画作成の根拠となるものであり，個別の支援計画のうち，学校や教育委員会などの教育機関が中心になって，学齢期に作成するものを「個別の教育支援計画」と呼びます。ガイドラインにおいては「個別の教育支援計画」は，「障害のある子どもに関わる様々な関係者（教育，医療，福祉等の関係機関の関係者，保護者など）が子どもの障害の状態等に関わる情報を共有化し，教育的支援の目標や内容，関係者の役割分担などについて計画を策定するもの」と定義されています。

2016（平成28）年5月に改正された発達障害者支援法において，発達障害児に対する個別の教育支援計画及び個別の指導計画の作成についての記述があります。さらに2017（平成29）年3月に示された幼稚園・小学校・中学校・高等学校学習指導要領においても，特別支援学級に在籍する児童生徒及び通級による指導を受ける児童生徒については，全て個別の教育支援計画及び個別の指導計画を作成されることとされました。

また，「共生社会の形成に向けたインクルーシブ教育システムの構築のための特別支援教育の推進」（2012年7月）においては，合理的配慮を「個別の教育支援計画に明記することが望ましい」とされました。

個別の教育支援計画の特徴

ここでは，個別の教育支援計画の様式例（図VIII-1）を見ながら，特徴について説明していきます。

①タテの連携：幼児期から卒業後までの成長を視野に入れ，比較的長期（3年程度）の展望に基づき作成されます。保護者や本人の希望に基づいた展望のもとに作成することが望まれます。

②ヨコの連携：障害のある子どもに関わる教育，医療，福祉等の様々な分野の役割分担が明示されます。具体的には，各機関の名称，担当者名，連絡先，

▷1 文部科学省初等中等教育局特別支援教育課『小・中学校におけるLD（学習障害），ADHD（注意欠陥／多動性障害），高機能自閉症の児童生徒への教育支援体制の整備のためのガイドライン（試案）』2004年。

VIII-2 個別の支援計画と個別の指導計画

個別の教育支援計画（様式）

作成日（　　　年　　　月　　　日）
記入者（　　　　　　　　　　　）

本人のプロフィール						
氏名	男・女　　○○県立○○特別支援学校　　学部　　年　　組					
住所	〒					
保護者氏名				連絡先		
将来についての希望						
生徒の希望			保護者の希望			

①タテの連携（長期的な展望に基づく計画）→

③支援の方針（関係機関の方針の共有）←

支　援　の　方　針

④保護者の参画→

②ヨコの連携（各領域の連携と役割分担を明記）→

⑤合理的配慮の記述→

⑥個別の指導計画との関連（校内での指導との関連）→

	教育	福祉	医療	労働	余暇支援	家庭
担当者・連絡先						
支援内容						
合理的配慮						
関連する個別の指導計画の目標						
支援期間						
評価						

このシートの情報を支援関係者に開示することに同意します。
　　　年　　月　　日　氏名　　　　　　　　　　　

⑦個人情報の保護（開示への同意）←

図VIII-1 個別の教育支援計画の様式例

出所：筆者作成。

支援内容等が記入されます。

　この他にも，自治体や特別支援学校等で作成されている様式を見ると，様式によっていくつかの違いがあるようです。その中でも，重要と思われるものを挙げていきます。

　③支援の方針：様式例のように，関係機関が共通の方針のもとに役割分担を行うような書式もあれば，関係機関ごとに支援の方針を記入する書式もあります。一貫した支援を目指す個別の教育支援計画の性格から考えれば，一般的に

Ⅷ　特別支援教育の体制整備と地域資源

個別の指導計画（様式）

作成日（　　　　年　　　　月　　　　日）
記入者（　　　　　　　　　　　　　　　　）

	対象児	男・女　　　　　　　　　年　　　組		

①実態把握
（子どもの現在の姿
を詳細に把握）

→ 実態把握

	昨年度までの様子			
	諸検査			

支援の目標

②長期目標と
　短期目標
（長期目標とそれに
基づく短期目標）

→ ・長期（1年間）の目標

・1学期の目標：
・2学期の目標
・3学期の目標：

③合理的配慮 ──────────→ 合理的配慮

支援の手立てと指導・支援の経過

④領域の設定
（指導と意識した領
域の設定）

		国語	算数	その他の教科	社会性・人間関係
	支援の手立て				
⑤支援の手立てとその評価（日常的な指導の手立てのその評価）	子どもの様子				
	手立ての評価				

次年度へ向けて ←──────── ⑥支援の引き継ぎ

図Ⅷ-2　個別の指導計画の様式例

出所：筆者作成。

は共通の方針の下に分担を記入する書式の方が望ましいでしょう。ただ，その
ためには関係機関での十分な調整が必要となり，作成の負担が大きくなること
も考えられます。

　④保護者の参画：個別の教育支援計画の作成に保護者が参加することはもち
ろんですが，関係機関と並ぶ形で保護者（様式例では，「家庭」の欄が設けら
れている書式もあります。関係機関とともに保護者を支援者の一員として位置

づけようという意図がうかがえます。

　⑤合理的配慮の記述：個々のニーズに沿って合意された合理的配慮を，次の機関へ引き継ぐためにも，個別の教育支援計画に記載します。

　⑥個別の指導計画との関連：個別の教育支援計画の中に，各機関の役割が学校内での教育活動とどのように関連しているのかについて，「関連する個別の指導計画の目標」という形で記入する様式もあります。

　⑦個人情報の保護：複数の機関で情報を共有し，支援にあたることが個別の教育支援計画の目的ですから，情報の開示については保護者の同意を得ることが必要になります。

❸　個別の指導計画とは

　ガイドラインでは「個別の指導計画」は，「児童生徒一人一人の障害の状態等に応じたきめ細かな指導が行えるよう，学校における教育課程や指導計画，当該児童生徒の個別の教育支援計画等を踏まえて，より具体的に児童生徒一人一人の教育的ニーズに対応して，指導目標や指導内容・方法等を盛り込んだもの」と定義されています。つまり，個別の指導計画とは，学校において使用することを目的に作成するものであり，児童生徒の学習上のニーズ，生活上のニーズ等に焦点が当てられており，指導の手立てを明記するものです。

　個別の指導計画の様式例（図Ⅷ-2）を見ながら，特徴を把握していきましょう。

　①実態把握：子どもの現在の姿を詳細に記入する書式が作成されていることも多くなっています。これは，子どもの現在のニーズを正確に把握し，指導に生かすためです。

　②長期目標と短期目標：多くの場合，1年程度の長期目標と，それに基づいた単元ごと，月ごと，学期ごとなど短期目標が設定されます。

　③合理的配慮：合理的配慮を日々の実践に活用するためには，個別の指導計画に明記することが大切です。

　④領域の設定：領域の設定にあたってはいくつかの案が示されています。子どもの実態に応じて，教科ごとに作成するのか，子どものニーズに応じて設定するのか，書式を使い分けることも一つの方法と考えられます。いずれにせよ，子どもの指導にあたる教師にとって使いやすい領域であることが大切です。

　⑤指導の手立てとその評価：個別の指導計画には，指導にあたって具体的にどのような手立てを講じるのかについて記入し，さらに手立ての効果や評価についても記入することが求められます。

　⑥支援の引継ぎ：個別の指導計画は，指導のための方針を定めることに加えて，実施した支援を次へと引き継ぐための文書という役割も担っています。

（石橋由紀子）

VIII 特別支援教育の体制整備と地域資源

巡回相談員と専門家チーム

　文部科学省は，全都道府県教育委員会に対する委嘱事業等を通じ，平成19年度にすべての小・中学校において総合的な支援体制を整備することを目標としてきましたが，現在のところ，「専門家チーム」の設置や「巡回相談員」の整備状況は補完する独自の取り組みもあり多様です。そのため活用にあたっては，名称・担当者・実施回数，申し込み先や方法等についての確認が必要です。

1　巡回相談

　小・中学校において校内委員会の開催や特別支援教育コーディネーターの指名等が行われ，校内支援体制が成立し，子ども・保護者・担任への支援が始まると，課題が少しずつ整理され克服に向かいます。その過程で困難が生じた場合には，巡回相談員より専門的なアドバイスを受けることができます。

　巡回相談とは，専門的な視点からアドバイスを行うために市町村において設置される相談システムで，学校からの要請に応じて巡回します。

　巡回相談員は，児童生徒に支援を実施する者（担任・特別支援教育コーディネーター・保護者等）の相談を受け，校内委員会の検討結果の聞き取りや授業場面の観察及び各種アセスメントの実施等を行い，児童生徒一人ひとりのニーズを明らかにし，それに基づいて支援の内容と方法を助言するとともに，支援の実施と評価についても学校に協力します。このほかに，「校内における支援体制づくりへの助言」「個別の指導計画の作成への協力」「専門家チームと学校の間をつなぐこと」「校内での実態把握の実施への助言」等が巡回相談員の役割として挙げられます。

　巡回相談員が，これらの役割を機能的に行い，学校へ適切な支援をするために，校内支援体制の窓口となるコーディネーター等や専門家チームとの連携協力を深めることが大切です。そのためには必要に応じて専門家チームの会議や校内委員会に参加することもあります。専門家チームから判断と助言が提示された場合，巡回相談員は，その内容を授業や学校生活に具体的に位置付けるために，学校に対して説明や助言をします。

　巡回相談員は，発達障害についての知識や技能をもつ教育関係者（小・中学校教員，特別支援学校教員，学校心理士等）が担当しています。各専門以外の分野でも連携して効果的に役割を果たすために，巡回相談員相互の資質の向上を目的に，各地域において巡回相談研修会や関係者による定期的な事例研究会が

▷1　巡回相談の依頼
　巡回相談は原則として保護者の了解を得た上で，校・園長が該当機関に依頼する。校内委員会で検討・作成した「子どもの理解・対応に関する資料」に基づき「困っている」子どもへの取り組みについて，巡回相談員と相談する。巡回相談員により専門とする分野に違いがあるため，子どもの実態をきちんと記して，得意とする相談員に巡回してもらうように依頼するとより効率的である。

開催されています。このようにして「校内支援体制」と「市町村の巡回相談体制」の両者が人的・物的に整備され，うまく機能することによって，一人ひとりを大切にした特別支援教育が円滑に実施されます。

② 専門家チーム

　巡回相談を経て支援する過程で，学校が判断の必要性を感じたり，医療との連携が想定されたりする場合には，専門家チームに判断等を依頼します。

　専門家チームは，各都道府県教育委員会等において設置され，地域の学校から申し込まれてきた児童生徒の事例について，発達障害（LD，AD/HD，自閉症スペクトラム障害等）か否かの判断を行うとともに，望ましい教育的対応や指導について専門的意見の提示や助言を行います。

　専門家チームは，教育委員会や教育センター等における相談機関と位置付けられ，教育委員会の職員，特別支援学級や通級指導教室担当教員，通常学級担当教員，特別支援学校（視覚・聴覚・知的・肢体・病虚弱・言語・情緒）の教員，発達障害や心理等の学識経験者，心理士，医師等で構成されています。

　その役割には，前述の発達障害の判断，児童生徒への教育的対応に関する専門的意見の提示のほかに，学校の支援体制についての指導・助言，保護者・本人への説明，校内研修への支援等があります。

　判断に際して，専門家チーム委員は，巡回相談員から児童生徒の実態やこれまでの取り組みについて資料を得るとともに，必要に応じて学校を訪問し，行動観察や検査等を行うことがあります。

　専門家チーム会議では，収集した「知的能力の評価」「認知能力のアンバランス」「教科の学習に関する基礎的能力の評価」「心理面・行動面の評価」「医学的な評価」等の情報に基づき，判断基準に従って専門家チームとしての判断を行い，併せて，判断の根拠や児童生徒の特性とその生かし方，支援の方法や配慮事項について具体的に記した報告書を作成し学校に伝えます。医学的評価を必要とする場合は，判断の後に保護者へ医療機関の受診を助言します。

　その後，判断と助言に基づいた教育的支援の実施状況や効果について，追跡評価します。

　また，発達障害ではないと判断した場合や他の障害をあわせ有する場合にも，該当する児童生徒がどのような障害あるいは困難さを有しているかを示し，望ましい教育的対応について専門的な意見を学校に伝えます。

　都道府県によっては，より的確で具体的な対応の内容・方法を示すために，専門家チーム会議に，福祉関係者，保健関係者，対象となる児童生徒が在籍する学校の特別支援教育コーディネーター，保護者等が必要に応じて参加できるシステムにしているところもあります。

（加藤登美子）

▷2　専門家チームへの判断依頼
　校内委員会は専門家チームへの依頼の必要性を検討し，専門家チームに判断を求めることについて保護者に十分な説明を行い，理解を得た上で，校長が機関に依頼申請をする。
　校内委員会は，専門家チームへの報告資料（校内委員会で収集した情報，校内委員会における実態把握・評価と判断，個別の教育支援計画や個別の指導計画，専門家チームに依頼する理由と依頼の内容等）を作成し提出する。

VIII 特別支援教育の体制整備と地域資源

特別支援教育支援員の活用

 「支援員」制度の現状と課題

　特別支援教育の新しい施策に,「特別支援教育支援員」等の人的資源の活用があります。現在では,各市町村の実情に応じて「支援員」が雇用されていますが,どのような状態の障害児に,どのような支援員が配置されているかは一様ではありません。

　自治体によっては,市町村にある小・中学校の数よりも「支援員」の配置数が多い地域も存在しています。そうした地域では各校に「支援員」が配置されています。しかし,自治体独自の制度ということもあって,教員免許の保有を義務づけていない自治体も多く,こうした自治体では,学習障害児等に対する「学習支援」を提供するのではなく,障害から生じる困難への「介助」が役割となっています。また,教員免許の保有を義務づけていない「介助員」「支援員」は報酬面でも,非常勤講師と比べてかなり安い賃金で働いているケースが多くあります。

② 「支援員」に対する研修の確保

　上記のような雇用条件面の課題に加えて,「特別支援教育支援員」の配置には「支援員」に対する研修を確保する課題があげられます。特に,教員免許状を保有していない「支援員」の場合,採用段階および採用後の研修を計画的に提供できなければ,学級での効果的な支援ができなくなってしまうことも考えられます。

　こうした中で,「支援員」の採用と研修をセットにして提供している自治体が出てきました。たとえば,ある自治体では,年度当初に市町村の予算で配置した支援員を集めて合同研修会を実施しているところもあります。そこでは,発達障害の特性を理解する議義を聞いたり,具体的に学級の中でどのように配慮が必要な子どもと関わるかを考えたりする講習会が開催されています。

　英国では2000年以降,「ティーチング・アシスタント」を小・中学校に配置し,通常の学校に通う特別な教育的ニーズをもつ子どもに支援を提供してきました（英国の「アシスタント」の主な役割は右の表の通り）。英国の「アシスタント」には,「特別な教育的ニーズをもつ子どもの理解」や「個別教育計画（IEP）の作成」「学級支援や学級担任支援の方法」などの基本研修が用意され

ています。もちろん，日本と英国では教育制度がまったく違うので英国のアシスタントの役割がそのまま日本に導入できるというわけではありませんが，今後，日本でも支援員の役割と養成方法について十分な議論をしていかなければならないでしょう。

英国のアシスタントの主な役割
1）子どもへの支援
2）教師への支援
3）カリキュラム支援
4）学校への支援

③ 「特別支援教育支援員」の役割と養成の課題

今後の「特別支援教育支援員」の発展には，その役割の明確化と支援員に対する研修機会の拡充が不可欠です。このとき，「支援員」は支援対象児である発達障害児の支援をするだけで良いのか，発達障害児のいるクラス全体を支援するのか，など議論しなければならない点も多く残されています。

「支援員」を有効に活用している学校では，主として発達障害児に対する支援を提供しながらも，他の子どもの学習を支援したり，友人関係の調整役になったりしていることも多くあります。こうした「支援員」の多くは，担任と学級経営に関して十分に話し合いができていることも多く，「支援員」の活用には「どこまで」「何を」するのがよいのかについて，「支援員」を雇用する自治体は明確にしていくことが求められます。

また，「特別支援教育支援員」が効果的な学習支援を提供するためには，通常の学級に在籍している発達障害児等の特別な教育的ニーズのある子どもに対して，「個別の指導計画」が立案されていることがとても重要になります。「特別支援教育支援員」はあくまでも子どもや教師の「アシスタント」であり，支援を必要とする子どもに対して「どのような方針で，どのような支援を提供するか」を考えることまで一任できるものではないと考えます。特別な教育的ニーズのある子どもに対する支援の方針や方法は，あくまでも特別支援教育コーディネーターおよび学級担任が考え，「支援員」に伝えていくものではないかと考えます。つまり，「支援員」が通常の学校の中に配置されるということは，コーディネーターや学級担任に「支援員」を「マネージメント」する能力が問われるということを意味していると考えます。

（新井英靖）

▷4 文部科学省初等中等教育局特別支援教育課から『「特別支援教育支援員」を活用するために』が出されている。この中で支援員の役割等についてガイドラインが示されている。

Ⅷ　特別支援教育の体制整備と地域資源

5　医療情報をどのように活用するか？

1　医療情報とは

　発達障害については，今日ではインターネットをはじめ書籍，テレビといった様々なメディアから障害の特性や有効とされる薬に関すること，理解や対応のあり方などの幅広い医療情報を得ることができます。そしてそれらは教員や保護者などが，発達障害のある子ども達に関わる時のヒントにもなっています。

　しかし，生活面や学習面での困難さが顕著な場合は，学校や保護者の対応以外に発達障害専門の医療機関と直接連携をとります。その困難さに対応する医療情報をタイムリーに得ながらそれを活用した支援のあり方を探ることが，よりよい発達を保障していく上で大切な視点となるかもしれないからです。

　ここでは医療情報を，心理的対応も含めた医療機関から直接得られるすべての情報として位置づけ，その活用について考えていきたいと思います。

2　医療情報と教育的活動との連動

　「医療情報＝診断」という構図が想像されるかもしれませんが，医療機関を活用する目的は診断をもらうことではありません。学校や家庭で対応に行き詰まって医療機関を受診しても，「〇〇障害」というレッテルを貼るだけでは受診した意味がなくなります。診断は終点ではなく，これからの対応の出発点です。今まで対応が困難だった部分に，医療情報を加えることで新たな対応の方向性を編み出して行くことが医療情報を活用するという意味なのです。

▷1　全生研編集部『生活指導　No589』明治図書出版，2003年。

　たとえば医療機関を受診した場合，保護者や学校からの聞き取りなどとあわせて医師が診断や所見の参考とするためによく知能検査や発達検査を実施することがありますが，その結果は教育的視点からも大変参考になります。もちろんこれらはひとつの客観的データなので，検査結果が100％信頼性のあるものでもその個のすべてを表すものでもありませんが，少なくとも「得意―不得意」や認知のあり方の傾向を把握する点で有効な医療情報と言えます。

　医療的対応のひとつとして薬の服用が必要とされるケースでも，その意図は，たとえば多動傾向の子どもがおとなしくなればいいというものではありません。あくまで「学校生活に落ち着いて取り組み，もっといろんなことを学びたい」という本人の主体性をアシストするためのものなのです。そうすると，どれくらいの量の薬をどれくらいのインターバルで服用することで〇時から〇時あた

りが一番学習に集中できる時間帯になりそうだ，というように医療情報は個を伸ばす１日のスケジュールを考えていく上で大変参考になります。

また，医師から示される子どもの困難さについての解釈や支援の具体なども大切な医療情報です。発達障害専門の医療機関は多くの臨床的事例を蓄積しており，それらの情報は教育現場での一般的な見方や指導法とは異なる新たな視点を示してくれることがあります。これを個別の教育支援計画や個別指導計画，校内委員会などの話し合いに活用することで，支援や指導のあり方がより個の状態やニーズに応じたものになっていくのではないでしょうか。

▷2　個別の教育支援計画・個別指導計画 Ⅷ-2 を参照

ただ，教師がこのような医療情報を手に入れる場合，それが紙面による伝達となることが多いように思いますが，そこから内容のすべてを正確に読み取ることは難しいでしょう。それよりも，保護者了解の下，教師もぜひ医療機関に出向いて直接医療情報を入手したいものです。医師と会うことで，わかりにくい点や対応に迷っている点を質問したり，会話の中の微妙なニュアンスから関わり方についてのヒントを得たりすることができます。さらに，医師との面識を作っておくことで，今後の「学校―医療」の連携もスムーズになります。

▷3　校内委員会 Ⅴ-2 を参照

そのためには普段から特別支援教育コーディネーターを中心に，管理職を始め全教師が特別支援教育に全力で取り組む意識を高めておくことが大切です。

▷4　特別支援教育コーディネーター Ⅴ-3 を参照

③ チームプレーによる医療情報の活用

医療機関に行っても，受け身的に医師から医療情報をもらうだけでは，それを学校に持ち帰った時に十分な活用ができないかもしれません。そこで医療機関に行く前には，その都度，校内委員会や教師と保護者との教育相談など，話し合いの機会をもつのがよいでしょう。現在の個の状況をふまえ，それぞれの考えを出し合いながら，どんな医療情報を医師から引き出すか検討し合います。共通の認識をもち，積極的な姿勢で医師との話し合いに臨むことこそ活用できる医療情報を得る必要条件です。そして，この家庭と学校の連携に医療を加えて「家庭―学校―医療」というチームを作り，その中でのスムーズな情報のやりとりが個の発達を保障するよりよい支援につながることと思います。

さて，最後に確認したいことは，特別支援教育の名の下に発達障害とされる子どもは決して特別な存在ではないということです。したがって医療的関わりの必要な子どもについて，得られる医療情報も決して「特別な」ものではなく，他の子どもたちへの支援同様あくまでその子どもに「必要な」支援のひとつとして捉えるべきでしょう。

教師の意識はクラスの子どもたちに伝播します。教師の一人ひとりの特性を大切にしつつも発達障害を特別視しない意識が，その子どもを客体化させることなく支え合って伸びようとするクラスの雰囲気を作る要点なのです。

▷5　全生研編集部『生活指導　No600』明治図書出版，2004年。

（太田　茂）

Ⅷ　特別支援教育の体制整備と地域資源

 発達障害児へのアセスメントの活用

　子どもの実態を理解し，支援の方向とその手立てを考えるとき，個別のアセスメント票を作成して校内委員会等で協議する学校が増えてきました。
　アセスメントとは，（1）過去の行動や様子も含めて現在の子どもの状態像を把握する，（2）必要に応じて各種検査などで状態像を補強する，（3）対応・支援を考える，（4）経過や成果を把握する，（5）対応を見直すという一連の過程を指します。

1　アセスメント（1）のポイント

　保護者の協力を得て，家庭での様子，家族構成・家庭状況，生育歴（特に保護者が養育上，気にしてきたことや大切にしてきたこと，これまで受けてきた支援や支援先など）を丁寧に聞き取ることは学校以外の場面の子どもの姿を把握するためだけではなく，保護者の努力を受け止め，共通理解を図る上で重要です。以前の担任から得た子どもに関する情報も，現状を分析する上で役に立ちます。学校での状況については，担任が困っている状況や事実と共に，その子どもが得意で活躍できる状況等を端的に記す必要があります。そのため，アセスメント票には，上記の保護者からの情報以外に，担任が気になること，身体的な状況，基本的生活習慣，動作・運動，言語・コミュニケーション，行動・対人関係（遊び・友だち関係），学力（国語・算数・その他），学校・学級での様子（学習時・放課後・休憩時間等）等の項目に整理して記述します。これらについて，得意なこと・うまくできる状況と苦手なこと・教員が気になることの両面を事実に基づいて具体的に記入すると，教師を含む周りの人間関係やその時の環境との関係の中で子どもの状況が整理されるため，多面的に要因を推測できるなど冷静な判断につながります。
　巡回相談員にアセスメント票を提出する場合は，上記事項に校内で取り組んできたこと（これまでの配慮・工夫や校内委員会での検討の概況）を加えます。

2　発達障害児への心理アセスメント等の活用

　子どもの特徴を把握するために必要に応じて心理検査・発達検査・その他の検査を専門家チーム※1や相談機関※2の協力を得て実施します。
　発達検査は，子どもの発達状態を調べ，養育や指導に役立てるための心理検査です。知能検査は，学習指導や就学指導，障害認定などを実施目的として行

▷1　専門家チーム
⇒ Ⅷ-3 を参照

▷2　相談機関
⇒ Ⅷ-3 を参照

176

われる，知能を測定するための心理検査です。発達障害の診断では，幼児の全般的な発達状態を評価し，治療・療育へとつなげたり，子どもの学習における発達状態を評価し，その能力に応じた学習指導の計画や個別支援計画を作成したりするためにこれらの検査を実施します。

○新版Ｋ式発達検査2001（対象年齢は新生児〜成人）

　「姿勢・運動領域」「認知・適応領域」「言語・社会領域」の３領域で構成されています。

○遠城寺式乳幼児分析的発達検査法（対象年齢は新生児〜４歳７カ月）

　「移動運動」「手の運動」「基本的習慣」「対人関係」「発語」「言語理解」の６領域で構成されています。

○ITPA言語学習能力診断検査（対象年齢３歳０カ月〜９歳11カ月）

　情報を受け取り，それを解釈し，他人に伝えるというコミュニケーションに必要な機能について聴覚―音声，視覚―運動の側面から測定し，全体的な発達のレベル及び個人内差を評価します。

○WISC-IV知能検査（対象年齢５歳０カ月〜16歳11カ月）

　言語性及び動作性下位検査により構成され，IQ（言語性・動作性・全検査）と群指数（言語理解・知覚統合・注意記憶・処理速度）と個人内差及び行動観察に基づいて分析し，知的発達状態を評価し，子どもの学習能力の特徴や指導における留意点を把握します。

○K-ABCII（対象年齢２歳６カ月〜18歳11カ月）

　認知検査，習得検査で幅広い能力を測定し，検査結果から子どもの知的活動を総合的に評価することにより，発達障害児など障害児の指導における留意点を把握します。

　人格検査は，治療に役立てるために，統一された質問や図版などの特定の刺激に対する反応を分析することでその人の人格を評価するものです。発達障害の診断では，認知や思考の特徴，二次障害における精神状態をみる際に使われることが多いです。

　その他の検査には，知覚認知の検査があります。視覚機能検査は，目の入力機能（共同眼球運動・両眼視・調節）をみる検査と，見たものを認知・記憶・イメージする処理機能をみる検査があります。聴覚については，聴知覚を測る聴覚情報処理検査（騒音下での言葉の聞き取り，競合刺激の聞き取り，圧縮音声の聞き取り等）や聴覚過敏を測る検査があります。[3]

　各種の検査を組み合わせて実施し，子どもの全体像を理解する一助とします。

　（３）では，（１）（２）に基づいて，巡回相談員や専門家チームからの指導助言を得て，校内委員会で今後の学校や家庭における具体的な対応・支援を考えます。それについて学校は保護者の理解と協力を得ながら実施します。

　（４）では，一定期間を定めて，校内委員会等で複数の視点から学校や家庭における取り組みの経過や結果を検討し，評価することが大切です。子どもや学級の変容を通して支援の的確さが確かめられます。（５）では，それに基づいてさらなる展開を図ることが大切です。　　　　　　　　　　（加藤登美子）

▷3　これらの検査のできる視能訓練士や言語聴覚士に依頼する。フロスティグ視知覚検査は個人でも集団でも実施できる。

Ⅷ　特別支援教育の体制整備と地域資源

相談機関の役割と活用

児童生徒の能力や可能性を最大限に伸ばしていくために，学校内で学年会・校内委員会・コーディネーターに相談し，日常的に協力・支援しあうことは重要ですが，学校外の発達障害に関する相談機関（相談・診断・療育・医療・自助等の機関や団体）を活用し，専門的な判断や適切な指導への助言を受けることも大切です。相談機関によっては，専門領域や取り扱う内容（教育相談・カウンセリング・診断・判定・個別指導・集団指導・機能訓練・薬物療法等）や対応方法・方針等が異なるため，ライフステージに応じて相談機関を選ぶ必要があります。

▷1　費用について　公的・準公的な機関は原則的には無料。その他のところでは相談料や実費等が必要となるので，確認が必要である。

1 児童相談所

児童相談所（子ども家庭センター等）は，各都道府県および政令指定都市，中核市に設けられた児童福祉の専門機関です。児童精神科医や小児科医，児童心理司，児童福祉司などの専門職員がいて，児童に関する様々な問題について家庭や学校などからの相談に応じています。児童及びその家庭について，必要な調査並びに医学的，心理学的，教育学的，社会学的及び精神保健上の判定を行います。発達障害児が療育手帳取得を希望する場合は，児童相談所で判定を受けて役所に申請します。

2 教育委員会や教育センター，特別支援学校

市町村教育委員会は，就学時の健康診断において発達障害の疑いのある者には，継続的に相談を行い，専門家による医学的・心理的判断を受けられるようにするとともに，就学後に適切な教育的支援を受けられるように必要な手立てをとることが義務付けられています。

各教育委員会や教育センターには，特別支援教育課教育相談室や特別支援教育相談センターなどの名称で，保護者や本人対象に発達障害児童生徒の教育や子育てに関わる相談窓口が設けられています。

▷2　教員個人からの相談も可能だが Ⅷ-3 を参照

小・中学校や特別支援学校を対象に自立活動アドバイザー派遣事業などを実施している市町村教育委員会もあります。

特別支援学校では，相談支援を行う部署を置き，教員・本人・保護者を対象にその学校の専門性を活かした相談や検査を行っています。小・中学校は，特別支援学校主催の研修会や相談日・見学会への出席や講師の派遣等で連携を深

めることも大切です。

③ 発達障害者支援センター

発達障害者支援センターは，発達障害児者とその家族が豊かな地域生活を送れるように，保健・医療・福祉・教育・労働などの関係機関と連携し，地域における総合的な支援ネットワークを構築しながら，発達障害児者とその家族からのさまざまな相談に応じ，指導と助言を行う専門的機関です。[3]

発達障害者支援センターでは，臨床心理士や社会福祉士など専任のスタッフが配置され，発達障害児者とその家族に対し就学前の発達支援から就労支援までライフステージに応じた支援を行うとともに，発達障害児者に携わる医療，保健，福祉，教育等に従事する方々に対し，発達障害についての情報提供及び研修を行っています。相談支援では，発達障害児者及びその家族や所属機関からの相談に応じ，必要な指導または助言や情報提供をしています。発達支援では，支援の方向性や具体的な手立てを考えていくために心理査定に係る検査を行っています。

④ その他の相談機関

その他の相談機関としては，発達障害に関する教育研究をしている大学の研究室や教育実践総合センター，医療機関精神科・神経科・小児科等，民間の相談や検査や診断をしている専門機関，児童発達支援センター，障害者福祉センター等があります。

⑤ 親の会等当事者団体

親の会や当事者団体には，ニーズに基づき各地域で独自に活動を行っている団体と全国組織をもつ団体があります。これらの団体は，保護者や教育関係者，医師，臨床心理士等が協力して，本人・家族への支援を行うとともに障害の理解や教育上の配慮等を広めて社会環境を整えて行く活動等を行っています。

子どもの状態が家庭と学校で違う等のため，保護者と園・学校がうまく理解し合えないことや子どもへの対応に相談機関と学校とでずれがあると，学校への不信につながることがあります。学校・教員は保護者の了解を得て各機関との連携を図り，そこで得た情報を保護者と共有して，子どもの困難を軽減し，その子らしい生活が送れるように日常的に協力することが大切です。

（加藤登美子）

▷3　都道府県・政令指定都市自ら，または，都道府県知事等が指定した社会福祉法人，特定非営利活動法人等が運営している。

VIII 特別支援教育の体制整備と地域資源

8 ST（言語聴覚士）の役割と活用

1 ST（言語聴覚士）とは

ST（Speech-language-hearing-Therapist）とは，言語聴覚士法に定められた医療資格で，厚生労働大臣の免許を受けて，音声機能，言語機能または聴覚に障害のある人たちに対して，その機能の維持向上を図るために，言語訓練その他の訓練，これに必要な検査及び助言，指導その他の援助を行う専門職です。STと同じような職種に，PT（Physical Therapist：理学療法士）やOT（Occupational Therapist：作業療法士）があります。いずれも厚生労働大臣の免許をうけて，PTは身体に障害のある人に対して，主としてその基本的動作能力の回復を図るために，またOTは身体および精神に障害のある人たちに，応用的動作能力または社会的適応能力の回復を図るために，治療・指導・訓練・援助を行っています。ST・PT・OTは主に医療や福祉現場でリハビリテーションスタッフとして仕事をしていますが，近年，特別支援教育で「教育と医療の連携」ということが謳われ，教育現場での活動も行われるようになってきました。

▷1 言語聴覚士 1997（平成9）年に言語聴覚士法が制定され，国家資格となった。（法律第132号）

2 STの関わる領域

STが関わる方たちは，乳児から高齢者までと幅が広く，またそれぞれの抱えている障害は，聴こえ・言語・発音・声・摂食嚥下と様々です。そして，その障害は先天的なものと後天的なものがあり，その対応は様々です。教育との関わりの中心は主に小児ということになります。小児の言語障害には，聴覚障害・知的障害・自閉症などの対人関係の障害・脳性まひなどの発声発語機能の障害に伴う言語発達遅滞と，言語のみが遅れてしまう特異的言語発達障害，そして脳血管障害や脳炎や頭部外傷などによる後天性小児失語などがあります。また［カサ］が［カチャ］，［サル］が［チャル］になるような構音の障害もあります。これらの言語の障害は，読み書きや算数などの学習や人との関わりなどの行動面にも大きく影響してきます。近年学校で問題となっているLD（学習障害）やAD/HD（注意欠陥/多動性障害）などの障害をもつ子どもたちの中には言語やコミュニケーションに問題をもつ場合が多くみられます。STはこれらの問題を抱えている子どもたちに対して，種々の検査を行い，必要に応じて個別や集団の訓練を行うとともに，親御さんへの助言・指導を行っています。

VIII-8 ST（言語聴覚士）の役割と活用

③ STと教育との関わり

　STの多くは，就学前の幼児の検査・訓練を行っています。発音などの障害は就学前に治癒することが多いのですが，言語理解や言語表出など言語発達全般に問題をもつ場合は，就学以後の訓練やその対応に特別の配慮が必要となることがあります。そうした場合，STは，保護者の求めにより，就学までの子どもの経過を文書や電話などを通して教育現場の先生方に報告しています。また時には，直接会って話をすることもありますが，ST側からの一方的な説明に終わってしまうことが多く見られます。

　近年，特別支援教育の中で「教育と医療の連携」ということが謳われ，年何回かの巡回相談だけでなく，外部専門家として特定の学校に週1から2回程度非常勤として勤務するなどが行われていますが，教育現場の先生方にはSTという職種はまだなじみの薄い職種のようで，巡回相談や教育現場でうまく機能していないことが多く見られます。海外では，STが教育現場に常駐し，クラス担任と連携し，通常学級で言語や発音などに問題があれば，すぐSTが対応できる体制ができています。わが国の場合は，「ことばの教室」などがありますが，その数が少ないうえに，STの資格をもっている教員はごく少数であるのが現状です。

④ STの役割と活用

　特別支援教育の基本的な考え方に「個別の教育支援計画の策定・実施・評価」があげられています。教育現場の先生方から，「個別の評価，特に発達的視点に立った評価とそれに基づく指導計画がうまく立てられない」という相談を受けます。STは言語やコミュニケーション，また読み書きなどの学習に躓いている子どもに対して，聴力検査・言語検査・構音検査・知能検査など種々の検査を行い，その状態を把握し，躓きの原因を探り，その原因に基づいて必要な訓練目標を立て，それぞれの子どもに適切と思われる訓練法を用いて訓練・指導を行います。STの検査・訓練・指導は，基本的に個別で行うものですので，まさに特別支援教育が目指す教育の一翼を担える職種です。特に近年学校で指摘されている「読み書き・算数に問題をもつ児童」への対応には，個別評価とそれに基づく指導法が重要であり，STが対応できる領域の一つであると思われます。STも非常勤としての勤務だけではなく，自立活動教諭として教育現場に常駐する道が拓かれ，教師とSTは互いの指導場面に直接触れることが可能になってきました。特に今までの通級指導教室ではなく，各学校に支援教室が徐々に整備されてきていますが，そうした学級の指導体制の中にSTが関わることにより，教師とSTの相互理解が深まり，それぞれの専門性を活かした教育支援が可能になるのではないかと考えられます。（石田宏代）

（参考文献）

廣瀬肇監修『言語聴覚士テキスト　第2版』医歯薬出版，2011年。

181

コラム4

周りの子どもにどのように伝えたらよいでしょうか？

1 通級指導教室に通いはじめて…

　小1担任の野原先生と特別支援教育コーディネーターの三木先生のていねいな教育相談のおかげで，仁志君の保護者は少しずつ仁志君の「落ち着きのなさ」の本質について認識し始めました。本人が学校，家庭の努力ではどうにもならない「障害」をもっているのかもしれない，と親が考えられるようになってから，「うちの子のためにできることはさせてあげたい」と保護者は口にするようになりました。

　このころの仁志君は，友達とのトラブルは少なくなっていましたが，教室で落ち着いて勉強できる時間はやはり短く，教員も保護者も学習の遅れが心配の種でした。そこで，「情緒を安定させながら学習に取り組む時間を伸ばしていく」ことをねらって「情緒障害児のための通級指導教室」へ通うことにしました。

　通級指導教室では，机に向かってする，いわゆる「勉強」の時間は少なく，ゲームを通して他の子どもとの関わり方を学んだり，先生と1対1で勉強するときでも，わかるまでていねいに教えてくれるので，仁志君は通常の学級では見せることのない笑顔をたくさん見せて学習に取り組んでいました。こうした様子を見た学校の教員と保護者はとても喜んでいました。

2 周囲の友達の「何気ない疑問」に答える

　通級指導教室に通いはじめて数ヵ月経つと，通常のクラスでも仁志君は落ち着いて行動することができるようになってきました。もちろん，勉強がわからなくなったときや，自分の意見が通らなかったときなどは，教室の中をウロウロしたり，友達とけんかをすることもありましたが，以前であれば1時間も2時間もその気持ちをひきずっていたのが，今では少なくともその時間内に平常心を取り戻すことができるようになっていました。

　そんな頃でした。仁志君が在籍している1年2組の子どもの中で，「仁志君だけどうして違う場所に行って勉強するんだ？」と聞いてくる子どもがいました。この子は幼いながらも，友達への意識がはっきりあり，自分たちとは違う対応をされている仁志君のことを「知りたがっている」といった感じでした。

　こうした言葉を子どもたちから聞いて，担任の野原先生は仁志君が通級指導

182

コラム4 周りの子どもにどのように伝えたらよいでしょうか？

教室に通うことによって仲間はずれにされてしまったりすることはないのか，少し心配になりました。そこで，他の学年（4年生）で通級指導教室に通っている子どもの担任の先生にそのことを相談してみました。その先生は，「もう4年生くらいになると，何となく通級に行っている子が自分たちと違う面があることを分かっているみたいです。でも，そのことをあまり口にしないほうが良いということも同じくらいわかっているようですよ」と話してくれました。そして，「子どもがいじめられるかどうかは，障害があるかどうかではなく，また，別の場所で勉強するかどうかでもなく，担任の学級づくりに左右されることのほうが大きいのではないかな…」とも話していました。野原先生はこの言葉を聞いてもう一度，自分がしてきた学級づくりを見直そうと思いました。

③ 「みんな違った勉強のしかたがあるんです」

　野原先生が意識した学級づくりの方針は次の通りです。

① 　クラスの「みんな」が大切な私の子どもたち。だから，仁志君だけを特別扱いするわけではないこと。

② 　でも，クラスの子どもの中に一人でも居心地の悪い人がいないようにしたい。だから，仁志君が窮屈な思いをするような雰囲気はつくりたくない。

こうした思いの中で，「仁志君だけどうして別の場所で勉強するの？」という疑問に対して，教師は正面からちゃんと答えるべきではないかと野原先生は考えました。その中で，別に仁志君だけが特別な場に行っているのではなく，「みんな違った勉強のしかたがあるんです」と答えるようにしようと思いました。

（新井英靖）

ポイント解説

　クラスの子どもに「障害」を理解させるのにも，年齢や発達段階は大きく関係します。今回のケースのように小学校1年生の疑問であれば，「障害」について取り上げるよりも，「みんな違って良い」という一般原則を子どもたちに浸透させるほうが良いのではないかと考えます。小学校高学年から中学生にかけて，人間の身体のしくみや発達の過程を学ぶ中で「障害」を知る時期が来るのだと思います。

　クラスの子どもは「異質な他者」に良くも悪くも興味をもちます。その興味を変に封じ込めるのもよくありません。細かく見ればすべての人が「自分とは異なる他者」であるのですから，それを受け入れていくことが大切であることを教師は子どもに身をもって示していかなければならないでしょう。こうした「指導」は理屈を話して諭すよりも，大人がそうした姿勢を子どもに示すほうが子どもの心には響くでしょう。

IX 家庭支援と相談体制

相談を受けられる機関

1 相談を受けられる機関

○保健センター・乳幼児健康診査

　各市町村の保健センターでは，育児や子どもの発達などに関する相談を受け付けたり育児教室を開いたりしています。また，保健センターで実施している1歳半や3歳児などの乳幼児健康診査（健診）でも，保護者からの相談を受けています。健診で経過観察が必要な子どものための事後指導グループや親子教室では，子どもは楽しく遊んだり身の周りの生活を自分で行ったりできるようにするとともに，保護者の相談にのったり安心して過ごせるように援助し，必要な療育機関や地域の保育所，子育てグループ等につなげています。

○療育機関

　障害がある子ども，あるいはその疑いがある子どもは，医療機関から紹介されたり，乳幼児健診やその後の経過観察を経て，障害児発達支援センター等の障害児発達支援事業所に通います。障害児発達支援センターは，施設の専門機能を活かし，通所利用者だけでなく，地域の障害児やその家族への相談支援，障害児を預かる施設への援助・助言を合わせて行うなど，地域の中核的な療育支援施設として位置づけられています。これらの多くは，就学前までの乳幼児を対象としています。

○児童相談所

　児童福祉法に定められた児童相談所は，都道府県・指定都市ごとに設置され，18歳未満の子どもに関する各般の問題について，家庭その他からの相談に応じ，個々の子どもや家庭に最も効果的な処遇を行っています。児童相談所には，ソーシャルワーカー（児童福祉司），心理判定員，医師，その他の専門職員が配置され，相談によっては，発達検査や医学的診断を行い，判定結果をふまえ，親の意向も尊重しながら，援助活動を進めていきます。

○発達障害者支援センター

　2005（平成17）年からの「発達障害者支援法」の施行に伴い，法に基づく「発達障害者支援センター」が各都道府県・指定都市に設置・運営されています。自閉症・広汎性発達障害，学習障害，注意欠陥/多動性障害等を対象とした，早期発見，早期支援，発達支援，就労支援等に資するように，相談・助言，情報提供，支援の中心的役割を担う機関です。このセンターが，乳幼児健診後

▷1　乳幼児健康診査は，母子保健法第12条・第13条に基づき市町村が実施主体として行われている。市町村に実施義務があるのは1歳6ヵ月児と3歳児の健康診査で，その他は必要に応じて，市町村によって乳児期前期・乳児期後期などにも行われている。

▷2　障害児に対する通所施設は，以前は障害種別ごとに分かれていたが，児童福祉法の改正により2012年度より，複数の障害に対応できるよう一元化されている。通園可能な身近な場所で支援を受けられるように児童発達支援事業を実施する事業所が増えているが，児童発達支援センターは，それらの事業者との支援ネットワークをつくるとともに，関係機関等と連携し，全体として支援の質を高めていくことが求められている。

の経過観察時の教室に協力し家族支援に関わっていたり，保育園や幼稚園・小中学校の巡回相談等に協力していたりする地域もあります。今後は，市町村の相談支援体制との関係づくり，特別支援教育推進体制との連携，地域での支援のネットワークを構築していくことが課題となっていますが，一般の親や学校関係者の相談，学校コンサルテーションも受け付けています。発達障害者支援センターは，発達障害に関する諸々の情報を収集・提供しており，独自の研修も開催していますので，活用するとよいでしょう。

◯教育相談

各都道府県及び市町村の教育委員会が運営している教育（相談）センター・教育相談室があります。そこでは住民の相談に応じるとともに，学校・教職員に対する相談・支援を行っています。専門医と連携していたり心理判定員がいて，発達検査や視覚・聴覚の検査などもできるセンターもあります。また，学校に対しては要請があれば訪問したり，アドバイザリースタッフを派遣したり，研修を行ったりしています。学校とは最も連携がとりやすい機関と言えます。また，学校教育法に基づく，特別支援学校も[3]，障害児の相談・情報提供・支援の中核的機関としての役割が求められ，学校や関係機関と連携して地域支援や巡回相談を行っています。各教育委員会は，早期からの教育相談や就学相談を行い，本人・保護者に対し十分な情報を提供し，専門的な教育相談・支援が受けられる体制を他機関と連携して整備していくことが求められています。

② 保護者に相談機関を勧める際の留意点

幼稚園・保育所，学校などで，子どもの発達障害の疑いに気づいた場合，保護者に専門機関への相談や受診を勧めることがあります。しかし，その際，診断名を付けてもらうことにこだわらず，子どもの様子や保育・教育現場で実践してきたことなどを保護者に丁寧に伝え，保護者と一緒に考えていこうとする姿勢が大切です。保護者にとって障害の受容は簡単ではなく，時間がかかるものだということを前提に，園や学校で相談したことによってプラスになったという経験を積み重ねながら，保護者が相談機関に行ってみようと思えるまでフォローする必要があります。

地域によって利用できる資源が違いますが，相談機関の特徴をつかんだうえで紹介し，保護者にも相談する目的や意味を理解してもらうことが大事です。相談機関へは，場合によっては保護者に保育者・教員が同伴し，保護者の不安や動揺を受け止めたり，相談後の子どもへの対応を一緒に考えたりすることも必要です。また，専門家からの指導・助言だけでなく，同じような悩みを相談しあえる親の会や先輩保護者の話を聞く会なども同時に紹介するとよいでしょう。

（山本理絵）

▷3 1947年施行の学校教育法により，聴覚障害児・視覚障害児を対象とした盲・聾学校，知的障害・肢体不自由児・病弱児などを対象とした養護学校があったが，2007年からはこれらが特別支援学校となり，在籍児だけでなく，幼稚園・小・中・高等学校等の要請に応じて障害児や特別な支援を必要とする子どもに関して助言・援助を行うように努めることとされた。さらに，2013年の学校教育法施行令の一部改正により，就学先の決定については，市町村の教育委員会が十分な時間的余裕をもって保護者の意見も聴き，可能な限りその意向を尊重し，総合的な観点から就学先を決定することとされた。

（参考文献）

小林正幸・嶋崎政男『三訂版もうひとりで悩まないで！ 教師・親のための子どもの相談機関利用ガイド』ぎょうせい，2012年。

近藤直子『"ステキ"をみつける保育・療育・子育て』全国障害者問題研究会出版部，2015年。

温泉美雪・内山登紀夫『発達障害？』と悩む保護者のための気になる子の就学準備（特別支援教育がわかる本　4）』ミネルヴァ書房，2015年。

IX 家庭支援と相談体制

就学相談と就学指導

1 就学指導と就学相談とは

　子どもの発達および障害の種類，程度や障害の状態から教育的ニーズを把握して，就学先の選定と必要な教育環境の整備等を総合的に検討すること，さらに，保護者に対して助言や情報提供を行うことを就学指導といいます。

　この仕事を行うにあたっては，市町村の教育委員会のもとに，「教育学，医学，心理学その他の障害のある児童生徒等の就学に関する専門的知識を有する者の意見を聴く」(学校教育法施行令第18条の2)ことになります。10月31日までの学齢簿の作成が行われた後，翌年4月に入学を予定している子どもに対する11月30日までの就学時健康診断を経て，就学通知の期限である1月までに実施されるのが一般的です。この一連の就学手続きの中で，就学する学校をどこにするかを保護者と相談することが就学相談にあたり，就学相談は就学指導の中心となるものです。

2 就学基準について

　就学基準とは，どのような障害の種類，程度かによって，どの教育の場が適しているかという基準であり，特別支援学校，特別支援学級，通常学級の3つに区分されるのが一般的です。一例として，学校教育法施行令第22条の3によって，特別支援学校に就学させるべき視覚障害者，聴覚障害者又は知的障害者，肢体不自由者若しくは病弱者の心身の障害の程度が示されています。

　たとえば，知的障害については，「一　知的発達の遅滞があり，他人との意思疎通が困難で日常生活を営むのに頻繁に援助を必要とする程度のもの。二　知的発達の遅滞の程度が前号に掲げる程度に達しないもののうち，社会生活への適応が著しく困難なもの」となっています。この就学基準に該当しない者は，特別支援学級や通常学級への就学に方向づけられます。

　2012（平成24）年中教審報告「共生社会の形成に向けたインクルーシブ教育システム構築のための特別支援教育の推進」をふまえて，2013（平成25）年に文科省「学校教育法の一部改正について」という通知が出されました。その報告においては，「その際，市町村教育委員会が，本人・保護者に対し十分情報提供をしつつ，本人・保護者の意見を最大限尊重し，本人・保護者と市町村教育委員会，学校等が教育的ニーズと必要な支援について合意形式を行うことを

▷1　5歳児健診　2003年度に鳥取県を皮切りに，2006年度には香川県，2007年度には静岡県や熊本県の市町村で展開されてきた。学齢期での不適応を防ぐ目的から，3歳児健診では発見に困難が伴う事例を見つけ，相談，支援につなげていこうとする考えである。LD（学習障害），ADHD（注意欠陥多動性障害），AS（アスペルガー症候群）などの発達障害のフォローになっている。今日では，この試行的な取り組みが各地で広がってきている。

原則とし，最終的には市町村教育委員会が決定することが適当である」との指摘がなされています。

3 就学相談を円滑に進めるために

就学指導を進める上では，教育委員会が一方的に話を進め就学先を決定していくのでは混乱を生じさせたりこじれたりすることになります。上記のように合意形成をはかる上では以下の配慮が必要となります。

第一に，常に障害児と保護者に共感しながら，保護者の意見表明の場を通して，学校の選択はもちろんのこと，必要な条件整備に関しても話題のひとつとしていくことが重要です。

第二に，子どもの発達してきた姿をもとにするのが前提です。子どもを理解するときに，知能指数や障害の程度等を参考資料とするものの，あくまでも固定的に子どもを理解するのではなく，変容してきている実態から就学先を選択するようにしたいものです。

第三に，特別支援学校，特別支援学級，通常学級の教育についての保護者の理解が得られるように，それぞれの学校や学級を参観，体験入学することが大切となってきます。また，他の保護者からのアドバイスも考慮したいものです。

第四に，就学先の決定にあたっては，子どもの今後の発達をかんがみて，最善の利益をはかる方向で，できるだけ保護者の意思にそった結論を出すように，慎重に進めていくことがポイントとなってきます。

4 今後に向けて

就学指導にあたっては，一連の行政の手続きに終始してしまうのではなく，子育て支援の一環として，障害の発見，早期対応に始まり，障害児と保護者への継続した相談や支援として，就学について協議を積み上げることが肝要となってくると考えられます。

今日，「幼小の連携」が叫ばれる時代にもなってきました，その子が通学する地域内において情報が共有化できたり，発達してきたプロセスについての意見交換ができたりすれば，それだけ子どもの今後の発達が促される条件は形成されることになります。たとえば，個別の教育支援計画やサポートブックを通して一貫した保育教育の内容方法と子どもの発達した姿を提供するシステムを構築していくことが可能です。障害児のライフステージを見越した上で，幼児期から学齢期への移行を円滑にできるように，地域の各々の機関の専門性が発揮され，ネットワークが形成されていくことがさらに望まれます。

（小川英彦）

▶2 特別支援学校のセンター的機能として，教育相談を行うなど，各学校の教師の専門性や施設設備を生かした地域における障害児教育の核としての役割を果たすように努めることが，今後の特別支援教育の発展に向けて大いに期待されている。

参考文献

伊藤健次編著『新・障害のある子どもの保育［第3版］』みらい，2016年。

IX 家庭支援と相談体制

3 放課後における障害児支援
――放課後等デイサービス，児童館を中心に

1 障害児の放課後保障の経緯

　障害児の放課後保障に関する取り組みは，最初は東京で1970年代から始められています。その後，80年代には京都，埼玉などで，90年代には群馬，千葉，宮城，滋賀などで活動が展開され今日に至っています。この活動の場は保護者の願いから出発して子どものひとつの居場所となっています。

　2002（平成14）年4月にスタートした学校完全週5日制を受けて，障害児の放課後の生活や家族負担の実態を明らかにする調査が各地で開始されました。

　さらに，2004年8月には全国ネットワーク「障害のある子どもの放課後全国連絡会」が結成されたり，2005年からは厚生労働省の「障害児タイムケア」が実施されたりしました。2007（平成19）年に創設された「放課後子どもプラン」では，放課後子ども教室と学童保育が挙げられます。

2 障害児とその家族が抱える生活問題

　これまで各地でいくつかの障害児の実態調査（白書づくり）がなされていますが，それらからは「孤立した生活」という特徴が浮き彫りにされます。すなわち，ほとんどの家庭では障害児はいつも母親と一緒に過ごす，また，一人で過ごすことが多いということです。友だちと過ごすという回答にあってはほんの僅かとなっており，限られた人間関係で過ごすことが多いのです。

　家の中では，テレビやDVDを見て過ごすことが多いこと，さらに，何もしていないという回答も見られます。一方，家の外であっても，車中（ドライブ）で過ごすことが多かったり，ほとんど外に出ることはなかったりというのも特徴的です。こうした結果から，「外に出すには負担が大きく，家庭外で過ごすためらいがある」という家族のたいへんさ，悩みを指摘できるでしょう。

3 なぜ環境，地域で支えることが問題になるのか

　障害児の発達を保障するためには，全生活にわたり，きめ細かい配慮が必要であると言われます。障害児が日々を送るにあたっての生活の拠点は次の3つにあると言えます。それは①居住の場（家庭，入所型施設），②課業・通所の場（保育所，幼稚園，学校など），③地域の場（児童館，放課後等デイサービス，レスパイトサービスなど）です。

▷1　児童館　児童福祉法に基づく児童厚生施設であって，児童に健全な遊びを与え，健康を増進し，情操を豊かにすることを目的としている。その形態には，①小地域の児童を対象とする小型児童館，②小型児童館の機能に加えて児童の体力増進に関する特別の指導を併せもつ児童センター，③都道府県内または広域の児童を対象とする大型児童館，④その他の児童館がある。

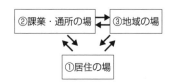

図Ⅸ-1　障害のある子どもの生活の拠点

出所：伊藤嘉子・小川英彦『障害児をはぐくむ楽しい保育』黎明書房，2007年。

　地域や家庭の教育力は障害児が生きていく上に不可欠であるにもかかわらず，今，障害児を含めすべての子どもを取り巻く環境が失われつつあるということは，発達の土台が不安定な子どもにしている，発達が蝕まれているといっても過言ではないでしょう。それゆえに，障害児の放課後・休日の支援が必要となってくるのです。

4　放課後保障のもつ意味

　第一に，第三の地域の場としての意味です。居住の場，課業・通所の場以外での生活では，遊びや文化，スポーツが体験できるようにすることが重要となってきます。こうした諸活動を通して，障害児はいっそう生きる力を獲得したり発達したりするものであり，余暇活動（レクリエーション）を通しての時間・空間・仲間の保障の意義が強調されるべきなのです。

　第二に，障害児と家族の生活支援としての意味です。先に実態調査の一端を紹介しましたが，家族の日々の精神的・肉体的な負担を軽くする支援が求められています。放課後の受け入れ場所が広がるにつれ，家族が一時的に一定の時間，時期に，その障害児の介護から解放されることによって，心身の疲れを回復し，ほっと一息つけるようになります。障害児の受け入れは，家族にとって，レスパイトと就労支援の意義をもっています。

　第三に，ノーマライゼーションとしての意味です。障害児も同じ社会の一員として，生活を地域社会でともにすることをめざしているのがノーマライゼーションです。障害児と健常児が放課後にいっしょに過ごす活動は，お互いに理解しあい，社会的インテグレーションのひとつの具体的実践として，また学齢期までのライフステージを見通した活動としてさらに広がっていくことが望まれます。

5　今後の課題

　子どもが一日の学校生活を終えたのを家庭・地域生活と捉えるべきであって，そこでは余暇（レクリエーション）が重視されなければなりません。さらに充実した生活を送るためには，学校教育と放課後対策をトータルに捉えた「教育福祉」の視点が必要となってきます。

（小川英彦）

参考文献

小川英彦・川上輝昭編著『障害のある子どもの理解と親支援——親と教師のために』明治図書出版，2006年。

IX 家庭支援と相談体制

 発達障害児の地域活動

1 障害児の地域でのつながり・地域生活の保障

　発達障害を抱える子どもやその家族は地域で孤立しがちです。他の子どもと一緒に遊ぶことが難しかったり，親が周りに遠慮したり，子育てに疲れていたり，悩みがあっても相談しにくかったり，親自身が子どもの障害を受容できずに不安定になっていたりする場合があります。親から離れて友達と遊ぶことの多くなる学童期には，障害をもつ子どもは放課後や学校が休みの日，地域で遊ぶ友達や遊ぶ場所がなくて困ることが多くなってきます。障害児が保育所や幼稚園・学校以外の地域でも育つ場が必要であり，障害児とその家族への子育て支援や就労保障が必要であり，ノーマライゼーションの理念に基づくなら，障害児の余暇・文化的生活を営む権利の点からも，障害児の地域での活動を保障することは大切です。障害児が，地域で安心して生活していけるよう，地域で障害について理解し合い，障害がある人もそうでない人もつながりをもち，一緒に活動できるような地域をつくっていくことが求められています。

2 地域の支援グループ

○発達障害児の親の会

　発達障害を抱える子どもやその家族がつながりあう会として，発達障害児の親の会があります。AD/HD，LD，自閉症スペクトラム障害などの子どもは，見た目には障害をもっているとわかりにくいため，周りの理解が得られにくく，障害特有の困難があるので，障害児の親の会や自閉症児の親の会とは別にグループを作っていることもあります。そこでは，茶話会，学習会，情報交換，親子での遊び・おでかけ，イベント，自治体への働きかけ，療育・教育支援などを行っています。「日本自閉症協会」や「全国LD親の会」，「全国手をつなぐ育成会連合会」のような，各地域の親の会が加入・活動している全国組織もあります。

　親の会などで専門家等の援助が必要な場合は，そのような全国組織や発達障害者支援センター，保健所・保健センター，精神衛生保健センター，自治体の障害福祉課などに問い合わせてみるとよいでしょう。また，学生等のボランティアを募って，研修を受けてもらい活動に参加してもらっているグループもあります。そのような親の会の中では，同じような困難や悩みをもった親子が共

▷1 国連において1975年に採択された「障害者の権利宣言」では，障害者は障害の種類や程度にかかわらず，「同年齢の市民と同等の基本的権利を有する」とされており，1989年に採択された「児童の権利に関する条約（子どもの権利条約）」でも，休息・余暇，遊び，文化的・芸術的生活への権利の保障について定められている。

▷2 「全国手をつなぐ育成会連合会」は，共生社会の実現に向けて，「知的障害のある人」（知的な遅れと社会生活への適応のしにくさのある人）とその家族を支援する全国の育成会の連合体である。

IX-4 発達障害児の地域活動

感しあえ，安心できる居場所ができます。

◯ 支援グループ

発達障害児の家族を支援する活動をしている専門家の会や，家族と専門家が一緒に活動している会もあります。大学や学生サークルと提携して活動している会や，NPO法人化している団体，学校が放課後に地域のボランティアや大学・学生と連携して，学習の補充や放課後の生活支援を行っている場合もあります。親の仲間づくり・活動支援と当事者本人の活動支援のどちらかに重点がおかれているグループ，またその両方ともに力を入れているグループがあります。小学生以上の子どもがいる場合，勉強もみてもらうような時間もプログラムの中に取り入れることもあります。発達障害児・者の余暇支援として，スポーツ，音楽，ダンス，乗馬，太鼓など，趣味的な活動を通して地域で楽しく生活できるように活動しているグループもあります。また，発達障害児のきょうだいの支援も行っているグループもあります。2005年12月には，「日本発達障害ネットワーク」（JDD Net）[3]が発足し，自閉症，アスペルガー症候群その他の広汎性発達障害，学習障害，注意欠陥/多動性障害等の発達障害のある人およびその家族に対する支援を行うとともに，発達障害に関する社会一般の理解向上を図り，発達障害のある人の福祉の増進に寄与することを目指し，施策の具体化，発達障害に対する理解啓発などの活動をしています。

◯ おもちゃ図書館

おもちゃ図書館は障害のある子どもたちが楽しくおもちゃで遊べるようにという願いでつくられたボランティア活動です。全国で約500ヵ所あり，主に福祉センター，公民館等の公的な場を借りて月2回程度おもちゃを無料で貸し出しています。現在は障害のあるなしに関係なく，子どもたちがともに遊び交流しあい育ちあう場，そして親同士の交流の場となっています。この全国組織として「おもちゃの図書館全国連絡会」がつくられています。

3 発達障害児と一緒に行う地域での活動

障害がある子どももない子どもも一緒に地域で育つことを願って活動しているグループもあります。保育所・幼稚園・小学校の親や保育者・教員が参加して，親子での交流・遊び，ハイキング，キャンプ，クリスマス会などを行っています。放課後児童健全育成事業についても，市町村は発達障害児の利用の機会の確保を図ることになっています。学齢期の障害児の居場所でもある放課後等デイサービス[4]も，放課後児童クラブ等との連携を図りながら地域社会への参加・インクルージョンを進めることが期待されています。発達障害への理解を広げるために，保護者や地域住人を対象とした講演会を開催している幼稚園・保育所，社会教育施設などもあります。障害児・者が地域で安心して生活し就労していけるよう，今後ますますこのようなことが必要でしょう。（山本理絵）

▷3 「NPO法人 アスペ・エルデの会」「NPO法人 えじそんくらぶ」「NPO法人 EDGE」「全国LD親の会」「社団法人日本自閉症協会」の5団体が発起人となって発足した。

▷4 放課後等デイサービスは，児童福祉法に基づき，学校に就学している障害児に，授業の終了後または休業日に，生活能力の向上のために必要な訓練，社会との交流の促進等を供与するものである。

（参考文献）

障害のある子どもの放課後保障全国連絡会『障害のある子どもの放課後活動ハンドブック』かもがわ出版，2011年。

IX 家庭支援と相談体制

5 子育て支援とペアレント・トレーニング

障害児等の子育て支援

　近年，親の子育て不安・困難は強まっており，社会的に子育てを支援することが必要とされていますが，障害をもつ子どもやグレーゾーンの子どもの親は，肉体的にも精神的にも疲れていることが多く，子育て支援においてはとくに配慮が必要です。AD/HDや自閉症スペクトラム障害（疑いを含む）の場合，周りからは，「行儀の悪い子」「親のしつけがなっていない」などと思われ，親は辛い思いをして，どうしたらよいかわからずに困っていることが多くあります。そのような親には，保健師や療育機関，保育所・幼稚園，学校・教育委員会等による相談・支援がありますが，同じような問題・悩みをもつ親の会での活動は，共感しあえ支えあえる効果があります。就園前の子どもを対象とした子育て支援として，一般の親子向けの子育ての広場やサークルは各地に増えてきています。一方，健診後の事後指導教室などでは，障害がはっきり診断されている子どもが多い場合もあります。AD/HDや自閉症スペクトラム障害（疑いを含む）の場合，そのどちらにも参加しにくいことが多いので，そのような子どもたちを対象とした専用のサークルが保健センター等の支援できてきている地域もあります。

ペアレント・トレーニング

　子育て支援の一環として取り入れられている方法として，種々の行動上の課題をもつ子どもに対する親の関わり方を訓練する，ペアレント・トレーニング（親訓練）▷1があります。それは，親が自分の子どもに対する最善の治療者になれるように，養育技術を獲得させるトレーニングで，病院，相談機関，家族会，AD/HD支援グループなどで，取り組まれ始めています。保健センターでの乳幼児健康診査後の事後指導グループで保健師がペアレント・トレーニングを活用して親への適切なアドバイスをしている例もあります。

　ペアレント・トレーニングはアメリカでは，もともと医療の現場で，子どものSST（ソーシャルスキル・トレーニング）の効果を強化するために子どもグループと並行させて行う親グループのトレーニングで医療的プログラムでしたが，日本で家族会などで行う場合は，親同士の支えあいも重視してサポート機能をより重視したプログラム（サポートトレーニング）にしていることが多い

▷1．親訓練は，1960年代にアメリカを中心に始まった行動療法の発展型の一つであり，その後様々な障害や問題をもつ子どもの親を対象として取り組まれ，発展してきた。日本でもそれらを取り入れ，独自のプログラムが開発されている。最近では，AD/HD専用のプログラムが開発され，心理社会的治療法の一つとして，親訓練の有効性が認められている。

ようです。

　このトレーニングでは，子どもの行動を観察し，記録し，良いところをほめたり，困った行動の意味を理解し，今できることから改善方法を考え，対応を変えてみるということを，小グループに参加して話し合いながら繰り返して行います。家庭や学校などの，日常的な生活場面において，子どもに対して一貫した対応をすることで適応行動を積み重ね，不適切な行動を減らしていきます。

　AD/HDをもつ子どものように，落ち着きがなかったり，何度言っても同じ行動を繰り返しなかなかルールが守れなかったりする子どもは，周囲から叱責や非難を受けることが多く，否定される体験が積み重なり自信や意欲を失ったりして悪循環に陥りがちです。そのような子どもの養育に不安や疲労を抱えている親たちが，このトレーニングを通して，子どもを理解し，適切な対応をできるようになり，子どもの好ましい行動が増え，親子関係が安定するとともに，養育者としての自信を回復したり，安心して親どうしサポートしあえるようになると言われています。子どももほめられることが増え，達成感や自信をもてるようになり，意欲的になるようです。また，まだ障害の診断を受けていない親が相談の過程で参加した場合，セッションが進むうちに診断を受けたいとか，AD/HDのことを知りたいというニーズが出されることもあるようです。しかし，ペアレント・トレーニングの指導者（インストラクター）の専門性が乏しい場合，効果が上がらないこともあり，実施できる専門家の養成が課題となっています。

③ 家庭と学校，地域との連携

　ペアレント・トレーニングを行うさいに，具体的な目標行動を学校でできたかどうか評価してもらう学校連絡シートを使用して，保護者が先生と目標を共有して先生とのコミュニケーションをとりやすくしている実践もあります。[2]

　学校の担任が親訓練プログラムと同様の対応法の訓練を受けていないと，学校場面での治療効果は定着しにくいことも報告されています。一部の地域では，AD/HDのある子どもを担任する教員などがこのトレーニングを行ったり，学校版ペアレント・トレーニングを始めています。また，ペアレント・トレーニングが高度な専門性を要するのに対して，地域で子育て支援に携わる保健師や保育士，福祉事業所の職員等が実施できる「ペアレント・プログラム」[3]が開発されています。これは，保護者が子どもの「行動」そのものをまずきちんと捉え肯定的な視点を持てるようになることを目標としており，ペアレント・トレーニングの前段階の簡易な基本プログラムとして位置づけられています。発達障害のある子どもをもつ保護者だけでなく，発達障害の傾向のある子どもをもつ保護者，育児に不安の強い保護者等の支援を，早期から多様な分野の専門機関が連携して行っていくことが目指されています。　　　　　　　　（山本理絵）

▷2　学校との連携については，岩坂英巳・中田洋二郎・井澗知美『AD/HDのペアレント・トレーニングガイドブック』じほう，2004年を参照のこと。

▷3　特定非営利活動法人アスペ・エルデの会において開発されたもので，普及事業が実施されている。「厚生労働省平成26年度障害者総合福祉推進事業報告書」2015年，「楽しい子育てのためのペアレント・プログラム　マニュアル」2015-2020年参照。

（参考文献）

　シンシア・ウイッタム（中田洋二郎監訳）『読んで学べるADHDのペアレントトレーニング』明石書店，2002年。

　岩坂英巳編『困っている子を褒めて育てるペアレント・トレーニングガイドブック——活用のポイントと実践例』じほう，2012年。

　辻井正次『家族と子どもを支える　発達障害のある子の育ちの支援』中央法規出版，2016年。

Ⅹ 思春期・青年期と進路

思春期の発達障害児

1 思春期の「ゆれる」気持ちに寄り添う支援

　「思春期」という時期は、もともと気持ちが大きく揺れ動く時期です。この背景には、思春期の子どもの身体が大きく変化する時期であるということと、思春期の子どもを見る大人の目が大きく変化することに関係があると考えます。つまり、障害のあるなしにかかわらず、思春期の子どもは否応なく「大人への階段」をあがることになり、その変化の中で気持ちが大きく揺れ動くのだと考えます。思春期の子どもへの対応は、こうした「ゆれる」気持ちに寄り添いながら、「自分の今の状態を見つめる」ことと、将来を含めた「これからの自分と向き合う」ことが基本になります。

　思春期の「ゆれる」気持ちは発達障害児にもあります。特に、知的障害のない発達障害児は、小学校までに失敗経験を多くしている子どもが相当数いて、自己肯定感が低い中で思春期を迎える子どもが多くいます。そのため、思春期の発達障害児支援については、上記の基本的対応に加えて、以下のような認識面と情緒面の双方を考慮した、よりていねいなかかわりが必要です。

2 アイデンティティの確立を支援する

　「どうせ自分はだめな人間なんだ」と思っている中では、「どうにでもなってしまえ」といった投げやりな気持ちしか生まれず、「どうやって生きていこう」という建設的な考えは育ちません。思春期を迎えた発達障害児の「今の状態」を見つめるときに、こうした「気持ち」になっていないかどうかを確かめるところから始めることが必要です。

　発達障害児の「今の状態」がそれほど否定的なものでない場合には、彼らのアイデンティティ確立の支援の第一歩として「自分の得意・不得意」を認識させることから始めましょう。発達障害児の中には漠然とした将来の夢をもっている子どもがいますが（そのこと自体はとても尊いことです）、そうした「夢」の多くは自分の能力や適性と比べてみるとあまり現実的なものではないことも多々あります。自分の得意・不得意を認識させ、発達障害児の抱いている「夢」と「現実」を少しでも埋めていけるような支援をすることが求められます。

　続いて、「これからの自分」のライフストーリーを思い描く支援をすること

が大切です。思春期の荒れの中には，将来に対する漠然とした不安なども関係していることがあり，「がんばれば何とか生きていけそうだ」と思えるような将来像を描かせることが必要です。こうした認識を育てるためには，「自分史」などを作成させることが有効な場合があります。自分史は本人が作成することが大切ですが，ただ作るだけではなく，子どもの人生の節目ごとに教師が「このときはこんなふうだったんだ」とか，「こうなるためにはどうしたらよいと思う？」というように働きかけ，子どもの中にマイルストーン（道標）を形成していくことが大切です。

③ 二次的困難への配慮と対応

　発達障害児の中には思春期にさしかかったときに，すでに自己肯定感が低い子どもが存在します。これは，失敗経験の多さなども関係していますが，自分の「障害」に対する認識がないことなども関係していると思われます。「障害」のある子どもは，生活面や学習面で何らかの制限があることが多いものですが，自分に「障害」があると認識していない子どもは他の子どもとまったく同じようにできるし，やりたいと思ってしまいます。しかし，実際には「障害」による限界があって，そうした中で自分の思いと現実との間のギャップを理解できずに情緒的に混乱してしまうのです。

　以上のように，「夢」から「現実」を見る方向へシフトしていくのが思春期の発達課題であるとしたら，発達障害児が見つめなければならない「現実」の中には「自分の障害」があります。しかし，通常の学級に在籍する知的障害のない発達障害児に対する「障害の自己理解」を促していく支援内容とその方法が確立しているとは言い難く，今後の大きな実践的課題となるでしょう。

　また，思春期の発達障害児支援では，「二次的困難」への配慮と対応が不可欠です。思春期に多く見られる発達障害児の「二次的困難」には「不登校」「心身症」があります。小学校高学年以上の発達障害児に対しては，「不登校」「心身症」の状態に陥らないように配慮することが大切であり，またそうした状態に陥ってしまった場合には，適切な対応が継続的に提供されることが大切です。具体的には，「登校しぶり」や腹痛，頭痛などの初期に表面化する「心身症の兆候」を見逃さないことが大切です。そして，「不登校」「心身症」の状態に陥ってしまった場合には，放置することなく「学校からの働きかけ」を継続しつつ，子どもの「重荷（負荷）」となっているものをどのようにしたら除去できるのかを検討しましょう。ただし，「不登校」や「心身症」の子どもに対する適切な働きかけの「方法」や「量」については個々に異なり，誰がどの時間帯に，どのような目的でアプローチするか（家庭への訪問だけでなく，電話なども含めて）など，個別的に計画を立てて対応することが大切です。

（新井英靖）

Ⅹ　思春期・青年期と進路

後期中等教育への移行

1　「後期中等教育」の特徴と進路指導

　義務教育が終了したあとの「後期中等教育」には，小・中学校とは異なるいくつかの特徴があります。通常の学校に在籍している発達障害児の後期中等教育への移行と関連して，次の点に注目しておきたいと思います。
　① 多様なタイプの高等学校が存在していること（全日制・定時制・通信制などの形態に加え，農業高校や工業高校などの学科やコースが多様化している）
　② 卒業認定が「単位」にもとづいていること
　③ 高等学校の中には障害のある子どもを受け入れる「特別支援学級」がほとんどの都道府県で設置されていないこと

　小・中学校まで通常の学級で過ごしてきた発達障害児とその保護者にとって，高校の選択はひとつの大きな転機となります。中学生くらいになると，子どもの困難はその輪郭がはっきりとし，医師から発達障害と診断されている子どもも増えています。しかし，「学習の遅れ」はありながらも，小・中学校の間は通常の学校で「何とかやってきた」子どもとその保護者にとっては，高校受験が大きな岐路となることがあります。

　以上の理由から，中学生の保護者の中に，発達障害に関する教育相談を初めて利用する人がいます。そうした保護者の多くは，子どもの能力や適性については何となく理解できていても，子どもがどの高等学校に適しているのかについて具体的にイメージがわかないから進路に関する相談を受けたいという思いで教育相談に訪れます。こうした教育相談では，具体的な高等学校をいくつか選び，学園祭などの機会を利用して見学に行くことを勧めながら，中学校卒業後の子どもの状態を具体的にイメージしてもらうことが目的の一つになります。

　よりていねいな教育相談あるいは進路相談を展開していくには，一般の子どもよりも多くの時間がかかるので，他の子どもの進路指導よりも早めに動き出すことが必要です。

2　高等学校での適応と進路選択のポイント

　発達障害児が高等学校に入学して，そこで適応できるかどうかは「勉強についていける」というだけでなく，子どもの生活スタイル（興味も含めて）に合致しているかどうかも大きな要素となります。たとえば，中学校時代に不登校

▷1　居住地から通える範囲であること，学力に見合ったレベルの高校であること（入試をクリアすることも含めて）などが当面の選択基準となる。

▷2　発達障害児の進路に関する相談は中学3年生からでは遅いケースもある。

の時期が長く，朝起きて学校にいくことにあまり慣れていない生徒には，定時制を選択することもひとつの方法だと考えます。定時制はクラスの人数も少なく，全日制普通科の高等学校よりも多様な生徒を受け入れている経験も多く，発達障害児の特性をふまえた対応をとってくれる学校も通常の高等学校より多く存在します。また，通信制高校サポート校などを利用して，登校や出席に縛られることなく自分のペースで学習することがよい生徒もいます。

一方，「試験」を受けて「単位」を取得する方式が大きな負担になる生徒もいます。また，発達障害児の保護者の中には，中学を卒業したあとは，将来の進路を見据えた指導をしてほしいと願う人もいます。そうした生徒にとっては，特別支援学校の高等部に入学することもひとつの選択肢となるでしょう。

もちろん，全日制普通科の高等学校で十分，楽しい学校生活を送っている発達障害児も多くいます。そうしたケースでは，学校の教師と周りの生徒の理解に支えられていることが多いのが事実です（逆に，そうした理解のない学校で苦労している発達障害児がいる多いのも事実です）。

❸ 高等学校における特別支援教育の推進の必要性

2000年以降，文部科学省によって進められてきた特別支援教育体制は，小・中学校において急速に広まりました。近年，その改革を幼稚園と高等学校に広げる動きが出てきており，全国のいくつかの高等学校を「モデル校」として指定し，研究開発が進められてきました。

しかし，一方で，小・中学校において急速に進展したのとは裏腹に，高等学校への特別支援教育の「浸透」はゆっくりであるということもまた事実です。今後，高等学校においても特別支援教育体制づくりが求められますが，その際に❶で指摘した「後期中等教育の特徴」をふまえた体制づくりが必要です。筆者は当面，以下の3点について進めていくことが必要ではないかと考えます。

① 高等学校内部の指導体制の「多様化」

高等学校の「形態」を多様化するだけでなく，生徒への支援方法を多様化すること（「特別支援学級」や「通級指導教室」の設置の必要があるかどうかについても議論する必要がある）。

② 単位認定や卒業認定の方法の多様化

一律の「試験」で評価するのではなく，口頭試問やレポート評価など，多様な方法で「成績評価」が行われること。

③ 高等学校と特別支援学校の高等部の「連携」

高等学校に通う発達障害児に対する教材や支援方法に関するアドバイスを特別支援学校から受けられるような体制づくり。

（新井英靖）

▷3 定時制も多様化しており，昼間（13時以降）に授業をスタートさせる定時制もある。

▷4 特別支援学校の高等部にも職業科があり，比較的軽度の知的障害児を集めて職業教育を重視した指導を展開している学校がある。

Ⅹ　思春期・青年期と進路

発達障害者への就労支援

 就労支援制度

　1950年代にデンマークから提唱されたノーマライゼーションの理念は20世紀末には世界各国で共有されるようになりました。その基本的な内容は，障害の有無とは関係なく，すべての人が同じ地域で同じように暮らす社会の実現を目指すという考え方です。

　わが国の障害者施策もこのノーマライゼーションの理念を実現していくことが目標とされており，具体的には職業を通じて社会参加することが基本とされています。

　障害者の就労を支援するための法律として，「障害者の雇用の促進等に関する法律」が制定されています。この法律の目的は，「障害者がその能力に適合する職業に就くこと等を通じてその職業生活において自立することを促進するための措置を総合的に講じ，もって障害者の職業の安定を図ることを目的とする」（第1条）と定められており，この法律に基づいて障害者に対する各種の就労支援施策が進められています。

　この法律には，障害者雇用率（以下，法定雇用率）についても定められており，一般の民間企業（常用労働者数が50人以上の企業）では2.0％，国・地方公共団体では2.3％以上の障害者を雇用することが義務付けられています。

 就労支援の実際

　障害者の職業紹介に関する実務はハローワークで行われています。ここには障害者専門支援員が配置されており，就職を希望する障害者に対して求職の登録を行い，求職者の技能，職業適性，希望職種，身体能力等の状況に基づいて個別的に職業相談を行い，就職のあっせんをしています。さらに，必要に応じて事業主が行う職場適応訓練のあっせんや障害者職業能力開発校の職業訓練のあっせんも行っています。

　ハローワークは，障害者雇用の促進を図る中心的機関としての役割を担っており，2016（平成28）年度現在，全国の544か所に本所，支所，出張所が設置されています。ハローワークとの連携の下で，障害者職業センターにおいても「障害者の雇用等の促進に関する法律」に基づいて障害者の就労支援が行われています。障害者職業センターは障害者職業総合センター，地域障害者職業セ

ンター，広域障害者職業センターの３つの機関で構成されており，それぞれ重
要な役割を果たしています。

障害者職業総合センターは，わが国の職業リハビリテーションの推進とサー
ビスの質的向上に貢献していくため，調査研究，技法の開発，専門職員の養成
と研修および業務の企画・指導を行っています。

地域障害者職業センターは，ハローワークとの密接な連携の下で地域の職業
リハビリテーションネットワークの中核として職業リハビリテーションを提供
しています。全国の47都道府県に設置されており，独立行政法人高齢・障害者
雇用支援機構によって運営されています。各センターには障害者職業カウンセ
ラーが配置されており，職業評価，職業指導，職業準備支援事業等が行われて
います。厚生労働省令に基づいて，知的障害者および重度知的障害者の判定も
行っています。また，事業主に対しては，障害者の受け入れから採用後に至る
まで雇用管理に関する援助も行っています。

> 1　北海道，東京，愛知，大阪，福岡には支所がおかれている。

広域障害者職業センターは，職業リハビリテーションを提供する施設であり，
中央広域障害者職業センター（埼玉県），吉備高原広域障害者職業センター（岡
山県），せき髄損傷者職業センター（福岡県）の３施設が設置されています。

障害者の就労を促進させるために，職場適応援助者（ジョブコーチ）による
就労支援も行われています。ジョブコーチは，障害者および事業主に対して雇
用の前後を通じて障害特性に応じた助言や支援を行う専門員です。障害者本人
や事業主に対する支援だけでなく，障害者本人の家族に対しても職業生活を送
るための助言も行っています。

> 2　Job couch。障害者の職場定着のために今後，拡充が期待されている。

③ 発達障害者支援センター

発達障害者の支援については，2003（平成15）年に施行された「発達障害者
支援法」（2012（平成24）年より「障害者の日常生活及び社会生活を総合的に支援す
るための法律」）に基づいて施策が進められています。都道府県・指定都市にお
いて医療・保健・福祉・教育・雇用等の分野の発達障害に関わる関係者によっ
て構成されており，障害者本人や家族に専門的な立場から支援と助言を行うこ
とが目的とされています。事業の推進は，所管である厚生労働省と文部科学省
の特別支援教育体制推進事業が協働して進めています。

④ 今後の課題

常用労働者が50人以上の民間企業にあっては，法定雇用率が2.0％以上と定
められているにもかかわらず，2015（平成27）年の平均雇用率は1.88％，法定
雇用率を達成している企業は47.2％にすぎません。法定雇用率を達成すること
は事業主として社会的責任を果たすことでもあり，今後の大きな課題と言えま
す。

（川上輝昭）

X 思春期・青年期と進路

4 福祉就労の場と仕事の内容

 福祉就労の現状

　福祉就労とは，何らかの障害があるために一般の企業等で働くことが困難な障害者を対象として設置されている授産施設・更生施設・福祉工場・小規模授産施設等で働くことです。この中で最も多いのが小規模授産施設で，全国に約8700カ所（2014年度）設置されています。設立主体は障害者本人や保護者，支援者が中心であり，共同事業として運営されているのが一般的です。身近にある施設として利用しやすいという利点がある反面，財政基盤が不安定という課題もあります。

　仕事の内容は企業からの委託作業が中心ですが，自主製品を作っている施設もあります。ここで働いている障害者の工賃は月額1万円程度であり，年金と合わせても自立した生活は困難に近い状態にあります。障害者を支える職員の待遇も劣悪であり，福祉就労そのものが深刻な課題に直面していると言えます。これらの課題を根本的に解決するために，2005（平成17）年に「障害者自立支援法」（2012（平成24）年より「障害者の日常生活及び社会生活を総合的に支援するための法律」）が制定されました。

 福祉就労をめぐる最近の動向

　2006（平成18）年4月から「障害者自立支援法」が施行され，この法律によ

表X-1　福祉施設の再編成

旧体系	新体系
・重症心身障害児施設 ・進行性筋萎縮症療養等給付事業 ・身体障害者療護施設 ・更生施設(身体・知的) ・授産施設(身体・知的・精神) ・小規模授産施設(身体・知的・精神) ・福祉工場(身体・知的・精神) ・精神障害者生活訓練施設 ・精神障害者地域生活支援センター(デイサービス部分) ・障害者デイサービス(身体・知的・精神)	[介護給付] ① 療養介護(医療型) ② 生活訓練(福祉型) [訓練等給付] ③ 自立訓練(機能訓練・生活訓練) ④ 就労移行支援 ⑤ 就労継続支援(雇用型，非雇用型) [地域生活支援事業] ⑥ 地域活動支援センター [居住支援] 　施設への入所又は居住支援サービス(ケアホーム，グループホーム，福祉ホーム)

出所：伊藤秀樹『障害者自立支援法』日総研，2006年。

って従来の障害保健福祉制度が抜本的に見直されました（表Ⅹ-1）。主な改正点は，障害者施策を3障害（身体・知的・精神）一元化して制度間格差を解消し，新たに精神障害者も対象とする。同時に，都道府県と市町村に二分化されている実施主体を市町村に一元化する。②利用者本位のサービス体系に再編するため，33種類に分かれている施設体系を6つの事業に再編成する。あわせて地域生活支援や就労支援のための事業や重度障害者を対象としたサービスを創設する。③就労支援を抜本的に強化するため，新たに就労支援事業を創設し，雇用施策との連携を強化する。④支給決定を透明化，明確化するため，支援の必要度に関する客観的な尺度（障害程度区分▷1）を導入する。⑤安定的な財源を確保するため，国の費用負担の責任を強化（費用の2分の1を負担）するとともに，利用者も応分の費用を負担し，皆で支える仕組みとする。以上の5項目が基本とされています。

▷1　障害程度区分判定は，一次判定と二次判定に分かれており，一次判定はコンピューターで，二次判定は市町村審査会で行われる。

　それぞれの項目について内容を確認する必要がありますが，ここでは最も影響を受ける人が多いと思われる③の就労支援について取り上げておきます。

　就労支援に関する事業として，次の3点が取り上げられています。

◯ 就労移行支援事業

　一般就労を希望し，適性に合った職場での一般就労等が見込まれる者に対し事業所内における作業訓練や職場実習，就職後の職場定着支援等を有期限で実施する。

◯ 就労継続支援事業（Ａ型）

　雇用契約に基づく就労が可能な者に対し，利用者と雇用契約を結び，就労の機会を提供するとともに，一般就労に必要な知識，能力の高まりに応じ，一般就労への移行に向けた支援を実施する。

◯ 就労継続支援事業（Ｂ型）

　就労移行支援事業等を利用したが，一般企業等の雇用に結びつかない者や一定の年齢に達している者に対し，雇用契約は結ばずに就労の機会を提供するとともに，一般就労への移行に向けた支援を実施する。

❸ 今後の課題

　2016（平成28）年4月より，障害を理由とする差別の解消の推進に関する法律が施行されました。この中で障害者雇用については，障害を理由とした差別が禁止され，合理的配慮の提供が義務とされています。障害者の雇用の促進等に関する法律で規定されている雇用率も現行の2.0％から2018（平成30）年度より2.2％に引き上げられることになっています。障害の有無を超えて，共に働く社会の構築こそ今後の重要な課題といえます。

（川上輝昭）

X 思春期・青年期と進路

  青年期の家庭生活と余暇支援

障害者の青年期は，健常者の期間より長く遅くなると考えるのが一般的で，その後も壮年期へと成長発達していく道筋は当然考えられます。そのために，後期中等教育から卒業後の障害者の青年期は，家庭を中心とした教育機関の生活から，企業や福祉施設等の就労先との生活に広がり，多くは生活範囲が広がって大きな変化を乗り越えることになります。

青年期の発達に最も重要な外的リソース[1]は，他者とのかかわりであり，仲間作りが大切なキーワードとなります。また，本人にとって親身になって一緒に考え行動してくれる支援者や仲間がいることの安心感は，本人だけでなく家族にとっても重要です。

▷1 外的リソース 障害者の場合は，周囲の環境の中でも，それらとの媒介になる人的環境が最も重要と考えられる。

1 青年期の家庭生活

1981年の国連障害者年から，2013（平成25）年の障害者総合支援法の施行以降，ここ近年の障害者を取り巻く環境は大きく変化して来ました。特に施設から地域へ，措置から自立支援の流れの中で，従来の行政や支援組織だけでなく障害福祉事業サービスも参加し，自立訓練的支援や様々なサービスを受けることができます。しかし，充実するまでには，まだ時間が必要であり課題も多く，その一つに地域格差があります。都市部では，障害者スポーツ，土曜スクールなど様々な支援団体の取り組みが行政サービス以外にありますが，地方都市ではまだ青年学級等，保護者を中心に行政とタイアップした障害者の余暇支援活動が支えているというのが現実です。

2 家庭生活の実態

では，実際の障害者の青年期はどのような家庭生活を送っているかというと，昨今各地で行われている生活実態調査と著者の関係した障害者の聞き取り調査では，テレビ，CD，ビデオ鑑賞で過ごすことがほとんどで，趣味（スポーツ，絵画，音楽，手芸，写真，陶芸など）をもって過ごす者はごく少数になります。しかし，最近では支援サービスを利用して支援者と買い物や行楽，自転車の乗り方を習うサービスを利用するなど家庭生活に広がりが徐々に見られます。企業就労した障害者の中には，健常者同様，カラオケや飲食，仲間と旅行に出かけるなど生活を拡げていく姿も多く見られます。

❸ 青年期の余暇支援

　障害者の余暇活動のタイプを整理してみますと，次のように分類することが出来ます。閉じこもり型，家族同行型，支援者同行型，個人行動型，仲間と行動型と後へ行くほど自立的と考えられ，他者とのかかわりが多くなり完全な社会参加へ近くなると考えられます。

　支援の形態は，行政支援型，NPO・ボランティア参加型から家族支援のみで余暇を過ごせる障害者まで様々ですが，その内容も介護的・訓練的な余暇活動から文化・スポーツ活動，仲間作りへと幅を広げていくことになります。行政支援型としては，各地にある青年学級[2]，障害者スポーツ等が代表的であり，NPO・ボランティア参加型としては，養育キャンプや土曜スクールに代表される余暇支援活動などがあります。

　最終的には，支援を必要としない余暇活動ができれば良いのですが，青年期の援助支援による成長発達が，その後の壮年期の社会への係わりや参加の内容に大きな影響を与えると考えられます。しかし，多くの障害者は，個人差はありますが，家族または支援者の援助が必要となり，現状では母親の負担が相当大きくなっているのが現実です。そのために，障害者と重要なキーパーソン[3]となる母親支援が平行して行われなければならないと考えられます。

❹ 実践例：小さなひとり旅の会

　母親支援は，筆者が主宰して始まり23年に渡って活動している知的障害者余暇支援活動の「小さなひとり旅の会[4]」の実践の中からもうかがい知ることができますので紹介します。この会に参加している30名の半数以上は福祉就労の障害者で，活動内容は，年2回の日帰りバス旅行，ボウリング大会，バーベキュー，新年会などで親子共々楽しむ余暇支援活動で，発足当時は担任教師指導型の同窓会組織でしたが，母親の会主導型へ17年前から移行し，子ども達の活動と同時に母親同士の親睦会と二系列で機能するようになってきています。青年期をむかえ，その後の壮年期へと親のサポートが続く中で，特に母親の悩みも深刻度を増すようで，それぞれの障害者の会で活動しながら同時にこの会にも参加し，情報交換，親睦を重ねて母親同士の縦横の連携を深めています。この活動は，行政，支援事業サービス等では対象とならないところですが，母親のニーズで自然に発展してきたと言えます。

　QOL（Quality of Life）がめざす「豊かで主体的な自立生活」を支援していくのにはまだ問題が多くありますが，そのためにも青年期でいかに社会との接点を多く持ち，活動できるかが大切な課題で，しかも，そのキーパーソンである家族，特に母親支援もまた，以上のことからも重要な課題だと言えます。

（渡部秀夫）

▷2　障害者の青年学級は，行政（教育委員会，社会福祉協議会など）や手をつなぐ子らの親の会などが中心となって活動している。実際の運営はボランティアであることが多い。

▷3　キーパーソンとは，行動や意思決定に強い影響力を与える人物をいい，障害者にとっては，母親や就学期間においては教師がそれにあたることが多い。

▷4　小さなひとり旅の会詳細，ご質問等は著者E-mail: yoro@hi.mirai.ne.jpまでご連絡ください。

参考文献

　日本発達障害福祉連盟編『発達障害白書　2017年版』日本文化科学社，2017年。

コラム5

「みんながクラスの一員です」

1 「特別支援教育」の推進で良いのか？

　1年2組の「落ち着きのない子」,仁志君のケースをきっかけに,学校では,校内の特別支援教育体制が少しずつ整備されていきました。事例検討会も生徒指導と特別支援教育をセットにして行うようになり,定期的に開催されるようになりました。また,いろいろな先生が「気になる子ども」について特別支援教育コーディネーターの三木先生のところに相談するようになり,「特別支援教育」の必要性を多くの教師が理解するようになりました。

　コーディネーターの三木先生はこうした学校の「発展」を喜びつつも,少し不安を抱くようにもなっていました。それは,各クラスの担任が「特別支援教育が必要な子ども」を抽出することに精力を注いでいくと,いずれは「特別支援学級で見てもらったほうがよいのではないか？」といったことにならないかということでした。今,学校にいる先生たちは「特別支援教育」＝「特別支援学級での指導」といった短絡的な考えをしていないので大丈夫だろうと思っていましたが,今後,教師の入れ替わりがあると,「気になる子ども」の抽出が,特別支援学級へ措置する前段階となってしまうことも「まったくない」とは言えないな,と三木先生は感じていました。

2 「通常の学級」と「特別支援学級」の垣根を低くする

　そこで,三木先生は学校長と相談して,年度の切り替えのときを利用して,校内の組織改革と教師の意識改革を行っていくことにしました。

　まず,校内の組織改革ですが,「特殊教育」の時代に作られたシステムの修正をする必要があると考え,「校内就学指導委員会」を「発達支援会議」へと変更しました。もちろん,名称変更にとどまらず,これまで教師からノミネートされていた子どものケース会議であった「就学指導委員会」を,保護者の相談に応じることができるようなものに変更しました。それに伴い,発達相談を担当するメンバーを増やし,構成員も特別支援学級の担当者のみならず,生徒指導主任,養護教諭などが加わりました。

　また,「特別支援学級」の機能も多角化していく方向性を打ち出しました。これまでは,「特別支援学級」に入級すると「通常の学級」とは分離された感じがあったことは否めませんでしたが,今回の改革では通常の学級と特別支援

学級の間の垣根を少しでも低くし，子どもの往来をより自由にするようなものにしようと考えました。具体的には，通常の学級で学習困難を示す子どもを時間のあいているときに特別支援学級に呼び，「教科の補充」や「情緒の安定をはかる取り組み」をする一方で，「特別支援学級」に在籍する子どもが通常の学級の中に「交流」するときには学級担任がその子を配慮した対応ができるようにしていくといったものでした。

❸ 「みんながクラスの一員です」

同時に，学校職員の意識改革にも乗り出しました。管理職は機会を見つけて，「みんなこの学校の子どもである」という言葉を意識的に口にするようにしました。そうした中で，困難を抱える子どもがクラスにいても「学校全体でフォローする」という方針を徹底させました。

こうした学校の明確な方針は子どもたちにも，保護者にも伝わるものです。しだいに「みんながクラスの一員です」という思いが学校中に広まり，学校が明るくなったように感じます。もちろん，学校のなかに困難を抱える子どもがいなくなったということではありません。しかし，「気になる子ども」を受け持った先生が不安にならずに，またその保護者も肩身の狭い思いをすることもなく，子どもに対して学校全体から様々なアプローチを提供していくことができるようになってきました。学校の「組織力」を高めていくことが，特別支援教育の充実・発展には欠かせないことだと思いました。

（新井英靖）

ポイント解説

　特別支援教育改革の最終段階は学校職員の意識改革だと考えます。この改革を成し遂げるには管理職の学校経営方針を明確にすることが何よりも大切です。また，学校の組織や体制を整えていく中で，職員が異動しても，改革が風化しないような工夫をすることも大切なことでしょう。

　（フィクションではありますが）コラムに掲載した学校は，就学指導委員会を発達支援会議に変えるなど，意図的な組織改革を行い，それが職員の意識改革に少なからず影響しました。そして，保護者を巻き込んで，学校全体の雰囲気を変えること，特に，「みんなクラスの一員です」というわかりやすいスローガンを掲げ，文字通り「みんな」が居心地のよい学校にしていくことが，特別支援教育を基盤にした学校改革にとって不可欠のものであると考えます。

XI 特別支援教育と教師

 特別支援教育の専門性

1 教師の専門性についての一般論

　教育における教師の専門性について，これまで非常に多くのことが語られてきました。項目にすれば，枚挙にいとまがないと言えるでしょう。広義では，教育にかかわる全般的な知識・技能・習熟の持ち主ということになるでしょうし，狭義を求めれば，教える領域や分野の専門的知識・技能・習熟を獲得していることが教師の専門性と言えます。そして，学校教育では通常，担当する科目（教科名）をもって，専門と称しています。つまり，「私の専門性は理科です」というように。

　とはいえ，教師一般について専門性を語るとき，「教師の専門性は学習者である子どもたちと，この世界全体との間に立ち，その世界を子どもにわかりやすく伝える，いわば通訳すること」であるとまとめられるでしょう。すなわち，人類が創造してきた文化遺産のすべてを，次世代を担う未来の大人たちに順序立てて教えていくことが教師の専門性です。それには，教師としての多くの技術と人間性が問われることは言うまでもありません。

2 特別支援教育の専門性

　では，特別支援教育に目を向けてみましょう。特別支援教育ではそれまでの特殊教育の対象であった子どもだけでなく，小・中学校等に在籍するLD・AD/HD・ASD等の幼児児童生徒に対しても，また発達障害を疑われる子どもたちに対しても適切な指導及び必要な支援を行うことが求められるようになりました。文部科学省によると，特別支援教育への移行は従来の特殊教育を否定するものでなく，特殊教育で培われた教育水準や教師の専門性を維持・向上することが求められています。さらに特別支援教育では，より多角的な「教師の専門性」が求められるようになりました。

　教師の専門性として，第一に，障害に対する基礎的知識を有することが必要とされています。教師は，子どもの障害の有無にかかわらず，より的確に幼児児童生徒の実態把握をしなければならないでしょう。その際すぐに，障害名・診断名を基準として子どもを理解しようとする場合があります。障害の種類や程度は，あくまでも実態把握をする際の一つの要素にしか過ぎません。障害名・診断名ではなく，子ども自身を理解することが大事であり，幼児児童生徒

の行動をより深く理解するために，障害に対する基礎的知識が専門性として必要不可欠であることは言うまでもありません。

第二に，子どもの実態に応じた適切な対応が望まれます。実態とは，表出される行動だけを意味しているのではありません。内面の心の動きや気持を汲み取ることも大事です。幼児児童生徒とかかわる上で，臨機応変な対応，保護者への的確なアドバイス，常に子どもの味方である姿勢，子どもたちの学習の困難さを乗り越えて授業を展開していく力量がとりわけ特別支援教育には求められます。

第三に，特別支援教育の教師の専門性の一つとして，心理アセスメントに習熟していることをあげる場合もあります。テスト法的なアプローチは，それぞれの子どもが育ってきた具体的な状況や，学びの歴史を十分に反映しないことに留意し，アセスメント技術の限界と可能性を理解しておくことが専門性の一つでしょう。ここでは結果を日常の様子と照らし合わせることが大事です。

第四に，特別支援教育の現場では，チーム・ティーチングの形態が主となり，さまざまな子どもたちの心を読み拓き，教師同士がそれを伝え合うことが重要になってきます。また授業研究会等で，子どもの置かれた具体的な状況や教師のかかわりを，相互に理解し合うことも大切です。さらに保護者との連携は基本中の基本です。したがって他人とスムーズにコミュニケーションをとっていくことも専門性の一つと言えるでしょう。

③ すぐれた特別支援教育の教師

結局，授業という営みを中心にして子どもを育て，子どもたち同士の関係をつくり上げていく教師の専門性は，狭い特別支援教育だけの知識・技能・習熟にかかわる専門性だけでは語れなくなってきます。あえて言えば，社会的に弱い立場にある子どもたち，様々な事情や制約を伴っている子どもたち，自分一人の力ではうまく学んでいくことのできない子どもたちの置かれている状況をよく理解し，そのような子どもたちの存在を事実としてつくり出していく教師がすぐれた特別支援教育の教師です。それは，確かな技術と意図をもち，親切なかかわりのできる，ふつうの教師のことであると言えます。

子どもと一緒に遊んだり，学んだりし，子どもの気持に寄り添えることが，教師の専門性を支えていることに変わりはありません。

（宮井清香・広瀬信雄）

（参考文献）

田中耕治編『よくわかる授業論』ミネルヴァ書房，2007年。

冨永光昭『特別支援教育の授業づくり――より良い授業を求めて』ミネルヴァ書房，2006年。

湯浅恭正・新井英靖・吉田茂孝編著『特別支援教育のための子ども理解と授業づくり』ミネルヴァ書房，2013年。

成田孝・廣瀬信雄・湯浅恭正『教師と子どもの共同による学びの創造――特別支援教育の授業づくりと主体性』大学教育出版，2015年。

XI 特別支援教育と教師

 特別支援教育の実践研究の方法

1 実験的研究と実践研究

　特別支援教育の実践を研究するためには，ミクロな視点とマクロな視点を踏まえることが必要です。ミクロな視点とは，言葉や数・社会的スキルなど，障害児に育てたい力（目標）を厳密に定め，障害と発達を考慮して開発された指導方法によってどれだけの効果が見られたかを把握するものです。そこでは実験的な研究方法によって指導の効果が解明されてきました。マクロな視点とは，授業指導や生活指導とそれを支える学校のシステム（制度）を研究の対象にしています。また，特別支援教育を担う教師の専門性の探究，関連機関との連携のあり方を問うことも実践研究の課題です。

　ミクロ・マクロを問わず，特別支援教育の対象となる子どもの実態，さらに教師や保護者・コーディネーターの配置など特別支援の体制整備を対象にした調査研究が，教育実践の実態や構造を把握するために進められています。

　特別支援教育では，通常学級・特別支援学級・特別支援学校という教育の場と子どもの教育的ニーズの関連がこれまで以上に問われています。それだけにマクロな視野から教育実践を研究することが不可欠です。一方，子どもの個別のニーズを鮮明にした実践場面の総括が大切になります。しかし，そこでも個別の指導計画や個別教育支援計画の立て方の手順について，一応の基準を理解しておきながら，基準それ自体を研究の対象にして，計画の枠組みを吟味し，修正を絶えず繰り返す努力が欠かせません。

　学校での実践研究は，カリキュラム開発に結びつくものです。指導領域の区分と関連の研究，学びの集団編成のあり方などのカリキュラム開発とともに，学びの履歴（curriculum）として障害児に何が形成されたのかを正当に評価するカリキュラム開発が求められています。これらの視野を踏まえた実践研究が特別支援教育には不可欠です。

2 臨床教育学と実践研究

　授業研究は教育実践研究の重要な柱です。授業研究という用語には，理論を実際に適用するという一方的な関係ではなく，授業について学校の教師と研究者などが対等に共同していく研究方法の立場が示されています。特別支援教育でもこうした関係に立つ授業の研究が不可欠です。

▷1　実験的研究の多くは，実践研究として議論されている。日本特殊教育学会編『特殊教育学研究』誌の「実践研究」を参照。

▷2　⇒ Ⅷ-2 を参照

▷3　日本教育方法学会編『日本の授業研究』上・下，学文社，2009年。

最近では，アクション・リサーチ等，実践研究の方法が紹介がされてきました。そこには教育実践の場に入り，ともに授業づくりの研究を進めていこうとする視点が貫かれています。臨床教育学の理論的な動向が，こうした実践研究を支えています。ナラティブな視点から実践を検討する立場も，単に事象を客観的に分析し，評論するだけではなく，実践の場に入りつつとももに教育実践を改革するための方向を探る研究方法を重視しています。

特別支援教育の授業研究や学級指導・生活指導の研究では，実践の評価を通して授業改革や学級づくりの方向を示す臨床教育学的視点が求められています。エスノメソドロジー等の研究方法によって学校で起っている状態を構造的に把握しながら，それを教育実践の改革に生かすための研究が必要です。なかでも特別支援教育の生活指導は，目に見える生活の行動形成に重点が置かれて，人格形成に結びつく指導の研究は進んでいないのが現状です。

❸ 教育実践指針の研究

特別支援教育の実践は，発達と障害に配慮しながら，日々起こる子どものパニックなどの問題事態に適切に対処しなくてはなりません。

通常学級での個別支援には，こうした問題に機敏に対処する教師の見通しと技量が必要です。そのために必要な情報の交換や援助の体制を学校の中にどうつくるのか，また専門家や専門機関からの援助をどう引き出すのか，このような連携のあり方が教育実践研究の課題です。

特別支援学校はこうした連携の仕方に早くから取り組み，それだけの蓄積があります。通常の学校・学級で特別支援教育を進めていくためには，その研究方法に学ぶことが必要です。さらに，学校づくりの研究で示された連携のあり方も積極的に学んでいきたいものです。

こうした対策とともに教育実践を進めるための指針の研究を見逃してはなりません。通常学級での授業や学級指導の場面で個別支援と集団指導とをどのように結びつけるのか，そこには教師と子どもとの関係の構築や子どもどうしを結びつける活動内容の構想，さらに1ヵ月，学期，年間を通した指導の見通しなど，総合的な視野から実践指針を引き出す実践研究が課題となります。

個人の事例に限ったケーススタディの方法にも習熟しながら，同時に教育実践の事実の中から何をどのように子どもと集団の教育的課題として把握し，実践方針を立てていくかに習熟することが必要です。

学校において日常的に子どもと接して指導する教師は実践の主体であるとともに研究の主体です。保護者と共同しつつ，校内の教師や専門家と共同して実践指針を紡ぎ出す方法を探ることが研究の課題です。

(湯浅恭正)

▷4 臨床教育学については，小林剛・皇紀夫・田中孝彦編『臨床教育学序説』柏書房，2002年等を参照。

▷5 ナラティブな視点については，野口裕二『ナラティヴの臨床社会学』勁草書房，2005年等を参照。

▷6 教育実践の研究方法の展望については，湯浅恭正「教育実践の研究方法をめぐる論点」『SNE ジャーナル』第20号，文理閣，2014年を参照。

(参考文献)

秋田喜代美・恒吉僚子・佐藤学編『教育研究のメソドロジー──学校参加型マイントへのいざない』東京大学出版会，2005年。

小柳和喜雄・久田敏彦・湯浅恭正編『新教師論』ミネルヴァ書房，2014年。

XI 特別支援教育と教師

3 発達障害児のカリキュラム開発

1 発達障害児のカリキュラム構造

「発達障害」の定義については、議論の余地があるところですが、この概念によって表される子どもたちのカリキュラムについて考えてみましょう。広義において、あらゆる子どもの発達は一人一人別々であると考えられますが、特別支援教育の下、現代的に狭義で用いられる「発達障害」も多様な状態像を総称しています。そのような子どもたちのために学校教育の場で枠組みされる教育・学習の構造をここでは発達障害児のカリキュラム構造としましょう。ここで注意しなければならないことを述べるならば、このような子どもたちのカリキュラム構造は、

(1) 小学校で、通例化しているいわゆる「教科カリキュラム」やそのバリエーションでは、この子どもたちの学習特性に十分対応することが困難。

(2) いわゆるスキル・トレーニングに代表される、心理主義的な個別プログラムだけでは、発達障害児たちの学びを説明することが困難。

(3) 発達障害児が学校で育つことを考えた場合、他人との人間関係の形成、仲間意識の形成がもっとも重要。

というような大原則の下に構築されていくべきものです。したがって、発達障害という名称で呼ばれる子どもたちの、「気になる行動」を消去したり、「不十分な技能」を取り出し、練習を重ねていくことや、好むことをさせておくことだけがこの子どもたちのカリキュラム構造の特徴ではありません。自・他の関係を理解し、友だちとの関係に慣れながら学校生活を送っていくことをめざすのが、特別支援教育下での発達障害児のカリキュラム構造の特徴と言えるでしょう。

2 発達障害児の教材カリキュラム

発達障害児といわれる子どもたちの中には、いわゆるペーパーテスト的な課題を得意とする子どもたちが多くいます。教科学習的な時間はむしろ得意と言えましょう。それは、知識への関心が高いことを示していますし、課題を解く過程が他人に邪魔されないこと、また、正解不正解がはっきりしていること、目標やゴールがわかりやすいことも手伝っているのでしょう。満点でないと怒り出す子どももいます。

逆に，みんなで話し合う，協力してまとまった活動をつくりあげる，他人の意見と自分の意見を調和させる，……といった活動はどちらかというと苦手と言えます。

したがって教科的学習をしていれば，落ち着いて机に向かうことがあるので，教師たちは，教科指導を中心とした学習形態によりかかろうとします。その最たる例は，一人ひとりに別々のプリント課題，市販教材を与えていくというやり方です。このような教科カリキュラム構造の中では，各教科で求められる個々の技能や習熟は図られるかもしれませんし，「気になる」行動は，目立たなくなっているのかもしれませんが，それだけで，彼らの教育・学習を説明できるでしょうか。前述のようにそれは否，です。

発達障害児のカリキュラム構造を教科構造だけで形成することは，保護者たちの「もっと勉強を教えてほしい」という願いはかなえるものであっても，「なかよく一緒に仕事する」「仕事（労働や作業）を通して人間的な心やコミュニケーションが育っていく」という，教育の本質的な目的の達成にとっては不十分なのです。スキル・トレーニングは大切ですが，スキルだけを教えていけば，応用力，人間的な考え方，気持ちや心がひとりでに生まれてくるのでしょうか。各教科を一生懸命に教えていれば，いつか総合的な力が自然に備わってくるのでしょうか。

3 発達障害児のカリキュラム開発と個別課題

物事が数値で評価され，できたかできないかで子どもの可能性が査定（アセスメント）される時代，この子どもたちの潜在的可能性に着目すべきでしょう。自分ではどうしたらよいのかわからずに困っている子どもたちを「何か不足している子ども」と見なすのではなく，長所を活かし，可能性を形として事実化し，部分的な訓練より全体的な高まりを目ざすカリキュラムの構造を，まず用意しなければなりません。自信や自尊心はどうしたら身に付くのでしょう。

人間関係が生まれれば可能になることを見つけ，支援があればできることを増やしていくことがとりわけ求められるのです。仲間や友だちがいることが重要で，他人と一緒だとできることが広がるようなカリキュラム構造が発達障害児に望まれます。その上で，個々に注目がなされ，個別の課題が設定されるべきです。その際，教材や課題が教師から子どもに与えられるのではなく，教師は子どもの共同解決者であるべきです。はじめは子どものモデルとなり，やがて共同活動での教師の役割は減少し，しだいに子ども自身に解決が任せられるようにしていく，……それが個別的な配慮です。単に教科学習的なプリント課題が一方的に個別に配られていく，……という構造のカリキュラムでは，発達障害児はずっと発達障害児であり続けることになるでしょう。

（宮井清香・広瀬信雄）

参考文献

明神もと子編『はじめて学ぶヴィゴツキー心理学——その生き方と子ども研究』新読書社，2003年。

広瀬信雄『がんばってねせんせい』田研出版，1997年。

小畑文也・鳥海順子・義永睦子編『Q&A で学ぶ障害児支援のベーシック』コレール社，2013年。

成田孝・廣瀬信雄・湯浅恭正『教師と子どもの共同による学びの創造——特別支援教育の授業づくりと主体性』大学教育出版，2015年。

XI 特別支援教育と教師

一斉指導と個別指導の工夫

 一斉指導，個別指導とは

　一斉指導は，一般的にはひとりの教師が1学級の子どもたちを対象として，同一の教育内容を同じ進度で，同時に指導する学習活動の形態を意味しています。この授業を実際に進めるには次のような配慮が望まれましょう。第一に，集団観についてです。それは，一斉指導の集団では，子どもたち相互に意見を出し，討論しあうことによって，個性を発揮しながらともに学び，ともに高めることにあります。第二に，学習形態の協働についてです。それは，一斉指導は集団指導と個別指導との相互の関連で活用されるべきです。第三に，教師の教授行為についてです。それは，個別指導の場合とは違って，集団になげかける教師の言葉かけ，身ぶり，表情に工夫が必要になってきます。今日までの障害児教育実践の蓄積では集団のもつ教育的意義が取り上げられ，集団は発達にとって不可欠であること，学校における多様な集団を編成する意義，教師と子ども，子ども同士の関係（交わり）が大切にされてきました。

　一方，個別指導は，一般的には子どもたちが，ひとりで考えたり，調べたり，書いたりする学習活動の形態です。特に障害児教育では子ども一人ひとりの実態の違いからして，個に応じた指導といった個別原理とその実践を抜きにしては語れず，個別の指導計画や個別の教育支援計画が展開されています。

2 集団と授業づくり

　障害児教育のこれまでの授業では，集団の渦，集団の教育力に注目して進めてきています。これは子どもが集団で学習することで活動の意欲を高めていくこと，仲間との共同した学びあいは人と関わる力を育てる，相互に交わることで社会性や人間社会を理解できるようになるといった有効性からです。

　集団構成員間の関係（交わり）については，教師―子ども，子ども―子ども，教師―教師の関係の質が問われなければなりません。教師と子どもの間では，子どもの内面に寄り添い，共感関係を成立させることが第一です。ここでは子どもの要求を重んじるといった姿勢が根底として必要となってきましょう。子ども同士の間では，自分たちの集団，仲間という意識を育てていくことになります。核である子どもを中心に子ども相互の響きあいが形成されていくことでもあります。教師同士の間では，TT（ティームティーチング）が機能されるこ

とでその教育効果がさらに期待できます。メインティーチャーとサブティーチャーの役割を明確にして，子どもたちを多角的に，客観的に理解すること，専門性を出し合うこと，男女・経験年数の違いからの役割指導といった補完できる点を利用して創造的な授業を展開することになります。

③ 個別の指導計画と授業づくり

個別の指導計画[1]とは，子ども一人ひとりに即して，指導の目標，活動や内容及び対応の方法が示されている実践上の計画，あるいは個に応じた指導のため個々に立てられたある期間の教育計画と言えます。その意義は，第一に最適な学習活動を明確にする，第二に一人ひとりに合った指導の工夫をしやすくなる，第三にある期間の指導を個の視点から検討する，第四に教育が子ども・保護者・教師によって進められることにあります。

ここで個別の指導計画が実際の授業の中でいかに活用されるかといった，授業との関連が明確にされる必要があることに注意したいものです。教育課程は各教科・道徳・総合的な学習の時間・特別活動・自立活動などから成っていますが，この教育課程と子どもの実態によって指導計画（年間指導計画，単元・題材指導計画），学習指導案を作成することになります。また，個別の指導計画で記述された事項が，指導計画や学習指導案に一定移行されることになります。つまり，個別の指導計画から導かれる目標・内容と，教育課程から導かれる目標・内容が統合されて個を生かす授業が実施されることがポイントになります。

④ 授業の過程を重視する中で

教授学的視点からは授業の過程を重んじますが，ここでは授業を構成する要素として，子ども理解（障害・発達・生活の視点，意欲，態度など），教育目標の設定（本時の目標，個人のめあてなど），授業準備（課題の設定，教材・教具の選定，授業内容の構想など），授業実施（相互作用，教材・教具の提示，授業の雰囲気，学習指導法など），授業評価（学習の成果，目標の達成，設計の吟味と修正など）があげられます。ここからは，授業はフィードバック機能が働き設計→実施→総括→再設計というサイクルで創造されていくものと理解することができます。つまり，指導と評価とは表裏一体の関係にあるとともに，連続的な循環関係をなすと把握できます。授業づくりと表現した所以もここにあるからです。

以上のような授業の過程において，一斉指導を行うのか，個別指導を行うのかを弾力的に検討し工夫していくことが合理的配慮となってきましょう。集団[2]の形態と個別の形態は決して対峙する指導形態ではなく，個々に子どもを見ようとするとき，心理的・治療的な観点に終始するのではなく，教育的な観点を中心にして子どもの理解と指導にあたっていくことが求められます。

（小川英彦）

▷1 授業は一般的には，実態把握から始まり，目標の設定，指導計画の作成，指導の実際，評価という順で進められる。個別の指導計画では長期的な観点に立った目標と当面の具体的課題としての短期的な目標を設定することに大きな特徴がある。

▷2 基礎集団とは，障害児教育で提起された多様な集団の中で，生活年齢を同一にした生活の場としての活動を営む集団のこと。この基礎集団は，子どもの居場所，友情や連帯を生み出す場であってほしいものである。したがって，基礎集団から他の多様な集団へという発展は，決して集団の規模の拡大のみではなく，子どもたちの人間関係の質的発展をめざすものでなくてはならない。

（参考文献）

小川英彦・新井英靖・高橋浩平・広瀬信雄・湯浅恭正編著『特別支援教育の授業を組み立てよう』，『特別支援教育の子ども理解と授業づくり』黎明書房，ともに2007年。

XI 特別支援教育と教師

5 教材・教具の開発

1 特別支援教育と教材・教具

　特別支援教育において，授業を構想するポイントの一つとして，教材・教具があります。

　教材・教具を活用する際に大切なことは，目の前にいる子どもに合った教材・教具を選定することです。授業を展開するうえで，教材・教具を活用する目的や，子どもに合った教材・教具の使い道を誤ったりすることは，次回以降の授業の展開を見えにくくしてしまう可能性があります。

　ここでは，教師が授業を構成するにあたって，子どもに合った教材・教具を選定する上で必要となる教材・教具の意義について考えていくことにします。

　特別支援教育においては，教師が授業を展開する際に，教材・教具の果たす役割は，子どもが課題に対してかかわろうとするきっかけをつくったり，また子どもが課題に取り組む過程自体を楽しめるようにしたり，課題を解決した後の達成感や充実感が肌で感じられたりできるようにするためのものと言えるでしょう。

　そこで，教師が提示した課題を子どもが気づきスムーズに，課題を遂行・達成できるよう，一人ひとりの子どもに合った教材・教具の選定が大切でありま た，教師にとっては，重要な仕事の一つとして，より一層の工夫・改善が必要となってくるでしょう。

2 特別支援学級における教材・教具の開発のポイント

　特別支援学級や通常の学級において，教材・教具の開発を行う際のポイントとしては，まず，教師が子どもに与えたい課題を明確にすることです。この授業では，何をねらうのか，何を達成させたいのかが明確であれば，教材・教具の選定もはっきりします。これが，教材分析です。子どもが現在達成できている段階から，少しでも援助があれば達成できそうな段階へと，きめ細かいステップを設定することが大切で，そのステップを設定する際に，考慮するものが教材・教具の開発や工夫なのです。

　教材・教具の開発や工夫は，それぞれのステップにスムーズに移行できるようにするために，子どもの活動の様子を見ながら一人ひとりに合ったものにしていく必要があります。子どもが課題に対してかかわろうとするきっかけをつ

くったり，また課題に取り組むこと自体が楽しくなったりするような教材・教具の開発や工夫が教師には求められます。また，課題を解決した後の達成感や充実感が肌で感じられたりできるような教材・教具を選定することで，新たな課題へのステップにつながるはずです。

③ 特別支援学校における教材・教具の開発のポイント

特別支援学校における教材・教具の開発のポイントは主に3つあると考えられます。

まず第一は，教師は，常に子どもにとってその教材・教具を使って活動しやすい程度の「大きさ」を試行しながら工夫する必要があります。子どもが活動しやすい大きさにすることで，子どもは教材・教具を自分で操作している感覚が生まれ，積極的にかかわろうとする姿勢が芽生えてくると考えられるからです。

第二に「素材」についてです。素材は，子どもが実際に見たり触ったりしたときの五感を大切に選ぶ必要があります。教師は，触れてみようと思えるような形や色，実際に触ってみて心地よいと感じられるような肌触りを意識して工夫することで，一人ひとりの子どもに合った教材・教具となっていきます。

第三に「配置」です。これは，教室環境はもちろん，子どもと教材・教具との位置関係の工夫も意味しています。教師は，子どもが活動しやすいような教室環境を整備し，その環境の中でいかに積極的に課題にかかわれるように，子どもの前に教材・教具を配置できるかが必要になってきます。子どもの目につきやすく，またちょっと手を伸ばせば届きそうな場所の工夫など，教師は，子どもを取り巻く環境に常に気を配ることが大切です。

ここで忘れてはならないのは，教師自身も子どもたちにとっては，教材となりえるということです。教師の位置関係やかかわり方の工夫により，子どもたちの課題への向かい方も変化が予想され，教師は教育環境そのものの工夫が常に求められていると言えるでしょう。

さらに，子どものニーズを把握したうえでどんな支援が必要か，また誰がどのようにどんな教材・教具を使って支援していくのか，といった具体的な授業場面を想定しながら教材・教具の開発を行うことの必要性もでてきます。同時に，その授業場面での教師の援助の方法も想定することです。

今後も日々私たち教師は，子どもの課題を達成すために必要な教材・教具の開発を繰り返しながら，絶えず工夫していく視点をもち，子ども一人ひとりに合った教材・教具が開発できるように努力していく必要があるでしょう。

（里見達也）

参考図書

「新しい教育機器・教材活用ガイドブック」編集委員『授業に役立つ新しい教育機器・教材活用ガイドブック』日本教育工学振興会，日本視聴覚教育協会，日本教材備品協会，2006年。

XI 特別支援教育と教師

特別支援教育の教育相談の特徴

① 第一次的相談窓口としての「教育相談」

　特別支援教育の教育相談は「学校カウンセリング」と「学校ソーシャルワーク」が合わさったものであると言えます。そもそも，学校で生じている子どもの困難というものは，「心理」面のみに対応しても根本的なところでは問題が解決せず，「社会的支援（環境調整など）」を行わなければならないことが多くあります。不登校児への支援にしても，発達障害児への対応にしても，必ず「連携」の必要性が強調されるのはこうした意味からです。

　具体的には，心理的に不安定になっている子どもに対して，保健室の一角を「学習スペース」として活用できるように養護教諭や管理職の了解を得るなど，「校内の環境調整」が必要なケースがあります。また，子どもを支援する「保護者」や「教師」に対して，活用できる「社会資源」に関する情報を提供すること（たとえば，放課後の学習を見てくれる個人指導塾の情報など）や家庭や学級での対応方法（たとえば，「忘れ物を少なくする工夫」など）についてアドバイスをするなども教育相談の重要な役割になります。

　もちろん，こうしたアドバイスは誰もができるというものではなく，教育相談担当者のもっている知識や技能に左右されるものです。そのため，教育相談担当者の専門性に従って，教育相談の内容も変化することが考えられます。

　学校の教員が教育相談担当者となっている場合には，教育相談の役割を「第一次的窓口」と位置づけるべきでしょう。一般的な教師は，「心理療法」の専門的技能を保有しているわけではありませんし，ケースワーカーのように地域資源を縦横につなぐ援助技術をもっているわけではありません。しかし，学校の教師であれば，子どものあらゆる困難に対して，学校内に毎日，「教育相談」の「窓口」を開くことが可能であり，これは他の専門機関のスタッフと異なる点です。こうした意味において，教師による教育相談は「困難を抱える子ども」に対する「第一次的相談窓口」として，町医者的に当面の対応を考え，必要に応じて専門機関へとつないでいく役割を担っていると言えるでしょう。

② 「学習指導」に関する専門的助言

　ただし，学校の教員が教育相談担当者となった場合，一つだけ専門的なアドバイスができたほうが良いものがあります。それは，「困難を抱える子どもの

学習支援の方法」です。家庭や学校での学習支援については，子どもの障害特性や心理的特徴を把握しているだけではアドバイスをすることが難しく，医師やカウンセラーといえども具体的な助言がなかなかできないものです。その理由は，学習支援のアドバイスをするときには，「〇年生のときには～くらいまでは理解できているとよい」など学習内容の「系統性」を知っていなければ，学習指導上の専門的助言はできないからです。特に，子どもが学習上，どのようにつまずいているのかを見極め，その「つまずき」を乗り越えるための「支援方法」をアドバイスするのは，学校の教師の専売特許であると考えます。

もちろん，学校に配属されている「学校カウンセラー」であればいわゆる「授業」が「どのような場で」「どの程度の内容を」「どのような方法」で提供されているのかを目の当たりにしていますので，具体的にアドバイスをすることができるかもしれません。しかし，教材の工夫や学級集団の中での学び方など，教職経験者でなければ助言できない「コツ」もあるでしょう。心理学的なアセスメントなどは外部機関の専門家に任せるにしても，学習指導に関する専門的助言については「教師による教育相談」の専門性として確立していくことが，今後求められることだと考えます。

3 「教師」が教育相談担当者となること

教師が教育相談者となることの特質として指摘しておかなければならないことは，相談にきた「保護者」にとって「中立の立場の人」として見られないことがある，ということです。たとえば，「担任教師」とうまくいっていない「保護者」が相談にきたときに，「教師」という肩書きをもつ教育相談員を「保護者」ははじめは受け入れられない場合があります。こうしたケースでは，学校や教師の悪口を散々言って「教育相談員」の出方を見ようとする行動を取ったりします。こうした保護者に対して，はじめから「学校とはそういうところです」と正論を言ってしまったら，本音で語り合えない関係になってしまうこともありますので注意が必要です。

教育相談ではまず，保護者の話を十分に聞くことが重要です。保護者の中には，「私の話を聞いてほしい」という思いで教育相談に訪れる人も多くいます。こうした保護者に対して，「お子さんの特徴は～ですね」などというように，子どもの支援に関するアドバイスに終始したら，保護者は「話を聞いてもらえなかった」という思いを募らせ，教育相談がうまく進んでいかないことがあります。教育相談では，教師の意見や価値の伝達は最小限にとどめ，話しやすい雰囲気のなかで保護者にたくさん話をしてもらうところから始め，具体的なアドバイスは十分な信頼関係ができてから時間をかけて行うことが成功の秘訣です。

（新井英靖）

XI 特別支援教育と教師

 7 教師の自立とキャリア・アップ

1 特別支援と教育実践の主体

　教師がキャリアの向上をめざすのは、いかにして教育実践の主体として成長し、自立するかを目標にするからです。しかし、教師のキャリアは、一定の道筋を効率よく進むものではなく、何のための教育実践かを常に問い返しながら実践の方向を模索する過程と結果に示されます。ショーン（D. Schön）による反省的実践論が教師研究で指摘されてきましたが、そこでは何をどう省察し、何のためのキャリア形成かを問う姿勢が必要です。

　特別支援教育のキャリアの形成には、この分野の教育実践に関する概念や用語をどれだけ主体的に捉えているかが問われます。たとえば、「特殊教育（障害児教育）」時代から取り組まれてきている生活単元学習の意義や方法を概略的に理解するキャリアの段階、通常の教育で展開されてきた生活単元や総合的学習と比較し、特別支援教育の実践を構想するキャリアの段階など、実践の主体として成長する過程を意識することによって、キャリアを身に付けるための見通しを得ることができるのです。特別支援教育の生活指導の領域では、身辺自立の指導が中心です。ここでも身辺処理の技能の形成を生活指導として位置づける意味を問い返すことによって、指導の重点がより鮮明に見えてくるはずです。

　このように、これまで障害児教育で用いられてきた教育実践の概念・用語に慣れつつ、それを教育学で明らかにされてきた理論的・実践的研究の成果に引き寄せて再吟味することがキャリア・アップに繋がります。虐待や不登校の子どもへの対応に必要な専門的な知識、特別なニーズをもつ子どもの自立観や人格発達の捉え方など、心理学・臨床科学の研究成果にも学びながら、特別支援教育がめざす子ども像や教育内容・方法の基本的な枠組み・概念を問い返すことが課題です。

2 キャリア・アップを促すために

　特別支援教育時代になっても、障害のある子どものコミュニケーションの力を育てるための専門性は、教師のキャリアとして重要な内容です。視覚障害・聴覚障害や重複した障害に対応したコミュニケーション手段の形成や代替コミュニケーション手段の活用方法など、障害児が周囲の世界と交わるための技法

▷1　ドナルド・ショーン（佐藤学・秋田喜代美訳）『専門家の知恵——反省的実践家は行為しながら考える』ゆみる出版、2001年。

▷2　障害児教育の代表的な指導形態の一つで、指導の領域や教科を合わせた総合的な指導内容。

▷3　AAC（Augmentative and Alternative Communication）などが代表的な技法として研究され、実践に応用されている。

の知見を理解しておくことが求められています。

　学校教育の柱である授業づくりでのキャリアを意識するには，❶で述べた教育内容の単位を問い返す力とともに，子どもの発達を踏まえて教材を選択し，配列する力，学習指導案で授業を構想する力に注目することが大切です。個別の指導計画を教材と授業構想に結びつけて作成する力も見逃せません。

　生活指導では，子どもの生活・保護者の生活や発達を把握し，生活する力・人格的な自立を促すための指導方針を立てる力が要請されています。このキャリア・アップには，日々の指導をメモして教育実践記録に整理し，まとめてみる方法が有効です。生活する力の形成は，身辺自立とともに就労や地域生活を営む力など幅広い分野を含みます。こうした長期的な視野を念頭に入れながら，単に社会生活に適応したかどうかではなく，人格的自立を促すためには何が必要かを探るのです。虐待や不登校などの対応では家族問題を問い，専門機関との連携が不可欠ですが，日常的に子どもと接している教師の立場で，虐待などに生活指導実践として切り込む力を身に付けることが求められています。

　このように，学校教育での指導方針を立てていくには，試行錯誤を繰り返し，指導を振り返る力が不可欠です。そのための手段として教育実践記録を書き，子ども把握や指導の仕方を振り返ることがキャリア形成に結びつくのです。

❸ キャリア・アップを支えるもの

　特別支援教育の時代には，発達障害の理解や学校で生きづらさをもつ子どもへの対処法について専門性を深めることが必要です。同時に，教師自身が遊び心をもつことや教材についての深い教養，障害児相互の人間関係や健常児との交わりの世界を洞察できる眼など，意外と見落としがちだが障害児への対応の土台を支えている力を特別支援教育のキャリアとして自覚することが必要です。障害の理解とともに個々の指導場面での対応に慣れながら，しだいに子どもや集団の捉え方，教材やカリキュラム研究の問題点が見えるようになるためには実践をめぐる交流が不可欠です。

　さらに教員の世代間の交流ができる条件をつくること，わが国の教育研究の特徴でもある民間教育研究団体の活動に参加して実践を交流・分析することによって実践の見方を鍛えることも，キャリア形成の場として重要です。特別支援教育は，教師相互の共同，子どもとの共同，保護者や関係機関との共同を要請しています。特別なニーズのある子どもに対応するキャリア形成は，この共同関係の網の目に支えられて実現するものです。教師のキャリアを積むための教育条件の改善に目を向けながら，共同を支えにして学校をつくる仕事に参加する力がキャリアとして求められています。

（湯浅恭正）

▷4　教育実践記録の意義については，山本敏郎・藤井啓之・高橋英児・福田敦志『新しい時代の生活指導』有斐閣，2014年を参照。

▷5　民間教育研究運動については，日本教育方法学会編『教育方法事典』図書文化，2004年を参照。

▷6　湯浅恭正・小室友紀子・大和久勝編『自立と希望をともにつくる』クリエイツかもがわ，2016年。

（参考文献）
　日本教育方法学会編『教育方法学研究ハンドブック』学文社，2014年。

さくいん

あ行

アイデンティティ　62
アイデンティティの確立　194
アクション・リサーチ　209
アクティブ・ラーニング　27
アセスメント　74, 176
アセスメント票　176
あそびの指導　33
ESD　27
一斉指導　129, 212
居場所　51
インクルーシブ教育　3, 11
インクルージョン　6
インテグレーション
　　教育的――　47
　　社会的――　189
WISC-IV　86
ウォーノックレポート　5, 9
ウォルフェンスバーガー, W.　4
SEN　68, 76
ST（言語聴覚士）　180
エスノメソドロジー　209
OT（作業療法士）　180
おもちゃ図書館　191

か行

介助員　172
『鏡の中のアリス』　100
学習集団　129
学習障害（LD）　52
学習不振児　2
価値基準への異議申し立て　61
学級経営　49
学校カウンセリング　216
学校教育推進会議（学校評議会）　72
学校全体からのアプローチ　66
学校ソーシャルワーク　216
家庭と学校等との連携　193
加配教員　11, 64, 28
カリキュラム構造　210
漢字の学習　133
机間指導　143
既習事項　135
義務教育　62
教育環境　215

教育基本法　10, 93
教育実践記録　219
教育相談　78, 185
教育的支援と配慮　48
教育目標の設定　213
共感　51
教材・教具　214
教師の専門性　204
共同学習　27
共同活動　211
共同教育　27, 46
『ぎろろん山と10ぴきのかえる』　100
グループワーク　86
ケアする　58
ケース会議　86
広域障害者職業センター　199
後期中等教育　196
行動特性　88
校内委員会　66, 84
校内研修　80
校内資源　76
合理的配慮　11, 23
交流教育　27, 46
五感　215
心の理論　57
子育て支援　192
子ども理解　213
個別指導　212
個別的な配慮　211
個別の教育支援計画　83, 91, 166
個別の指導計画　87, 91, 166, 167, 173, 213
困った子　50
孤立した生活　188
「今後の特別支援教育の在り方について」　18, 56

さ行

作業学習　33, 34
サマランカ声明　6, 11
シークエンス　28
支援グループ　191
支援システム　68
支援集団　158

時間・空間・仲間　189
視空間認知　157
自己責任論　60
自己否定感　58
視写　157
児童相談所　184
自閉アスペクトラム症（ASD）　56
就学基準　186
就学指導　186
就学相談　186
習熟度別学習　129
集団の渦　212
集団の教育力　212
授業研究　208
授業実施　213
授業準備　213
授業評価　213
宿題　143
出力　130
巡回相談　85, 87, 170
準ずる教育　26
障害児基本計画　20
障害者権利条約　10
障害者雇用率　198
障害者職業総合センター　199
障害者自立支援法　200
障害者の雇用の促進に関する法律　198
障害者の余暇活動　203
障害児理解教育　46
障害程度区分　201
障害の自己理解　195
障害の受容　185
小規模授産施設　200
ショーン, D.　218
職場適応援助者（ジョブコーチ）　199
自立活動　40, 42
侵害行為　58
心身症　195
心理検査　86
進路指導　196
数の概念　135

さくいん

スーパーバイザー　86,88
スクールカウンセラー　85
スクリーニング　68
スコープ　28
スモール・ステップ　28,29,154
「生活が陶冶する」　92
生活指導　49,219
生活単元学習　29,32
生活綴り方　104
生徒指導　78
世界人権宣言　10
ゼロ・トレランス　109
全障害児教育法　5,8
センター的機能　164
専門家チーム　85,87,171,176
総合教育　5
相互的な連携システム　49
相談機関　178
ソーシャルスキルトレーニング　57,109

た行

大学の特別支援教室　85
地域障害者職業センター　199
チーム・ティーチング（T・T）　49
注意欠如・多動症（ADHD）　54
聴覚情報処理検査　177
通級指導教室　44
通常学級　48
ティーチング・アシスタント　173
DSM-5　52
定期テスト　159

当事者　50
特殊教育　2
特殊教育　218
特別支援学級　16
特別支援学校　16,185
特別支援教育コーディネーター　14,66,70,72,84
特別支援教育支援員　172
特別な教育的ニーズ　6

な行

ニィリエ，B.　4
二重構造　26
日常生活の指導　32,36,38
乳幼児健康診査　184
入力　130
認知特性　88
ノーマライゼーション　4,47
『のはらのシーソー』　102

は行

働きかける者が働き返される　59
発達障害児支援法　22
発達障害児の親の会　190
発達障害者支援センター　179,184
発達障害者支援法　22
発問　128
母親支援　203
ハローワーク　198
バンク-ミケルセン，N.E.　4
PT（理学療法士）　180
PISA　10
評価　162

福祉就労　200
不登校　195
不得意感　147
文章題　136
ペアレント・トレーニング　192
ペスタロッチー，J.H.　92
放課後保障　188
保健室　3
補習　144

ま行

学びの履歴　208
モジュール　155
『もちもちの木』　98

や行

ゆとり教育　27
養護教諭　78,80,216
幼小の連携　187
余暇支援活動　202
「呼びかける-応答する」関係の質的発展　59

ら行

領域・教科を合わせた指導　32
療育機関　184
臨床教育学　209
劣等意識　147
連携　158,159
連携訪問　85

わ行

『わんぱくだんのきょうりゅうたんけん』　101

執筆者紹介（執筆順，執筆担当は本文末に明記）

湯浅恭正（ゆあさ・たかまさ，編者，広島都市学園大学）

小方朋子（おがた・ともこ，香川大学）

石橋由紀子（いしばし・ゆきこ，兵庫教育大学）

吉田茂孝（よしだ・しげたか，大阪教育大学）

新井英靖（あらい・ひでやす，茨城大学）

今井理恵（いまい・りえ，日本福祉大学）

小川英彦（おがわ・ひでひこ，至学館大学）

池田吉史（いけだ・よしふみ，上越教育大学）

奥住秀之（おくずみ・ひでゆき，東京学芸大学）

福田敦志（ふくだ・あつし，大阪教育大学）

小野　學（おの・さとる，東京学芸大学）

井上真理子（いのうえ・まりこ，元・高松市立勝賀中学校）

宮本郷子（みやもと・きょうこ，龍谷大学非常勤講師）

牧本富雄（まきもと・とみお，大山崎町立大山崎中学校）

高橋浩平（たかはし・こうへい，杉並区立杉並第四小学校）

佐藤宏一（さとう・こういち，善通寺市立西部小学校）

加藤登美子（かとう・とみこ，元・大阪発達支援センターぽぽろ）

太田　茂（おおた・しげる，高松市立下笠居小学校）

石田宏代（いしだ・ひろよ，多摩北部医療センター）

山本理絵（やまもと・りえ，愛知県立大学）

川上輝昭（かわかみ・てるあき，名古屋女子大学）

渡部秀夫（わたなべ・ひでお，一宮市立大和中学校）

広瀬信雄（ひろせ・のぶお，山梨大学）

宮井清香（みやい・さやか，東京都立北特別支援学校）

里見達也（さとみ・たつや，山梨県立大学）

やわらかアカデミズム・〈わかる〉シリーズ

よくわかる特別支援教育［第2版］

2008年 4 月 20 日　初　版第 1 刷発行	〈検印省略〉
2014年 7 月 20 日　初　版第 4 刷発行	
2018年 4 月 20 日　第 2 版第 1 刷発行	定価はカバーに
2022年 3 月 10 日　第 2 版第 3 刷発行	表示しています

編　　者　　湯　浅　恭　正

発行者　　杉　田　啓　三

印刷者　　田　中　雅　博

発行所　株式
会社　ミネルヴァ書房

607-8494　京都市山科区日ノ岡堤谷町 1
電話代表　（075）581-5191
振替口座　01020-0-8076

©湯浅ほか，2018　　　　創栄図書印刷・新生製本

ISBN 978-4-623-08125-7

Printed in Japan

新しい発達と障害を考える本（全8巻）

学校や日常生活の中でできる支援を紹介。子どもと大人が一緒に考え、学べる工夫がいっぱいの絵本。
AB判・各56頁　本体1800円

①もっと知りたい！　自閉症のおともだち
　　内山登紀夫監修　伊藤久美編

②もっと知りたい！　アスペルガー症候群のおともだち
　　内山登紀夫監修　伊藤久美編

③もっと知りたい！　LD（学習障害）のおともだち
　　内山登紀夫監修　神奈川LD協会編

④もっと知りたい！　ADHD（注意欠陥多動性障害）のおともだち
　　内山登紀夫監修　伊藤久美編

⑤なにがちがうの？　自閉症の子の見え方・感じ方
　　内山登紀夫監修　伊藤久美編

⑥なにがちがうの？　アスペルガー症候群の子の見え方・感じ方
　　内山登紀夫監修　尾崎ミオ編

⑦なにがちがうの？　LD（学習障害）の子の見え方・感じ方
　　内山登紀夫監修　杉本陽子編

⑧なにがちがうの？　ADHD（注意欠陥多動性障害）の子の見え方・感じ方
　　内山登紀夫監修　高山恵子編

やわらかアカデミズム・〈わかる〉シリーズ

よくわかるインクルーシブ教育
　　湯浅恭正・新井英靖・吉田茂孝編著　本体2500円

よくわかるインクルーシブ保育
　　尾崎康子・阿部美穂子・水内豊和編著　本体2500円

よくわかる障害児教育（第4版）
　　石部元雄・上田征三・高橋　実・柳本雄次編　本体2400円

よくわかる言語発達〔改訂新版〕
　　岩立志津夫・小椋たみ子編　本体2400円

よくわかる教育課程（第2版）
　　田中耕治編　本体2600円

ミネルヴァ書房
https://www.minervashobo.co.jp/